사춘기 아들의 마음을 여는 엄마 코칭

저자 **박형란**

일러두기

일부 대화체 표기의 맞춤법 및 신조어는 저자 고유의 글 맛을 살리기 위해 그대로 두었음을
양해해 주시기 바랍니다.

사춘기 아들의 마음을 여는 엄마 코칭

저자 **박형란**

MIRAE

길을 가다 보면 많은 사람들과 스치게 됩니다. 그런데 그들 중 눈을 마주치게 되는 사람은 거의 없습니다. 미소를 짓는 사람은 더욱 드뭅니다.

가정에서 사춘기 아들과 마주하는 모습도 이와 비슷하지 않나 생각합니다. 사춘기에 다다랐거나 곧 사춘기를 맞는 초등학생, 중학생 아들을 둔 가정에서는 갑자기 낯설어진 상황에 평화로운 날이 없을 지경입니다. 한 세대 전만 해도 가정에서 의젓하고 듬직한 아들을 책임감 있게 키우는 모습이 대세였습니다.

지금처럼 남학생들의 방황과 일탈이 사회적으로 큰 우려를 갖게 한 일은 드물었습니다. 학력도 여학생에 비해 뒤지고 '초식남'이라는 별칭마저 생겨난 지금 박 선생님처럼 교육 현장의 경험과 모성으로 아들 교육 문제를 풀어가려는 노력이 가치 있게 생각됩니다.

박 선생님은 한창 사춘기를 겪는 중학교 학생의 국어 수업에 인성 함양을 위해 요리, 역할극, 독서 프로젝트 등 다양한 시도를 해 왔습니다. '학생은 마음이 평안해야 비로소 생각하기 시작한다. 생각하지 않고 기계적으로 주입한 공부는 삶에 큰 도움이 안 된다.'는 믿음으로 예술 치유 프로그램을 학교 현장에서 실천해 관심을 받기도 했습니다. '최고의 교수법'을 통해 가르침은 만남이고 소통임을 강조해 온 저에게 중학교 교사인 박 선생님이 학생의 마음을 열기 위해 기울인 다양한 노력은 큰 울림으로 다가옵니다. 아무리 어려운 난제도 교사와 학생, 부모와 자녀의 만남과 나눔이 원활하게 이루어질 때 좋은 열매를 맺습니다. 그런 의미에서 이 책에 담긴 교육 방법이 매우 반갑습니다.

　이 책은 평범하지만 결코 지나칠 수 없는 남학생의 일상과 성장을 다루고 있습니다. 가정에서 아들은 학교에 가면 남학생으로서 사회적 역할을 담당하고 배움에 힘쓰고 있습니다. 전통적으로 남자 아이를 성인 남자로 키우는 일은 사회적인 공동 책임으로 여겨 공동체가 감당한 면이 많았습니다. 지금의 남학생 교육은 주로 엄마인 여성, 여교사가 대부분인 학교에 의해 이루어지고 있습니다. 소년을 성숙한 어른 남자로 성장하도록 돕는 일은 사회적으로 큰 과제이며 자연의 순리대로 그들이 능력과 심성을 계발하도록 힘써야 합니다. 그런 점에서 지금 남학생들을 위해 사회가 더욱 노력해야 한다는 점을 지적한 박 선생님의 혜안이 값집니다. 아들이면서 남학생인 모습을 전체적으로 파악할 수 있다는 점도 이 책의 큰 장점입니다.

　각 가정에서 아들을 키우며 부딪는 사례를 섬세하게 경우에 따라 들어가면서 이야기를 풀어나가는 박 선생님의 논리에는 30년이 넘는 교육 현장에서 얻은 내공이 고스란히 들어있습니다. 대부분 실제 사례를 들어 객관적인 아들 교육의 해법을 찾고 있습니다. 교육이나 육아에 대한 책은 많지만 이처럼 학교 현장에서 바라본 남학생과 가정에서 아들을 키우며 터득한 지혜를 아울러 담은 책은 귀합니다. 우리 세대의 자녀 교육을 이렇듯 정리해 많은 사람과 공감할 계기가 된 듯해 좋습니다.

이 책을 통해 내공이 넘치는 교육 현장의 경험과 진단으로 학부모님이 자녀들을 웃으며 키울 수 있는 여유와 힘을 얻을 수 있으리라 기대합니다.

학생의 모습에는 교사의 모습이, 자녀의 모습에는 부모의 삶이 투영되어 있습니다. 부모의 시선을 따라 아들은 세상을 바라봅니다. 그러므로 사춘기에 이른 아들이 부모를 힘들게 하는 모든 상황의 해법은 근본적으로 부모에게 있습니다. 마치 잎에 생기가 없거나 병이 들면 뿌리를 살펴보는 것과 같습니다. 이 책에는 그런 현장 사례들이 망라되어 있으며, 각 사례를 깊이 있는 교육적 자료를 근거로 제시하며 해법을 제공하고 있습니다.

부모가 쉽게 일상에서 실천할 수 있는 방법을 제안하여 이론이나 단순 예화 제시에 치우친 아들 교육서와 차별화되리라 생각합니다. 부모가 변화를 꾀함으로써 큰 효과를 볼 수 있는 치유책을 들었습니다. 반가운 점은 각 가정에서 아들을 키우는 방법에 획일화된 정답이 없다고 결론지어준 점입니다. 각 가정에서 이 책이 아들 교육에 귀한 마중물이 되기를 바랍니다.

박남기(광주교육대학교 교수, 전 총장)

평소 많은 학부모님을 대하면서 우리나라의 가정에서 교육에 대한 염려와 불안이 사라질 때는 언제쯤일까 궁금했습니다. 특히 부모들이 아들을 키울 때 마주치는 충격과 당황스러움을 호소할 때 분명 해결방법이 있을 것 같은데 막연한 것도 사실입니다.

최근 신문, 방송 등 언론지상에 올라오는 수많은 뉴스들을 보면서 '지금 아이들의 인격을 망가트린 사람이 누구인가? 무엇이 아이가 부모와 교사에게 욕을 하게 만들었나?' 하는 질문을 해 봅니다. 귀하고 순수한 자녀의 본래 모습을 우리는 알고 있지 않습니까?

이 책을 쓰신 박형란 선생님은 십수 년 전 자기 주도 학습과 학부모 코칭을 강조하며 교육 현장에서 컨설팅을 하는 중에 만났습니다. 살다 보면 우연한 인연이 평생 이어질 때가 있는데, 알고 보니 아들 둘을 훌륭하게 키우고 계셨고 존경하는 선배님의 가정이었습니다.

저 역시 아들 셋을 키우는 아버지로서 평소 아버지 교육과 부모 교육에 관심을 갖고 노력해 왔기에 박 선생님의 책을 읽고 공감하는 부분이 많았습니다. 가끔 만나 워크숍을 하듯 저와 선배님 가정에서 키우는 다섯 아들의 성장 과정을 함께 나누었습니다. 교육적인 고민은 물론 가정에서 자식을 키우는 고충과 보람, 부모로서 성장하는 아름다운 이야기들을 나누는 소중한 시간이었습니다.

어느덧 대한민국 최고 학부를 졸업하고 평소 부모의 바람대로 이 나라의 중요한 일꾼으로 성장한 큰아들과, 명문대 장학생으로서 스스로 능력을 키우고 있는 둘째 아들의 모습은 저의 세 아들에게도 작은 길잡이가 되고 있습니다.

　때로는 오랜 세월 남학생을 지도한 교사인 어머니가 저렇게 힘들어하는데 아들 교육이란 과연 어떻게 풀어가야 하는가 하는 근본적인 고민을 해 보았습니다. 자식 앞에서 모든 부모는 뼈마디가 부들부들 부딪히며 떨릴 정도로 책임을 느끼기 마련입니다.

　이 책에서 가장 인상적인 부분은 마음이 치유되고 행복해져야 공부가 비로소 시작될 수 있다고 말한 점입니다. 공부가 중요하지 않다고 하는 게 아니라 공부를 더 잘하기 위해서 노력할 부분들, 그리고 제대로 부모가 양육하면 자녀 스스로 공부를 하게 된다는 이치를 말하고 있습니다. 바로 그 부분은 그동안 제가 박 선생님과 만나며 항상 강조하던 내용이기도 합니다.

　학생의 개성에 대한 경이로움을 자주 이야기하던 박 선생님을 보고 우리 교육 현장의 생기를 느꼈습니다. 박 선생님은 국어 수업에 독서 활동을 꾸준히 해 오면서 학생들의 진로 발견에 도움이 될 카테고리독서 프로젝트를 실천해 왔습니다.

이번에 추천사를 의뢰 받으면서 떠오른 생각은 하나였습니다. '아들을 키우며 이유도 모르고 속상했던 엄마들에게 한 줄기 빛이 될 수 있다면...' 급변하는 시대에 우리 아들들이 얼마나 불안해하고 아파하는지, 이 시기를 어떻게 하면 현명하게 극복할 수 있는지에 관한 지침서가 되면 좋겠습니다.

교사나 부모가 더 이상 권위로서 청소년들을 이끄는 시대는 지났습니다. 저는 공부도 시스템이라고 여겨 시스템 학습법을 강조해 왔지만 남학생 교육도 시스템으로 해결할 수 있지 않을까 생각합니다. 학교와 학부모, 사회가 힘을 합한다면 아들 교육에도 시원한 바람이 불지 않을까 기대합니다. 평생을 사춘기 학생들과 일상을 함께 해 온 선생님의 내공을 느끼며 그 힘든 고민을 많은 분들이 함께 나누면 좋겠다는 바람이 생겼습니다.

아들 교육에도 전략이 필요합니다. 지피지기면 백전백승이라는 말처럼 이 책을 통해 각 가정에서 아들에게 맞는 해법을 전략적으로 모색할 수 있기를 바랍니다.

구근회(오름교육연구소 소장)

날이 서늘해지자 풀벌레 소리가 우거진 수풀에 오선지를 그린다. 음색이나 노래하는 분위기가 제각기 다르다. 갑자기 변성기에 이른 남학생처럼 까마귀가 '까악 까악' 소리를 내질러 행인은 모자를 벗고 나무 위를 쳐다본다. 때가 되니 풀벌레가 있는 힘을 다해 소리내며 존재를 드러내는 모습이 학교에서 왁자지껄 떠드는 학생들을 떠올리게 한다. 소리가 제법 크고 낮은 벌레소리는 남학생의 저음처럼 숲속 화음을 받쳐주고 있다.

남학생 아들 교육에 크레바스 같은 위기가 다가왔다. 언제부터인지 남학생들이 학교에서 환영받지 못하고 있다. 때가 되면 풀벌레들도 제 소리를 내고 온도에 따라 민감하게 우는 소리가 달라진다. 십 대 남학생의 변화는 때가 되어 나타나는 자연스런 모습인데 21세기의 가정에서 아들은 부모가 두려워하는 존재가 되어버렸다. 교직에서 봐 왔던 활력 넘치고 진솔한 말로 표현하며 당당하게 행동하던 남학생들은 갑자기 어디로 다 사라졌는가. 왜 남학생들이 학교 폭력의 잠재적 원인 제공자가 되고, 성적은 갈수록 낮아지며, 집에서는 분란과 사건을 일으키는 존재로 취급받는지 어리둥절하다. 무엇이, 누가 그들을 이렇게 만들었는가.

평소 중학교 교사이자 아들 둘을 키운 엄마라서인지 내게 지인들이 조언을 구하는 일이 많다. 그때마다 남학생을 가르친 경험과 우여곡절을 겪으며 두 아들을 키운 이야기를 한다. 그런 대화가 그들에게 도움이 많이 되었고 아들들의 태도가 좋아졌다고 한다. 올 봄부터는 나에게 거의 매일 여동생이 중2인 아들 이야기를 하며 물어왔다. 어려서부터 마법 천자문을 독파하고 책읽기를 좋아해 국립어린이청소년도서관에서 받은 독서통장 7개에 책 제목이 꽉 찬 조카였다. 그런데 중학교 2학년이 되자 '이 분'이 달라지기 시작했다. 대화를 나누고 나면 동생은 진정되곤 했다. 그런 대화가 이 책을 쓰게 된 계기였고 사춘기 아들 사례를 빗대어 책 속에 경태(가명)라는 인물을 구상해 그려 보았다.

부모는 아들의 이름만 들어도 아잇적 햇빛에 반짝이던 솜털부터 씩씩하게 유치원 졸업식에서 상장을 받던 모습이며 초등학교 운동장이 떠나가게 응원하던 얼굴이 파노라마처럼 떠오른다. 씩씩하고 위엄 있는 왕자처럼 저마다 희망단지를 하나씩 품고 자라온 아들이었다. 그런데 갑자기 마법에라도 걸렸단 말인가. 십 대에 들어서면서부터 아들의 모든 게 낯설게 느껴지고 '내가 알던 그 아들 맞나?' 싶게 변하는 모습에 부모 가슴 속에는 전쟁터의 북소리가 둥둥 울린다. 누구라도 찾아가고 싶지만 아들의 비밀 같아서 드러내기 쉽지 않다.

지금 소년에서 남자로 성장하는 십 대 남학생에게는 입시와 학교 성적이라는 장벽이 있다. 남학생에게 진정으로 필요한 것이 무엇인지 생각할 겨를도 없이 학교와 가정에서 많은 문제가 생기고 있다. 나 역시 두 아들을 키우며 힘든 상황에 부딪힐 때마다 미칠 것 같았다. 책을 읽고 신경정신과에도 가보고, 아들이 다니는 학교의 선생님은 물론 학원이나 테니스장의 선생님, 아들을 먼저 키워 본 친척 분들, 이웃들, 동료 선생님들과 대화했다. 그 분들이 아들 교육에 관한 지혜의 다발을 내게 선사했다. 그 지혜의 묶음들을 그냥 묵히고 싶지 않다. 그때 나눴던 대화를 떠올리며 아들 둔 부모들과 카페에서 이야기하듯 이 책을 썼다. 동병상련으로 남학생 학부모들의 마음을 더 잘 이해할 수 있었다. 그리고 지난 30년 간 학교에서 가르친 남학생들이 수업할 때나 상담할 때 그들의 세계를 들려주었다. 해마다 모은 업무수첩, 모둠일기, 남학생들이 쓴 글들, 교지, 학급 문집, 편지들, 수업자료, 매주 학부모께 드린 통신문, 앨범을 다시 보며 그들을 떠올렸다. 매직아이처럼 나타난 그들과 이야기하면서 '희망'을 발견했다. 그 대화들이 지금 아들을 키우는 부모에게 도움이 될 것이다.

초등학교 학부모라면 이 책이 아들의 십 대를 미리 대비하는 정보가 될 것이다. 그리고 지금 한창 십 대 시절을 지나는 남학생 부모는 더욱 이 책을 통해 공감할 수 있으리라 생각한다. 책 속에서 아들과 닮은 또래 남학생들을 만날 수 있을 것이다. 부모는 아들에게 훌륭한 인도자이자 멘토로 성장하리라 기대한다. 또 딸만 있는 가정에서는 남학생 또는 남자에 대해 이해하고 그들과 더불어 살아가는 데 도움이 되리라 예상해 본다. 아내들에게는 남학생 아들을 이해함으로써 남편을 더 잘 이해할 수 있는 계기가 될 것이다.

이 책은 여섯 장으로 이루어져 있다. 1장과 2장은 십 대 남학생에 대한 이해, 3장~5장은 십 대 남학생을 키우는 해법, 6장은 부모의 삶이 지향하는 바를 담았다.

아들 교육의 길에서 거저 얻어지는 것은 없었다. 절반의 실패, 절반의 성공이라고나 할까. 부족하고 아쉬운 점들이 많다. 조용히 때로는 고통스럽게 그 길을 지나왔다. 자갈밭처럼 험난하던 시간, 후미진 곳에서 홀로 참던 시간, 하늘이 보일 때까지 가파른 언덕을 오르던 시간들이 떠오른다. 모두 아들과 함께 하는 과정이었다. 부모가 아니면 누가 변화무쌍한 아들의 십 대 시절을 함께 할 수 있을까. 그 모든 과정은 아들이 스스로 세상에서 우뚝 설 기반이 되리라 믿는다. 지금 부모가 용기 있게 아들 교육의 위대한 과정에 적극 나선다면 후에 몇 배나 큰 기쁨과 보람을 얻으리라 믿는다. 절반의 실패 쪽보다는 절반의 성공 쪽을 바라보며 한 걸음 내딛는다. 모든 가정에서 아들교육의 희망을 찾을 수 있기를 고대한다.

박형란

Contents

엄마의
교육 사례

Contents

Part 1
십 대 아들,
너 누구세요?

세상의 주인공은
'나야 나'
– 자기중심적 사고

월요일 아침 일곱 시. 알람은 '떠리리리' 소리를 내며 하루의 시작을 알린다. 해는 이미 동녘에서 솟아 세상을 향해 활짝 웃고 있고 엘리베이터는 오르락내리락하며 바쁜 사람들의 출근을 돕는다. 경태는 미적미적 실눈을 뜬 채 다시 알람을 끄고 이불 속으로 기어든다. 그러다 경태는 갑자기 용수철처럼 침대에서 튀어나와 벌써 이십 분째 아래층에서 아들이 일어나기를 초조하게 기다리는 엄마에게 소리를 지른다.

"엄마, 내 체육복 반바지 빨아 놓았죠?"
"어? 너 그 말 안 했잖니? 한꺼번에 빨래하려고 모아두었지."
"아! 뭐예요? 나 오늘 체육 들어서 꼭 가져가야 해요."
"긴바지 가져가면 되지."
"아니라고욧!! 뭘 알지도 못하면서. 오늘부터 꼭 반바지 입고 오라고 했단 말예요. 엄만 한번 말하면 꼭 못 알아들어."
"..........."

"나 어떡해, 이제. 으이그! 나 학교 안 가."

"반바지면 어떻고 긴바지면 어떠냐. 운동만 잘하면 되지. 내가 학교 선생님께 전화라도 드려주랴?"

급기야 엄마도 짜증이 나 쥐어짜는 목소리로 같이 소리지른다.

"엄마 제정신이에요? 내가 한두 살 애야? 학교에 무슨 전화를 해요? 내가 바보야?"

"그럼 어쩌라고? 엄마도 얼른 출근해야 돼. 너 때문에 엄만 맨날 지각이잖니? 아침에 일찍 좀 일어나 밥 먹고 가면 안 돼?"

"엄만 이해가 안 돼요? 다 반바지 입었는데 나만 긴바지 입고 가면 모양 빠져서 어떻게 운동을 해요. 선생님도 복장 점수 깎을 거고. 친구들도 날 준비성 없는 애라고 생각할 거예요. 좀 제대로 해 보세요."

"뭐 그렇게까지 생각하시기야 하겠니? 대충 가면 안 돼? 아니면 빌리든가."

"이제 와서 뭘 빌려요. 사이즈도 다 달라요. 엄만 아는 것도 없으면서 이래라 저래라야. 이러니 내가 학교 가고 싶냐고요."

소리를 버럭 지르더니 급기야 다시 제 방으로 문을 콱 닫고 들어가 버리는 경태.

경태는 중학교에 막 들어갔을 때만 해도 선생님이나 부모의 말을 잘 따르고 알림장에 꼬박꼬박 메모하고 잠들기 전에 준비물을 챙겨 놓던 아이였다. 문방구의 어느 자리에 어떤 물건이 있는지 알 정도로 스스로 챙길 물건을 잘 사 오던 아들이 어찌된 일인지 중학교 2학년이 되면서부터 마치 화산 폭발이라도 한 것처럼 갑자기 자지러지게 당황하며 소리지르는 일이 잦아졌다. 어려서부터 부모님께 꼭 존댓말을 하도록 교육을 해왔건만 이제는 가끔 반말까지 섞어 대꾸하곤 한다. 특히 아빠가 안 계시고 엄마와 단둘이 있을 때 그 정도가 더하다.

비단 경태 뿐만이 아니다. 매일 아침 십 대 남학생을 둔 집의 처지는 비슷하다. '운동복 상의가 목이 늘어져서 못 입고 간다.', '어제 자른 머리가 괴상해서 학교 못 간다.', '지난 과학 시간에 발표할 때 파워포인트가 웃긴다고 애들이 비웃어서 학교생활을 할 수가 없다. 반 바꾸면 좋겠다.', '내 다리에 털이 너무 많아서 반바지 입으면 뽀대가 안 난다.', '내 목소리가 이게 뭐냐, 음악 시간에 노래를 따라 부를 수가 없다.', '부모잘 못 만나서 머리가 너무 크다.', '모레가 신체검사인데 살이 너무 쪄서 밥을 굶어야겠다.', '다리가 짧은지 앉은키만 되게 크다.' 등등.

듣고 있으면 무대 위 연예인인 듯 자신이 어떻게 보일지 신경을 곤두세우고 산다. '교실에 가면 모두 자기를 쳐다볼 텐데 어떡할까. 선생님마다 자기보고 이상하게 머리 잘랐다고 할 텐데 어쩌지?'

십 대 아들은 세상이 모두 자기를 주목하고 있는 듯이 행동한다. 마치 무대의 스타처럼 상상의 관객들이 자신만 바라본다고 확신한다. 특히 넓은 광장이나 학교 로비에 서 있으면 시선을 어디에 둘지 당황하곤 한다. 자기 전신이 스캔 당하고 있다고 생각한다.

실제로는 거기 왕래하는 사람들이 십 대 남학생을 얼마나 주목하겠는가. 하지만 남학생은 사람들이 자신에 대해 별로 관심이 없다는 현실을 인정하지 못한다. 다른 사람들이 자기 얘기를 하고 돌아다닐 거라고 믿거나 모두 자기를 주시한다고 여기는 경향이 있다.

이 시기의 남학생은 특히 추상적인 생각을 하기 시작하고 다른 이들을 의식하기 때문이다. 특히 자신의 머리 스타일이나 옷차림을 남이 죄다 살핀다고 여긴다. 자의식이 강하게 발휘되는 시기이므로 자연스러운 변화라고 보면 된다. 심리학에서는 이를 '조명효과'라고 한다. 남들은 실제 자신에 대해 관심이 없는데 남이 자기를 주목할 거라고 여기는 심리이다.

남학생은 열 살이 넘으면 독립심이 발달하고 자의식이 강해져서 자신이 세상의 중심에 있다고 여긴다. 지금까지 시키는 대로 순종하며 지내다가 갑자기 키가 커지고 웬만한 어른은 내려다볼 정도로 폭풍 성장을 하는 시기라 세상일까지 좀 만만해 보이기도 한다. 그래서 마치 왕이라도 된 양 황당한 일을 하기도 하고 어른 대접을 받고 싶어 한다. 때로 엄마나 할머니를 종처럼 부리려 하기도 한다.

이때 부모는 아들을 무조건 도와주지는 말아야 한다. 앞의 예에서 경태 엄마가 시간이 넉넉하여 아들의 체육 시간에 반바지를 빨아서 가져다줄 수도 있다. 그러나 될수록 도와주지 않는 편이 좋다. 자기 일을 미리 챙기는 습관이 필요하기도 할 뿐더러 아들이 걱정하는 만큼 실제 현실이 심각하지 않은 경우가 더 많다.

부모는 아들의 행동에 따라 일희일비하기보다 어느 집이나 다 이런 일들을 왕왕 겪고 있다고 생각하고 어느 선까지 개입할 것인지 판단하는 게 좋을 듯하다. 실제 사람들은 아들에게 그처럼 세세하게 관심을 두지 않는 점을 알려 준다. 아들이 자신을 있는 그대로 받아들이고 외모보다 다른 재미있는 일에 몰두할 수 있도록 관심을 유도해 본다. 혹 부모를 무시하거나 사람들이 온통 자기 기분에 맞춰야 한다는 식으로 지나치게 행동할 때는 분명하고 단호하게 부모의 생각을 이야기한다.

학교에서 남학생들이 교실 수업이나 활동 시 갑자기 큰 소리로 자기 뜻을 고수할 때, 교사는 분명하게 선을 긋고 현실을 파악하게끔 말한다. 이를테면 체육대회 단체 응원복을 맞추는 주제로 학급회의를 한다고 하자. 한 남학생이 계속 딴지를 걸고 큰 소리로 불만을 표현한다면 선생님은 이렇게 말해준다.

"○○야, 지금 네가 말한 대로 하자고? 우리 반 전체가 학급 티를 맞추려 처음부터 회의를 다시 해야 해. 원단을 고르고 디자인도 다시 정해야 해. 수업 끝났는데 계속할까? 회의 시작할 때 네 의견을 말했으면 이렇게 결정을 못 하고 있지는 않지. 친구들, 어떻게 할까?"라고 물으면 대부분 다수의 결정에 따르고 빨리 집에 가자고 한다.

이런 자기중심적인 경향이 비약되면 자신이 완전한 존재라고 생각하고 비현실적인 일들도 가능하다고 믿어버릴 우려가 있다. 다른 사람들은 다 실수하거나 다칠 수 있지만, 자신에겐 절대 그런 일이 안 일어날 거라고 믿는 경우이다. 실제 어떤 부모들은 한때 아들이 오토바이를 타고 등교하겠다고 해서 놀란 적이 있을 것이다. 오토바이가 얼마나 위험한지, 미성년인데 꼭 필요한지 생각해보라고 아무리 설득해도 '자신은 절대 사고 안 날 자신 있다.'라고 고집 피우는 게 이 시기의 남학생이다.

고등학생들이 술을 마신 후 아버지의 승용차를 면허도 없이 몰고 나갔다가 사고를 내 자신들은 물론 다른 사람들에게 큰 피해를 일으키곤 하는 사건들이 바로 그 예이다. 이들은 오토바이를 타고 고속도로를 달려도 다른 차들이 다 비킬 것으로 생각한다.

또 학교에서 남학생들에게 흡연이나 음주, 그리고 성관계에 대한 예방 교육을 매년 실시하고 있지만, 청소년기의 위험한 일들이 끝없이 일어나고 있는 점은 부모로서 주의 깊게 관찰하고 대처할 부분이다.

남학생의 자기중심적인 제왕적 사고를 어떻게 대하면 좋을까.

첫째, 평소 기회 있을 때마다 아들의 자존감을 높여준다. 사실을 이야기하면서 살짝 부모가 생각하는 아들의 좋은 점을 이야기한다. 아들의 좋은 점은 가랑비에 옷 젖듯이 기회 있을 때마다 이야기한다.

– 외모나 스타일을 신경 쓰는 아들에게

"네가 그렇게 신경 쓰는 것도 무리가 아니구나. 그런데 조선 시대에는 허리가 길고 얼굴이 넓적하여 의젓한 스타일이 선비 상이었다고 그러더라. 얼굴이 작고 다리가 긴 사람들은 주로 말구종 역할로 그려졌어. 넌 딱 선비야. 선비 스타일."

– 갓 전학 와서 자기가 말만 하면 사투리를 다 놀릴 거라고 여길 때

"그렇겠지, 이 지역 사람들은 네 억양이 익숙지 않고 단어들도 다를 수 있으니까. 하지만 전에 살던 동네 출신 프로야구선수 ○○○에 대해 친구들한테 재미있는 얘기를 해 봐. 네 사투리를 재밌어 할 거야. 흉내도 내고."

둘째, 친한 친구들과 관계를 잘 형성해 둔다. 그들은 친구에게 객관적인 말을 해 줄 수 있는 가장 적절한 변호인이자 지지자가 되어준다.

"선생님, ○○요. 알고 보면 얼마나 진지하고 건전한데요. 겉으로 보이는 거 하고 달라요."

셋째, 미디어를 통해 보도되는 십 대 아들들의 위험한 행동을 꼭 이야기해 주고 행동의 결과를 말해준다. 평소에 아들에게 남학생이 저지르기 쉬운 실수들을 예로 들어 정보를 준다.

자기중심적으로 생각하는 아들에 대해 너무 긴장하거나 걱정부터 할 필요는 없다. 우리의 십 대 아들들은 귀여운 면도 있다.

황소처럼 덩치가 커지는 아들이 가끔은 이런 황당한 멘트를 날려 부모를 웃기기도 한다.

"엄마, 있잖아. 내가 버스 정류장에 서 있으면 다 나만 쳐다본다. 내가 연예인삘feel 나나 봐."

그럴 때 부러 사실을 알려 줄 필요는 없다.

"그래 네가 어느 각도에서 보면 참 멋져."라고 말해 주자.

그러면 거울을 행복하게 바라보는 아들의 자신감이 한 뼘 올라갈 것이다.

아들은
영웅 심리를
타고난다

– 모험과 도전 정신

"경태야, 너 내일 개학인데 머리 염색 풀어야지. 방학 때만 봐준다
고 했잖아."

"아마 괜찮을걸. 그리고 내일 우리 학교 수업 별로 안 하고 개학식
하고 청소만 하면 끝나. 내일 오후에 미장원 가서 할게."

"그리고 그건 또 뭐냐. 웬 농구공?"

"응, 옆 학교 애들이랑 시합하기로 했다. 어제 우리가 이겼어. 풀 세
트로."

"동사무소 옆 공터에서 하는 거지?"

최근 초등학교 운동장 공터에서 불미스러운 사건이 일어났던 참이
라 엄마는 운동 장소를 확인한다.

"아냐. 걔네 학교 체육관에서 해도 된다고 허락 맡아 놨대. 엄마, 그
학교 여자애들이 응원도 온대. 히히."

"개학 준비도 해야지. 언제 숙제는 다 하려고?"

"응, 다 알아서 할게. 걱정 마."

"언제 올 건데?" 하고 빽 소리를 지르며 뒤를 돌아보면 아들은 이미

시야에서 사라지고 없다. 그래도 오늘은 고성이 오가는 일은 피할 수 있었다. 아들이 무언가에 꽂혀 있는 중이기 때문이다. 이제는 '똘이'라는 어릴 적 이름이 더 이상 어울리지 않는 모습이다. '똘이'로 대하면 안 될 것 같다. '가까이하기엔 너무나 먼 경태'가 되어 버렸다.

후유, 경태 엄마는 한숨을 푹 쉰다. 방학 때 중학교 2학년 2학기 수학이며 고교 수학 대비반으로 특강까지 끊어가면서 관리했건만 들인 돈이 무색하게 아들은 농구에 미쳐서 낮에는 각종 경기를 보고 밤에는 시합한다고 나가 버린다. 게다가 최근에는 프로농구선수 팬클럽에까지 가입해서 뭘를 맡았네, 뭘를 기획하네 하며 야단이다.

그뿐만 아니다. 음악을 쿵쾅거리며 듣다못해 벽에 가수의 대형 사진을 붙여 놓고 가을에는 축제 때 기어이 드럼을 치고 싶다고 친구들한테 동아리 선배에게 배우겠다며 소개해 달라 부탁했다고 한다. 10월 초면 중간고사인데 9월 말에 있을 축제 오디션 날짜가 얼마 안 남았다고 벌써 성마르게 연습시간을 맞추느라 동아리 친구들과 몰려다닌다고 한다.

이런 소식도 경태로부터 들은 게 아니라 같은 반 여학생 엄마를 우연히 마트에서 마주쳤을 때 들은 이야기이다. 경태 엄마는 내친김에 그 여학생 엄마 전화번호를 받아 왔다. 가끔 아들 소식을 듣기 위해서. 엎친 데 덮친 격으로 집으로 돌아오는 길에 만난 아래층 아주머니는 경태가 지난주에 아는 형 따라서 교회 중등부 예배에 가서 기악반에 등록했다는데 아시느냐고 한다. "참 기특도 하다."는 아주머니의 말을 뒤로하고 현관에 들어서자마자 의자에 털썩 주저앉은 그녀는 벽에 붙은 유치원 졸업

사진을 보며 눈물이 날 지경이다. 해맑게 웃고 있는 볼이 통통하고 뽀얀 아들의 모습, 졸업장이 구부려질까 봐 손으로 꼭 붙들고 있는 경태.

남들은 중학 시절 고1 수학이며 수Ⅰ, 수Ⅱ까지 몇 번씩 뗄 준비를 한다는데 경태는 백화점에 가게 몇 개 차려놓고 관리하는 사업자처럼 이곳저곳 기웃거리느라 공사다망하다.

경태 엄마는 아들이 중학교에 입학하면서부터 "알아서 할게."라는 소리에 노이로제가 걸릴 지경이다. 도대체 뭘 언제 알아서 한다는 것인지. 가끔 아들의 뒤통수를 노려볼 때가 많아진다.

이렇게 바삐 여기저기 쫓아다니는 경태의 내면에는 어떤 마법사가 있길래 날마다 엄마를 놀라게 하는가.

학교에서 방학이 끝나고 개학하는 날은 한 달여 사이에 엄청나게 변한 남학생들을 발견할 수 있다. 평소에는 규칙을 잘 지키던 남학생이 피어싱하거나 염색을 한 채 등교하는가 하면, 얼굴이 하얗고 앳되어 보였던 얼굴이 구릿빛으로 그을리고 골격이 튼튼하게 자라 어른처럼 성숙해져 나타난다. 그 짧은 시간에 어떻게 이런 변화들이 일어났는지 신기해하면서 남학생들의 이야기를 들어보면 다양한 경험과 시도를 했다고 한다.

교사들은 오랜 경험으로 이렇듯 많은 체험을 직접 한 남학생에 대해선 별로 걱정을 안 한다. 오히려 방학 내내 아침부터 오후 늦게까지 학원에서 수업 듣고 선행학습 하느라 가족 여행커녕 영화 한 편도 제대로 못 봤다고 하는 남학생을 걱정스레 바라본다. 그 남학생은 그동안 숨 쉴 틈 없이 살았던 시간을 보상하려는 듯 이제 학교에서 친구들과 다양한 체험을 하려고 할 것이기 때문이다. 물론 몰입을 잘하고 탐구하기를 좋아하는 남학생은 여전히 공부에만 전념할 테지만 대부분 남학생은 새로운 도전과 다소 위험한 모험을 갈구하고 있다.

세계 여러 문화권에서는 이 시기의 남학생에게 다가오는 변화에 맞추어 통과의례를 거치도록 한다. 남학생은 이제 더는 부모, 특히 어머니의 말에 의존하지 않는다. 어른들의 지시에 순종하기보다 자신이 직접 세계를 탐험해 얻은 지식과 경험으로 살아가려는 시도를 하기 시작한다. 그래서 인디언들은 일주일 동안 숲속에서 간단한 식량과 도구로 생존하도록 혼자 소년을 내보내기도 하고, 어머니가 아닌 멘토에게 소년의 청소년기, 즉 훈련기를 일임하기도 한다.

남태평양 바누아투 제도의 원주민들은 성인이 될 만하다는 용기를 증명해 보이도록 나무로 높은 탑을 세우고 '번지'라는 열대 넝쿨로 엮어 만든 긴 줄을 소년의 다리에 묶어서 뛰어내리게 했다. 유대인 남자아이는 13세가 되어 성인식을 치르면 삶의 모든 책임을 스스로 져야 하며, 그후 1년 동안 성인 훈련을 받는데 사회봉사 등 여러 활동으로 사회를 섬기는 일을 해야 한다.

학교에서 남학생들은 힘과 위대한 집단적 분위기에 동화되는 경향이 있다. 그들은 두려움을 극복하고 어려움을 이겨 낸 점들을 과시하고 자랑하기도 한다. 복도에서 지나갈 때도 친한 친구의 어깨를 툭 치거나 일부러 자빠뜨려 장난을 걸거나 서로 몸을 부여잡고 씩씩대며 힘겨루기를 한다. 여교사의 눈에 때로 매우 위험해 보이나 남학생들은 아무렇지도 않은 듯이 시작종이 울리면 툭툭 털고 각자 교실로 향한다. 공격적인 행동과 친밀감의 표현이 구분이 안 될 때가 있다.

집에서 남학생에게 사촌 동생이나 이웃 어린아이들을 보라고 맡겨 놓고 외출해 본 부모들은 그들이 어떻게 다른 사람을 돌보는지 알게 될 것이다. 단 몇 시간 만에 집안은 난장판이 되어 있을 것이고 소파 위로 올라가 뛰어내리기 시합, 베개 던지기 놀이, 또는 빗자루나 장난감 총으로 난투극을 벌인 듯 인형들이 배는 찢겨 있고 인형의 살이 다 뜯겨 나와 있으며 때로는 우산꽂이에 있는 각종 우산으로 문짝을 두드리고 숯을 쏜 듯 문에 구멍이 나 있을 수도 있다. 어른들이 돌아와 보면 온통 상기된 얼굴로 여유 있게 웃는 모습들을 어이없어하며 보게 될 것이다. 과격한 신체적인 접촉과 활동은 남학생들이 서로 친해지고 우의를 다지는 방법이다.

남학생들은 그들의 에너지를 늘 시험하고 싶어 한다. 어디까지 힘을 쓸 수 있는지 알기 위해 모험을 불사한다.

국어 시간에 말하기 주제로 '내가 살아오면서 가장 기억에 남는 사건'을 이야기해 보라고 하면 남학생들은 주로 자기가 언제 어떻게 다쳐서 얼마나 고생해서 이겨냈는지, 태권도 품 띠를 따기 위해 얼마나 노력했고 그 시합에서 이기게 된 과정을 슬로비디오처럼 이야기하곤 한다. 또 유소년 축구팀에서 다른 동네 팀과 시합을 할 때 골을 넣고 승리한 일, 심지어 높은 데서 뛰어내려 골절된 일까지 생애 가장 인상적인 경험에 등극한다.

뭔가 한계를 뛰어넘은 듯한 꿈 꾸는 눈빛으로 파란만장한 무용담을 이야기한다. 교실에서 쉬는 시간에 남학생들이 수다스럽게 이야기하는 걸 들어보면 스토리보다는 '꽉!', '푹, 으어!', '쓩, 피익, 쾅!' 소리가 다반

사다.

좀 더 은밀하게 교실 커튼 뒤에서 소곤거리는 희한한 남학생들이 있다면 그네들은 십중팔구 섹스에 대한 얘기를 하고 있을 것이다. 조금 지적인 호기심이 넘치는 아이들은 컴퓨터 본체를 분해해서 엄마가 막아놓은 비번을 풀어버렸다는 자랑을 일삼을 것이다. 어느 학교나 남학생들이 깁스를 하거나 목발을 짚고 등교하는 일이 흔한데 이들은 전혀 불편해하거나 걱정스러운 얼굴이 아니다. 오히려

"○○이 너, 괜찮아?"

하고 물으면

"뭐, 이런 것쯤이야. 아무것도 아니에요."

하고 쓱 웃으며 지나간다.

남학생들은 이토록 생기가 넘치고 세상으로 나아가 용감하게 자기 임무를 완수할 연습을 자기도 모르게 찾아서 하고 있다. 아마 몇 천 년 전부터 그들의 DNA가 습득한 삶의 비밀을 이들은 몸으로 알고 한 번씩 부딪혀 보는지도 모른다.

문제는 현대로 올수록 남학생들이 모험과 도전을 할 기회가 줄어들고 있다는 점이다. 입에 거품을 물고 신명 나게 이야기할 거리가 점점 사라지고 있다. 넘치는 에너지를 시험해 보고픈데 기회가 없다. 남학생들이 물러설 리 없다. 그들은 영리하게도 사이버 세계에서 돌파구를 찾는다. 게임은 물론 현실 세계에서의 승부를 대체할 놀이거리를 찾아 나선다.

세상을 구원할 히어로가 되고 싶은 남학생들이 갈 길을 못 찾고 방황하고 있는 격이다. 아들을 키우는 가정에서는 남학생의 이 열정적인 에

너지를 긍정적인 방향으로 쏟을 수 있도록 노력하면 좋다. 몇 가지 방법을 제안하면 다음과 같다.

첫째, 유소년 시절부터 꾸준히 스포츠 활동을 하도록 한다.

둘째, 스카우트 활동, 동아리, 음악 밴드 활동, 서포터즈 활동, 어린 후배들을 위한 도우미 활동, 자원봉사 등 다양한 체험 기회를 제공한다.

셋째, 집을 떠나보는 경험, 방학 중 봉사 활동, 캠프 활동, 혼자 여행하는 일, 다른 지역의 친척 집 방문 등 가족을 떠나 혼자 하는 활동을 함께 계획하고 실행해 보도록 한다.

넷째, 어느 분야이든 아들이 존경할 만한 멘토를 만날 기회를 준다. 자신이 책임지는 일에 참여하여 의무를 이행하는 일의 신성함을 경험하게 한다.

다섯째, 또래와 가정, 학교에서 소속감을 느끼지 못한 남학생은 사이버 세계나 포르노에 빠지기 쉽다. 항상 공동체와 든든한 유대를 맺고 있는지 관찰한다.

이런 위험과 도전으로부터 아들을 보호하고 실패와 좌절, 감정적인 고민과 성찰을 겪지 않게 한다면, 아들은 성인이 되지 못한 채 어른아이로 살아가게 된다. 지금 시대에 맞는 통과의례를 거치지 못하면 성인 남자로 성장하지 못하고 아이인 채로 살아가게 된다.

킬미 힐미 다중인격 내 아들,
온탕&냉탕 반복은
당연하다
- 변덕스러운 기분

K 군은 학교에서 무척 적극적으로 활동해서 선생님들이 아끼는 학생이었다. 남학생답지 않게 꼼꼼하고 체육대회 팀을 짜 연습해서 담임으로서는 무척 고마웠다. 축제 때 밴드부 활동에 열성이어서 여학생들 사이에서 인기도 높았다. 항상 웃는 얼굴이어서 사춘기를 전혀 겪지 않을 듯했다. 그런데 어느 날 오후 상담하겠다고 찾아온 K 군의 어머니는 굳은 표정으로 고민을 털어놓았다.

"어머니 어쩐 일이세요? 무슨 일이라도 있으세요?"

"저희 아들 학교에서 어떤가요? 집에선 도무지 종잡을 수 없어요. 어떤 상태인지."

"변화무쌍하다는 말씀이신가요?"

"아들이 집에서 저에게 아무 말도 안 해요. 밥 먹으라 해도 들은 척도 안 하고 어쩌다 아들 방문을 열면 소리소리 지르며 노크 안 한다고 어쩌나 몰아붙이는지. 우울할 때가 많아요."

"어머니, 애가 학교에선 얼마나 잘 웃고 떠드는데요. 친구들하고 즐겁게 운동도 하고 밝아요. 너무 걱정하시는 거 아닌가요?"

"네? 학교 얘길 물어보면 그냥 모른다고만 해요. 어쩔 땐 대답도 안 할 때가 많고요."

잠시 생각하시는 듯하다가

"근데 어쩔 땐 자기가 크면 자동차 사준다고 신나서 말하기도 해요. 그럴 땐 내 아들 같죠. 하지만 흐린 날 갠 날처럼 예측하기 어려워요."

"그러세요? 제가 보기엔 아무 염려 안 하셔도 될 것 같아요. 학교생활은 이렇게 무난하게 하고 있잖아요."

"하긴 자기는 이다음에 조종사가 되고 싶다고 얘기하길래 '아무 생각 없이 살지는 않는구나' 했죠."

"아버님과 관계는 어떠세요?"

"후, 애가 아버지와 대화한 지는 6개월도 넘은 듯해요. 아빠가 성적에 관심이 많아서 늘 아이 공부를 확인하죠. 그런데 최근엔 아버지 말도 안 통해요. '간섭 좀 하지 말라'고 한판 붙었죠. 정말 이웃집 부끄러울 정도로. 아버지와 아들이 한 데 있으면 가슴이 두근거려요."

말꼬리를 흐리는 K 군 어머니는 어지간히 상심이 크신 듯했다. 집 안 분위기가 썰렁하니 아들이 집에 들어오고 싶겠냐고 걱정하면서 돌아서는 뒷모습이 힘이 없어 보였다.

학부모님과 대화하다 보면 흔히 듣게 되는 말이 아들이 온탕, 냉탕을 왔다 갔다 하는 것 같다는 말이다. 어떤 날은 어릴 때부터 봐 오던 모습으로 애교도 부리고 웃고 장난도 치고 한다. 그런데 다음날은 세상에 대한 분노를 터뜨리면서 고래고래 소리를 지르고 불만을 토로한다. 한없이 어린애처럼 끝까지 고집부리며 원하는 걸 내놓으라 하는가 하면 어른처럼 장래에 관한 얘기나 세상일을 진지하게 말하기도 한다.

이럴 땐 부모들도 예측 불가라서 기운이 빠진다. 그렇지 않아도 직장 일이나 다른 집안일로 바쁘고 힘겹게 살아가는데 의지가 되어줘야 할 아들마저 폭군이 되었다가 선비가 되었다가 하니 집 안이 불안하고 긴장될 수밖에 없다. 어떤 남학생은 아예 집에 들어가자마자 방에 틀어박혀 전혀 나오질 않아 은둔자가 된다. 더 심해지면 학교도 안 가겠다고 한다.

반대로 집에서는 아무 문제 없이 부모 말에 복종하고 지내는데 학교에서 친구들을 괴롭히고 때리고 하는 공격형으로 변하는 남학생도 있다. 선생님들께도 반항을 자주 해서 이미 수업 시간에 요주의 인물 취급을 받는다. 그 남학생 부모님께 학교에 한 번 다녀가시라고 연락을 드리면

"우리 애가 뭐 어때서요? 학원에도 잘 다니고 꼬박꼬박 숙제도 잘 해 가요."라고 하면서 상담에 응하지 않는 학부모도 있다.

도무지 이런 남학생의 속에는 뭐가 들어있을까. 어떻게 하면 예전에 말 잘 듣고 귀여웠던 아들로 다시 돌아갈 수 있을까. 결론부터 말하면 '답은 없다'.

아들은 이미 돌아오지 않는 강을 건너 삶의 새로운 막과 장을 여는 중이다. 어린 시절의 재롱둥이, 귀염둥이를 회상하는 부모의 마음만 쓸쓸해질 뿐이다. 그러나 희망이 없진 않다.

일단 부모부터 집에서 너무 잔소리를 많이 하지 않았나, 집에서 통제하는 부분이 너무 심하지 않았나, 아이 앞에서 부모가 싸우거나 집안에 아들을 불안하게 하는 요소가 있었나 생각해 보면 해결의 실마리를 찾을 수 있다.

남학생들은 '집에만 있으면 머리가 아프다.', '집에 안 들어가고 싶

다.', '부모는 외계인처럼 말이 안 통한다.'라는 말을 자주 한다. 부모가 들으면 기가 찰 노릇이다. 고생해서 학비와 양육비를 지원하고 안정된 환경을 마련하느라 10여 년 이상 많은 희생을 했는데 돌아오는 건 아들의 종잡을 수 없는 방황이라니…… 부모의 마음속에 어쩌면 분노가 생길 수도 있다. 이럴 때 "도대체 뭐가 부족해서 넌 그렇게 불만이냐? 네가 뭐 한 게 있다고? 잠자코 부모 말 잘 듣고 살면 안 돼? 엉?" 하는 식으로 아들을 몰아붙이면 아들은 궁지에 몰린 쥐처럼 대들거나 진짜 돌아오지 않는 강을 건너 밖으로 뛰쳐나가 버릴 것이다.

사실 다른 눈으로 보면 "쟤, 미친 거 아냐?" 하고 남학생을 바라볼 수 있는 상황이라도 그들이 내면에 열정이 가득해서 그런 거로 생각해 볼 수 있다. 이제 세상을 알아가기 시작하고 어른들의 세계를 비판적으로 보게 된 남학생은 진짜 자신의 시각으로 세상을 이해할 수 있을 때까지 계속 의심하고 시험하려 들 것이다. 그리고 그 시험 대상에 부모, 선생님 등 모든 어른이 다 포함된다.

영화 '말죽거리 잔혹사'를 보면 주인공이 학교에서 패싸움에 연루되어 피투성이가 되도록 싸우고 갈등이 폭발 직전까지 가는 혈기를 보인다. 자칫하면 경찰서에 갈 상황까지 가게 되고 학생부에서 지도를 받는다. 그런데 그 남학생이 집에 와서 방에 틀어박혀 기타를 치는 장면이 나온다. 좋아하는 여학생에게 심야 라디오방송에 연애편지를 띄우기도 한다. 동일인물의 모습이 그토록 다양한 것이다.

십 대 남학생들은 열정 덩어리라서 한번 꽂히면 물불을 안 가리다가도 심심하거나 호기심을 쏟을 대상이 없을 때는 연체동물처럼 흐느적흐

느적 잠자거나, 한없이 게임 삼매경에 빠진다.

남학생들은 특히 스트레스를 받으면 코르티솔이라는 호르몬의 영향을 받고 이것이 아드레날린 분비와 관련이 있으므로 즉각 공격적인 폭력으로 치닫기 쉽다. 부모가 아들을 자극하면 안 되는 생리적인 이유가 있는 것이다.

학교에서 수업 시간 사이의 쉬는 시간은 10분이다. 그런데 간혹 그 10분 사이에 어마무시한 사건이 일어날 때도 있다. 다음 시간 수업이 국어여서 교실 문을 열고 들어가면 씩씩거리며 남학생 둘이 의자를 들었다 놨다 하며 씨름 중이고 남학생들이 빙 둘러싸고서는 격투기 현장 구경하듯 바라보고 있는 때도 있다.

그럴 땐 학생 이름을 부르면서 "그만하라."고 달려가는데 아직 남학생 눈에 선생님이 안 보이는 경우가 많다. 이성적으로 냉각이 안 된 상태이기 때문이다. 그럴 땐 소리치며 야단하기보다는

"어휴, 누가 ○○를 이렇게 화나게 했어? ○○아. 그 정도로 의자 부서지겠어? 더 콱 내동댕이쳐버려야지. 애들아. 우리 공부 시작해야지? 시작종 났지?"하고 상황을 급수습한다.

"네." 아이들이 일제히 대답한다. 눈치 빠른 아이들이 사태를 먼저 수습한다. 책을 꺼내고 선생님이 말을 하기 시작하면 싸우던 남학생들은 어느새 머쓱해 하기도 하고 숨을 고르다가 진정하기도 한다. "선생님, 저 좀 씻고 오면 안 될까요? 더워서요."하고 수돗가로 가서 세수하고 온다.

금방 자신을 추스르는 모습에 좀 멋진 남학생으로 보이기까지 한다. 크게 심리적으로 문제 있는 친구가 아니면 그 시간 수업은 의젓하게 평

소보다 더 차분하게 이어진다.

일촉즉발 아슬아슬 위기를 모면한 선생님은 가슴을 쓸어내린다. 아들을 키워 본 선생님 혹은 남자 선생님은 이런 상황을 대수롭지 않게 여기고 보통 그렇게 진정시킨다. 이 남학생들도 그 전날 얼마나 귀엽게 친구들하고 장난쳤는지 알고 있기 때문이다. 작문 발표 시간에 친구들 앞에서 수줍게 말하고 미적거리는 모습을 봤기에 남학생의 폭력적이고 아드레날린 효과에 절어 있는 모습도 그 남학생의 한 모습으로 인정된다. '오늘은 지킬박사, 내일은 하이드씨', 이게 남학생의 모습이다. 교사와 학생사이에 그리고 학생들 간에 상호 신뢰가 중요하다.

가정에서도 이처럼 위태위태할 때가 생기는데 부모부터 정서적으로 항상 여유 있는 상태로 자신을 유지하는 게 중요하다.

아들이 아무리 온탕, 냉탕이어도 친척들을 만났을 때 의젓한 모습이라거나, 동생들 돌볼 때 자상한 면을 자꾸 떠올리며 참는다.

소리지르는 일은 남학생 교육에는 쥐약이므로, 절대 금물이다. 소리를 지르더라도 맞지르지 않고 아들이 소리를 다 지를 때까지 기다렸다가 시간이 지난 뒤에 갑자기 억울하다는 듯이 호소하듯 이야기한다. 이때는 부모가 약자처럼 부모의 심정을 솔직하게 말한다.

엄마는 아들의 모습에 따라 하루하루 인생이 널뛰기하지만 항상 평정심을 유지하고 별일 아닌 것처럼 대한다. 아들은 자기의 행동에 부모가 어떻게 반응하는지 관찰 중이기 때문이다. 선생도 마찬가지다. 남학생들은 늘 선생의 모든 행동과 표정을 관찰하고 있다. 어떤 수업 시간엔 고분고분하지만 다른 수업 시간엔 선생님 말씀을 안 듣고 교실이 난장판이 되기도 한다. 선생님들이 어느 정도 허용하는지를 파악하고 있기 때문이다.

"너의 그런 행동 정도는 아무것도 아니야. 인마이컨트롤이지."하고 자신만만하게 대하면 남학생들은 안도한다.

나는 집에서 아들 둘을 20개월 터울로 키웠기에 학부모의 하소연과 불안감을 들으면 경험담을 가끔 얘기해 준다.

"당연한 거예요. 댁의 아드님은 지금 책대로 크고 있는 거랍니다. 나중엔 자기 행동을 하나도 기억 못 해요. 어머니가 해준 맛난 음식, 아빠와 외식했던 일, 할아버지와 장기 둬서 이겼던 일 이런 일만 기억해요. 걱정하지 마세요, 어머니. 후유, 저도 그랬다니까요."

남학생 아들의 공격적이면서도 공감적인 이중성에 대한 대처방법으로 다음과 같은 점을 제안한다.

첫째, 부모가 정서적으로 안정되어야 한다.

둘째, 아들의 상황을 객관적으로 파악하고 적극적으로 대처한다(현실 직시).

셋째, 아들은 변하기 어렵다. 부모가 변해야 한다.

사춘기의
뇌 속에
일어나는 변화
– 충동적인 행동

중학교 교사로서 남학생들을 가르치고 살았지만, 아들들이 중학교에 들어가면서부터 비로소 아들 부모가 된다는 게 어떤 것인지 절절히 체험하게 되었다. 시험을 치르고 오면 '망했어 난, 이제 어떻게 해.', '공부해도 소용없어. 게임할 거야.', '학교는 왜 다녀. 혼자 할 수 있어.' 하며 기분을 어떻게 정리하고 다음 시험공부를 시작해야 할지 난감해하던 모습이 떠오른다.

답답할 때 순식간에 얼굴이 벌겋게 화를 내는 모습에 엄마로서 걱정이 더해 갔다. 아들은 조금만 힘든 좌절을 맞아도 차근차근 전략적으로 다시 시작하기까지 시간이 오래 걸렸다. 즉각 마음을 추스르고 재도전하고 희망을 품으면 좋으련만 그건 희망 사항일 뿐이었다.

지금 알고 있는 남학생들의 뇌의 비밀을 그때 알더라면 좀 더 현명하고 침착하게 아들들을 도울 수 있었을 것이다. 아들의 언행을 이해하기 어려워 마구 헤매고 고통스럽게 하루하루를 견디었다. 아들들만 아니면 내 인생에 고민할 게 하나도 없을 듯한 시기였다.

돌이켜보면 아들이 '무척 힘들다. 도움이 필요하다.'라고 호소했던 언행이었는데 오히려 '저거, 정상적이지 않은 모습이 아닐까?'하고 두려워하고 무슨 질병처럼 대했다. '어서 이 질병에서 벗어나야 할 텐데, 사춘기가 언제 끝나나.' 하는 생각을 많이 했다.

교사로서 남학생들을 보며 지도한 경험이 아들을 가정에서 키울 때 별로 효과적이지 못했다. 아들들은 교사 같은 엄마보다 자신이 믿을만한 어른 남자가 필요했다.

특히 엄마는 여자이기 때문에 아들의 특성을 잘 이해하지 못하는 경우가 많다. 아들의 성장과 변화를 논리적으로 이해하고 대비했더라면 아들도 부모도 훨씬 수월하게 지낼 수 있었을 것이다.

남학생은 십 대에 이르면 세상에 막 태어날 때와 버금가는 변화를 겪는다고 한다. 아들이 태어나기 전에 부모가 준비했던 일을 떠올려 보자. 태어날 아기에게 필요한 환경, 물건, 도움의 손길을 미리 예비하고 기다린다. 또 많은 사람들이 관심을 두고 아기가 제대로 발육하고 몸과 마음이 잘 자랄 수 있게 노력한다.

마찬가지로 십 대의 남학생은 태어나서 세상에 적응해갈 때만큼이나 엄청난 뇌의 변화를 겪고 그에 따른 심리적인 좌충우돌을 경험한다. 그래서 이 시기를 '제2의 탄생기'라고 한다. 뇌가 폭발적으로 성장하면서 신체와 정신이 그에 상응하게 변화하기 때문이다.

아들이 어렸을 때 서서 걸어 다니기 시작하면 주위 어른들이 격려했다. 말을 배울 때도 끝없이 칭찬하며 함께 놀아주었을 것이다.

십 대 남학생 역시 새로운 세계를 마주해 독립해 가므로 주위에 격려하고 칭찬하고 지지하는 사람들이 많으면 좋다. 열 살이 넘으면 경험의 폭을 넓혀주어야 한다. 남학생이 스스로 자신의 행동과 감정을 조절하도록 연습할 기회를 제공해야 한다. 그리고 부모가 아들 교육을 몽땅 책임지기보다 아들에게 도움이 될 만한 사람들을 만나게 하면 효과적이다.

남학생들의 뇌는 대뇌피질의 전두엽이 늦게 발달한다. 뇌에서 가장 최고위 기능을 하는 부분은 전전두엽 피질인데 이 부분은 현명한 판단과 결정, 지속적인 추진을 위한 자기조절능력, 사회생활의 필수요소인 타인에 대한 공감 능력, 종합적인 상황인식 등을 관장한다.

남학생은 전전두엽이 더디게 발달함으로써 그들이 혼란스럽게 시행착오를 겪게 된다고 볼 수 있다. 가족 및 주위 사람들이 남학생의 뇌가 성장하고 발달할 수 있도록 도와야 하는 이유이다.

대신 남학생의 뇌는 감각적 과정을 담당하는 후두엽이 빠르게 발달한다. 그래서 이 시기에 그들은 시각적인 정보에 집중하게 된다. 갑자기 스포츠에 열중하거나 근육을 단련하겠다고 작정하고 몸만들기에 돌입하기도 한다.

읽기, 쓰기 등 남학생의 언어 구사 능력은 여학생과 비교하면 1년 반 정도 늦게 발달한다. 청각적인 발달이 여학생보다 둔하기에 남학생들은 자신이 하는 일을 하면서 상대방이 하는 말을 듣는 게 거의 불가능하다. 오히려 시각적으로 경험하거나 손으로 만드는 활동은 오래 기억한다.

남학생들이 여학생과 다른 특성이 있기에 그들을 교육할 때 가르치는 방식도 고려해야 한다. 공간지각능력을 담당하는 우뇌는 남학생이 여학생보다 훨씬 잘 발달한다. 학교에서 큐브를 가지고 놀거나 스파게티 면으로 탑 만들기 등의 작업을 할 때 남학생들이 매우 진지하게 잘 수행한다. 그림을 보여주고 막대 같은 도구로 똑같이 만들어보는 작업에서 남학생들이 좋은 성과를 거두곤 하는 사례가 이를 증명한다.

뇌의 회백질과 백질의 차이가 남녀 사이에 있는 점도 남학생의 활동에 영향을 끼친다. 회백질은 한 부분에 활동을 집중시키는 역할을 한다. 반면, 백질은 감정과 공감 능력 등을 담당해 뇌의 여러 부분과 연결지어 활동할 수 있게 한다. 남학생은 회백질이 더 많고 여학생은 백질이 더 많다.

따라서 남학생은 한 가지 활동에 집중하는 경향이 있지만 상대방에게 공감하고 감정을 조절하는 능력이나 통합해서 연관 짓는 힘은 부족하다. 남학생들은 일단 어떤 과제를 주면 그 목표에 집중하는 면이 장점이지만, 감정처리를 잘하지 못하면 공격적인 에너지가 집중적으로 나오게 된다. 목표를 달성하지 못했을 때 감정적인 처리 과정이 미숙하여 도피하거나 반항적으로 방어하는 면도 있다.

혹 남학생이 여자친구에게서 거절의 말을 들었다 치자. 남학생들은 갑작스러운 충격에 찬찬히 생각하고 여러모로 고려하지 않는다. 당황하여 어떻게든 신속히 해결하려는 목적에 충실해 투쟁하거나 도피한다. 물론 감정처리능력이 미숙한 남학생이 스트레스에 더 약하다.

또한, 남학생은 전두엽이 느리게 발달하므로 감정 조절이 원활하지 못하고 충동적인 행동을 하게 된다. 남학생들은 멀티태스킹이 어렵다. 아니 거의 불가능하다. 그들은 그래서 여학생들처럼 들으면서 쓰고, 밑줄 긋고 확인하고, 옆 친구와 대화까지 하는 작업에 불편함을 느낄 수 있다. 수업 시간에 영상을 보여 줄 때가 있는데 남학생들이 영상에 집중하며 보는 모습은 평소 필기 위주의 공부를 할 때보다 훨씬 강하다.

학교에서도 이런 남학생의 뇌가 지닌 특성을 이해하고 교과과정이나 활동에 적극적으로 반영할 필요가 있다. 남학생 중에 문신이나 피어싱 등을 꼭 하고 싶어 하고 방학만 되면 염색을 하는 친구가 있는데 바로 시각 중심인 뇌의 특성을 이해하면 고개가 끄덕여진다.

남학생의 뇌가 지닌 특징들을 보면 아들에게 계속 청각적인 자극을 주는 행동, 특히 잔소리는 거의 효과가 없을 거라는 점을 짐작할 수 있다. 부모들은 집에서 여러 번 불러도 아들이 대답을 안 한다고 짜증이 날 수도 있다.

부엌에서 방에 있는 아들을 불렀다고 해 보자. 일단 아들은 부모의 소리가 안 들릴 가능성이 크다. 스마트폰을 보거나 다른 게임 등을 하고 있다면 거의 불가능하다고 보아야 할 것이다. 아들은 두 가지를 한 번에 해내기 어렵기 때문이다. '그렇게 태어났기에 그렇다.'라고 봐야 한다. 아들을 부르려면 직접 가서 얼굴을 보고 말하는 편이 시간 절약에 좋을 것이다.

남학생은 감정에 대한 공감 능력이 상대적으로 부족하다. 남학생의 뇌가 지닌 특성에 맞게 아들에게 그것을 본 느낌이나 상대방의 기분에 대해 어떻게 생각하는지 물어보는 게 좋다. 남학생에게 어떤 이야기를 해 줄 때 그림을 그려가며 보여주거나 물건을 가지고 예를 들어주면 훨씬 집중한다.

축구를 할 때 작전을 짜는 모습을 지켜보면 하얀 판 위에 그림을 그려가며 포지션에 작대기를 세워 놓거나 동전을 놓아가면서 이야기한다. 남학생들은 자기가 잘 아는 얘기를 종이에 그림을 그려가며 설명하는 경우가 많다. 특히 싸우는 장면을 설명하노라면 더 그렇다. 입에 침을 튀겨가며 설명하고 실제 상황처럼 의성어를 섞어 전달한다. 상황을 묘사하기보다 시각적으로 재현하는 듯한 느낌을 받게 된다. 이런 남학생들의 특징이 그들의 뇌 구조에 그 비밀이 숨어있었다니 흥미롭다.

그런데 한 가지 유의할 점은 이런 남학생의 뇌의 특징이 모든 아들에게 다 적용되지는 않는다는 점이다. 개인차가 존재하므로 아들이 지닌 특질을 잘 관찰하고 파악해서 도와주면 좋을 것이다. 아들을 키울 때 일반적인 이해를 돕기 위해 참고는 하되 아들이 지닌 독특한 개성을 가장 존중해야 한다.

내 아들에게 맞는 방식은 매뉴얼이 없다. 각 가정에서 아들의 특성에 맞게 적용하는 게 바람직하다. 아들 부모로서 뇌에 관한 이런 지식이 실제 가정에서 얼마나 도움이 될지는 모른다. 내 아들에게 맞는 조언과 지원을 발견하고 실천까지 하기는 쉽지 않다. 그러나 이렇게 남학생의 뇌 구조가 폭발적인 변화와 성장 과정에 있고 한 남자로서 새롭게 출발하는 시기임을 아는 것은 중요하다. 남학생의 뇌에 관한 지식이 아들을 이해하는 데 도움을 주고 그들의 행동을 극단적이고 비정상적이라고 섣불리 평가하는 실수를 막아준다. 아들이 처한 내적인 상황을 보고 긴 인생에서 어느 단계에 와 있는지 생각해 보자. 좀 더 장기적인 안목으로 아들의 변화에 담대하게 대응할 수 있을 것이다.

청소년기의 좌충우돌 뇌는 20~30대까지 계속 발달한다. 전전두엽 피질의 기능은 30대가 넘어서야 그 발달이 완성된다.

부모가 늘 배우기를 멈추지 않는다면 아들이 어떤 행동을 보일 때 '아하, 그렇구나.'하고 논리적인 확신을 얻어 심리적인 부담을 덜 수 있다. '그 정도는 아무것도 아니었는데, 괜히 그땐 전전긍긍했어.' 하면서 매일 새롭게 벌어지는 아들의 변화에 입을 다물지 못하는 부모님들이 많다.

후일 생각해보면 "아들아, 네가 건강하게 제2의 탄생을 맞아 겪는 변화를 내가 너무 간섭하고 염려했구나."라고 말할 때가 있을 것이다. 집에서 20대가 된 큰아들에게 그런 말을 했더니 "그렇죠? 저희한테 고마워하셔야 해요. 우리 판단이 맞을 때가 많았어요. 저희한테 좀 맡겨 놓아도 되셨는데……."라고 한다. 이럴 땐 살짝 서운하기도 하다.

십 대 남학생의 뇌 발달을 고려할 때, 이 시기 아들 교육에 다음과 같은 점이 필요하다.

첫째, 남학생의 뇌 구조가 여학생과 다름을 알고 아들이 감정적으로 힘들어할 때 공감하는 말을 자주 해서 상황을 진정시킬 수 있다.

둘째, 아들이 어떤 목표에 집중하는 면을 장려하되, 지나치게 격해질 때 주변을 살피고 상황을 설명해 줌으로써 다양한 정보를 고려하도록 한다.

셋째, 남학생의 특성에 맞는 공부 방법을 이해하고 지원한다. 시각을 중시하는 활동, 공간지각이 필요한 활동 등에 관심을 가져보도록 한다.

넷째, 자연은 남학생의 뇌를 성장시키는 데 가장 좋은 놀이터이다. 예상하지 못한 상황과 부딪혀가며 즐기는 놀이가 좋다. 자연을 자주 접하게 해 감정을 이완시키고 적극적인 신체 활동을 하도록 한다.

다섯째, 아들의 공감 능력을 키워주기 위해 질문을 자주 한다. 어떤 느낌인지, 어떤 경험에 빗댈 수 있는지 묻는다. 아들의 감정이 섬세하게 발달할 수 있을 것이다.

여섯째, 아들의 행동을 보고 그 기분을 말로 표현해 주고 지지해 준다. 인간 감정의 다양하고 세심한 면을 말로 표현해 인정해준다. 아들은 점차 인간 감정의 복잡성과 민감성을 이해할 수 있게 된다.

"너, 그때 참 당황했겠다.", "어떻게 해결할지 고민스러웠겠구나.", "내가 보기에 지금 넌 분할 것 같아. 이해해.", "내가 너라면 친구가 인정 안 해줘서 배신감을 느꼈을 거야."

일곱째, 남학생의 뇌가 성장하는 데 가장 주의할 점은 지적과 비난이다. 이런 말은 남학생을 주눅 들게 하고 뇌의 성장을 가로막는다. 남학생의 뇌는 그들에게 맞는 방식으로 관심과 사랑을 줄 때 최대로 성장한다.

아들의 몸은
호르몬이 지배한다

- 공격적 태도

'열 길 물속은 알아도 한 길 사람 속은 모른다'라는 속담이 있다. 이는 사람의 진심은 알기 어려우니 조심해야 한다는 의미로 주로 부정적인 상황을 염두에 두고 '신중하라'라는 뜻이다. 그런데 이를 '열 길 물속은 알아도 한 길 아들 속은 모른다'로 바꿔 보면 아들을 둔 가정에서 답답해하는 마음을 이해할 수 있을 것이다.

아들의 마음속에 뭐가 있길래 열 살이 넘어서부터 별에서 온 그대처럼 낯설고 행동이 기묘하게 보일까. 집안 분위기는 항로를 이탈한 선박처럼 정처 없이 표류하게 될까.

최근 청소년에 관한 연구는 남학생의 뇌가 여학생과 다르며 성장기에 호르몬의 영향을 지대하게 받는다는 사실을 알려준다. 호르몬이 남학생의 신체와 정신에 어떻게 작용하는지를 안다면 남학생을 이해하는 데 도움이 될 것이다.

'뇌내혁명'의 저자 하루야마 시게오는 우리 몸속에 있는 유전자는 천

년이 지나도 조상들과 별로 다르지 않으며 조상들의 삶의 역사가 다 그 속에 있다고 했다. 남학생들의 몸속에 있는 호르몬은 수천 년 아니 수만 년 동안 그들이 사회에서 필요한 역할을 수행하기에 적합하도록 맞추어져 있다고 한다.

P 군은 중학교에 입학하기 전부터 인근 초등학교에서 유명했다. 함께 공부하던 친구들은 P 군과 같은 중학교에 배정될까 두려워한다는 이야기도 들렸다.

매년 2월에 중학교에서는 입학배정 학생 명단을 받으면 초등학교 선생님들께 이런저런 정보를 묻는다. 특별히 지도해야 할 학생들을 파악하기 위해서다. 또 방과 후 수업과 같은 교육 활동을 어떻게 중학교에서 연계해야 할지 하는 문제들을 논의하기 위해서 도움을 요청한다.

그해 P 군의 담임을 맡게 되었다. 여러 가지가 염려되었으나 듣던 바와 달리 3월 한 달을 무사히 넘기는가 싶었다. 그런데 어느 날 복도에 학생들이 새떼처럼 몰려 시끄럽게 소리가 났다. 1학년부 교무실은 1학년 교실 바로 옆에 있어서 급히 현장에 가 보았다. P 군은 이미 보건실로 친구들이 데려간 뒤였다. 얼른 병원으로 가도록 조치를 하고 아이들에게 사정 얘기를 들었다.

"선생님, ○○이가 화장실 유리창을 손으로 깼어요. 화장실 문을 발로 차서 부숴버렸고요."

"○○ 손에서 피가 엄청나게 났어요. 어떡해요. 아, 무서워."

얘기를 들어 보니 ○○이가 충동적이긴 했지만 그럴 만한 사정이 있었다. 그는 초등학교 때 잔뜩 부모님께 혼도 났고, 중학교에 들어와서 잘 지내려고 하던 참이었다. 친구들에게도 조심하며 지내왔는데 서서히 장난을 치고 서로 속 얘기를 할 정도로 친한 애들이 생긴 모양이었다. 최근 반에서 좋아하는 여자친구가 생겨 그 마음을 친구에게 말했는데 발 없는 말이 천 리 간다고 온 학급에 그 소문이 나버렸다. 급기야 그 여학생은 그 사실을 알고 울어버렸다. 그 모습을 보자마자 P 군은 마음을 진정할 수 없어 과격한 행동을 한 것이다.

학생들이 다 성장 과정에 있으므로 누가 잘하고 잘 못 했는지 따지기 어려운 상황이 많다. 단 P 군의 경우 감정을 합리적으로 처리하지 못하고 순간적으로 학교라는 장소를 생각할 겨를 없이 당황한 것이다.

P 군처럼 남학생은 가끔 우발적으로 공격적이고 과격한 언행을 한다. 힘을 자랑하기 위해 무모한 모험에 도전한다. 감정적으로 재빠른 만족을 얻기 위해 새롭고 위험한 시도를 도모한다.

이는 남학생의 몸에 테스토스테론이 여학생보다 열 배 스무 배 증가하기 때문이다. 하루에 5회 이상 분비되기 때문에 통제하기 힘들 정도다. 게다가 남학생은 사람들과 유대감을 형성하게 하는 옥시토신이 덜 분비된다. 차분하게 하는 호르몬인 세로토닌도 여학생보다 현저히 적게 분비된다. 충동적인 행동에 더 쉽게 이끌리는 이유가 이런 호르몬의 탓이라고 이해할 수 있다.

이런 사실을 알게 되면 남학생의 행동을 바라보면서 남학생의 성격이 이상하다거나 미래가 불안하다거나 하는 우려를 줄일 수 있다. 남학생의 인격 자체에 문제가 있는 게 아니기 때문이다. 지금 폭풍 성장을 하는 남학생이 호르몬 수치가 급속도로 변화해 남자다운 사람으로 크느라고 애쓰고 있다고 보면 된다. 학자들의 연구에 따르면 호르몬은 우리가 생각하는 것보다 훨씬 더 깊이 인간의 행동을 좌우한다고 한다. 남성과 여성의 기분 변화는 호르몬과 뇌의 상호작용이라는 것이다.

P와 같은 남학생들이 한두 명이 아니다. 요즘은 대부분 가정에서 자녀들의 요구를 잘 들어주고 뜻을 받아주며 귀하게 키우기 때문에 남학생들이 웬만한 일에도 참을성이 부족하다. 공동체가 움직이는 학교에서는 그래서 참 힘들다.

P 군 일이 있고 나서 방심해서는 안 되겠기에 담임 선생님들이 모여서 회의를 했다. 학생들에게 자율적으로 지킬 규칙을 건의하도록 해서 꼭 지켜야 할 몇 가지 사항을 정했다. 위반하면 벌점, 잘하면 상점을 주기로 했다. 그리고 그 결과에 따라 한 달에 한 번씩 1학년 담임선생님 중 한 분인 남자체육선생님이 체육관에서 지도하기로 했다.

이렇게 상점과 벌점을 정해 놓으니 여학생들은 벌점에 걸리는 일이 별로 없지만, 남학생들은 테스토스테론의 분비가 왕성한 탓인지 주의를 잘하지 못하고 걸리는 일이 많았다. 가끔은 들에서 산에서 뛰어놀아야 할 남학생들을 학교에서 이렇듯 규칙으로 제약을 하는 게 미안하기도 했지만, 그들을 위해서 꼭 가르침과 훈련을 일관되게 해야겠다는 생각으로 실천했다.

그렇듯 몇 달을 실천한 결과 학생들은 규율을 받아들였다. 매월 마지막 금요일 오후 체육관에서 침묵 훈련 및 고사성어와 명심보감 쓰기, 체력단련 등 벌을 받았다. 우리 학년에서 정한 자율적인 규칙이어서 학생부에 보고하거나 학칙에 따라 처벌을 하지는 않았다.

한 학년을 거의 마치는 겨울 방학식 날까지 줄기차게 실천한 결과 학생들, 특히 남학생들의 행동이 눈에 띄게 단정해지고 늠름해졌다. 벌점 누적으로 벌을 받는 학생들도 줄어들었다. 그리고 남학생들이 순순히 벌을 받고 그 규칙을 존중하는 변화를 볼 수 있었다.

남학생들은 규칙을 이해하고 받아들이지 않은 상태에서 강압적으로 이뤄지는 벌이나 보상체계에 대해서는 반항적이다. 그러나 신뢰할만한 규율, 자신이 존경하는 이가 제시하는 방침에 대해서는 협조적이다. 가정에서 아들을 키울 때도 부모와 자식 간의 신뢰가 먼저 이뤄져야 규칙을 정할 수 있다. 그런 후에는 가정의 평화를 위해 서로 솔선해서 지킬 것이다.

규칙이 너무 세세해서는 곤란하다. 학교에서도 가정에서도 꼭 지켜야할 점들을 명확히 하고 자잘한 일들은 허용해주는 게 아들의 성장을 위해 좋다.

최근 학교 폭력이 갈수록 험악해지고 상상도 못 할 청소년 범죄가 늘고 있다. 그 바탕에는 테스토스테론의 지배를 받는 남학생들의 에너지를 제대로 사용하도록 가정과 사회에서 가르치지 못한 탓도 크다. 아들이 넘치는 에너지를 남용하지 않도록 문화적인 분위기를 만들어주고 발산할 기회 또한 다양하게 제공해야 한다.

간혹 밤늦도록 청년들이 삼삼오오 모여 동네 동사무소 옆 공터에서 땀을 흘리며 농구를 하는 모습을 본다. 참 열정적으로 보이고 보는 사람마저 흐뭇하다. 남학생들이 좀 더 적극적으로 신체 활동을 하고 공부도 의욕적으로 하도록 도와줘야 한다.

테스토스테론이 성장기 남학생들에게 나쁜 영향만 끼치는 것은 아니다. 테스토스테론은 목적을 달성하기 위해 치열하게 경쟁하는 에너지를 준다. 개인차가 있지만, 테스토스테론 수치가 높은 학생들이 미래에 대해 더 큰 야망을 품는다. 신체적인 단련도 강인하게 밀어붙여서 몸이 건강하게 발달한다. 여러 가지 새로운 시도를 공격적으로 하기 때문에 다양한 경험을 통해 잠재력을 키워간다.

남학생을 위험한 존재로 보는 시각보다는 테스토스테론의 영향을 이해하고 이를 바탕으로 거기에 맞는 훈련과 양육을 하는 게 바람직하다. 이는 수십 년 수백 년 동안 변하지 않고 내려온 방식이다. 남학생을 키울 때 남학생에게 맞는 방법으로 돕는 편이 낫다. 그들이 호르몬의 영향 아래 마음껏 에너지를 좋은 쪽으로 발산할 수 있게 놓아주어야 한다.

많은 가정에서 특히 엄마는 아들을 낳고 키워 온 정이 있어 십 대의 아들을 어린아이처럼 보호하고 지금까지처럼 자상하게 도우려 한다. 그러나 그렇게 하면 할수록 아들은 더 거칠고 말이 없어지기 쉽다. 엄마는 아들로부터 분리되어야 할 정도로 아들에게는 어른 남자의 훈련과 지시가 필요하다. 물론 그 어른 남자는 아들이 존경하고 신뢰할 수 있는 사람이어야 한다.

그렇게 하면 남학생에게 영향을 미치는 테스토스테론의 폭력적인 에너지를 좋은 방향으로 발휘할 수 있게 된다. 남학생의 잠재력을 키우고 사회에서도 권장하는 활동들에 집중할 수 있다. 가장 대표적인 활동이 스포츠 활동이다. 어른 남자의 추진력과 정교한 훈육기술, 알맞은 교육이 남학생과 협조적으로 이뤄진다면, 그 남학생은 한 사회의 구성원으로서 멋지게 성장할 것이다.

이론적으로는 이렇게 테스토스테론이 제공하는 폭발적인 에너지를 좋게 발휘하도록 하면 된다고 하지만 여전히 실제 아들과 맞부딪히는 부모는 고민 중이다. 상황이 이론에 안 맞을 때가 많고 아들마다 개성이 달라서이다. 부모는 이런 점들을 고려하되 그래도 포기하지 않고 꾸준히 아들과 협상해야 한다. 어디까지 인정할지 어느 정도부터는 절대 용인 못 할지에 대해서 약속을 정해야 한다. 학교에서 남학생을 지도할 때도 마찬가지다.

P 군의 경우 학부모 상담 시 P 군의 상황을 들어보고 난 후에는 학교에 꼬박꼬박 출석만 해 주어도 감사했다. 어느 날은 4교시에 등교한 적이 있었는데 그때라도 와 주면 얼마나 고마웠는지 모른다. 내색은 안 했어도 내가 그처럼 어려운 현실에서 살아간다면 더 엇나갔을 수도 있겠다는 생각이 들었다. P 군은 비록 학업 면에서는 크게 발전하지 못했지만, 중학생 초기에 이런저런 부침을 겪으면서 큰 무리 없이 상급학년으로 진급했다. 그 후 P 군이 딱 좋아하는 스타일의 좋은 선생님을 만나 학급에서 자질구레한 일도 책임지고 해내는 걸 보면서 미소를 지었다.

반항은 아들이
건강하다는 증거다
– 반항하는 심리

평소 집안 분위기가 화목하고 부부지간, 부자지간 사이가 좋아 이웃들이 부러워하던 가정이 있었다. 주말이면 도서관에 부자가 함께 책 빌리러 다니는 모습이 보기 좋았다. 아들들이 구청에서 뽑은 독서왕으로 등극한 적이 있는 모범가정으로 주위의 부러움을 사던 집이었다. 조부모님과 손자가 해외여행을 하면서 견문을 넓히는 등 사려 깊은 교육으로 아들을 키웠다. 그런데 그 아들이 중학교에 들어가면서 자꾸 부모와 함께하던 일을 거부하기 시작했다. 하던 공부도 점점 소홀하고 아무것도 규칙적으로 지킬 수 없게 되었다. 어느 주말 아침 아버지는 아들을 학원에 데려다주기 위해 기다리고 있었다. 아들을 한참 기다려도 안 나오니까 아버지는 점점 열이 받쳤다. 아들이 어기적어기적 걸어오자 아버지는 나무라는 말 한마디를 했다.

"네 공부하러 가는 학원인데 시간 좀 맞춰. 제대로 해."

"그니까 나왔잖아요. 참 간다는데도 지랄이야."

"너 뭐라 했어. 지랄? 이 ××가 보자 보자 했더니 어디다 막말을 해?"

그러자 갑자기 아들이 아버지한테 돌진하듯 뛰쳐 가며
"뭐요? 내가 ××예요? 아빠한테 이 ××야 하면 좋아?"
소리지르던 아들은 채 말을 잇지 못했다. 아버지의 주먹이 아들의
얼굴을 이미 강타했기 때문이다. 한동안 아들은 멍든 얼굴로 외출하
기 어려웠다.

이런 일들이 주변에 비일비재하다. 아들이 대화로 설득하기 어려운
상황이므로 부모는 아들을 통제하는 일은 엄두를 못 내게 된다. 점점 아
들은 권위에서 해방되어 '내 인생은 나의 것'을 부르짖으며 마음대로 살
기 시작한다. 가끔 대화가 될 때 이런 말을 하기도 한다.
"엄마, 이상하게 엄마 말 안 들으면 기분이 좋지?"
"엄마가 시키면 일단 안 하고 싶어져."
"엄마한테 대들면 기분이 좋아져. 왜 그러지?"

특히 십 대 남학생 아들을 둔 가정에서는 밥 먹는 시간조차 살벌하다.
가족이 밥을 먹는 시간이나 되어야 서로 얼굴을 보는데 그때마다 집이
들썩거릴 정도로 일이 난다. 부모는 기회 있을 때 조바심이 나서 훈수를
두어야겠다고 생각하던 차다. 남학생 아들은 부모가 변할 줄 알았는데
여전히 꼰대처럼 잔소리를 하니 밥 먹다 자리를 박차고 일어나기 십상이
다. 순간순간 긴장과 불안 속에 살려니 집에서 주로 아들을 대하는 엄마
는 머리가 터질 지경이 된다.
사춘기는 어느 날 어느 시에 갑자기 폭발적으로 시작된다. 남학생은
마치 신내림을 받은 듯이 그동안 보지 못했던 변화를 보이고 부모를 경

악하게 한다. 전혀 딴 사람처럼 하나하나 그동안 집에서 지켜 왔던 규칙을 허물고 부모의 권위를 인정하지 않는다.

많은 자녀가 스마트폰을 처음 갖게 되었을 때, 학원을 그만둔다고 선포하고 놀기 시작할 때, 공부가 재미없다고 투정하며 생활 리듬이 깨졌을 때, 가정에 중대한 변화가 생겼을 때, 나쁜 친구들과 어울리기 시작할 때 반항적인 행동을 하기 시작한다.

실제로 남학생의 마음속에는 초등학교 고학년부터 신체적 · 정신적으로 성장해가면서 지금까지의 생활이 자신이 자발적으로 선택한 생활이 아니라는 자각이 싹튼다. '이렇게 사는 것이 맞는 걸까? 부모의 말대로 순종하는 인생이 꼭 내가 가야 할 길일까?' 등 여러 생각이 몽글몽글 피어오르기 시작한다. 어느 날 갑자기 시작된 듯하나 사실은 몇 년 전부터 남학생의 마음과 몸은 반항할 채비를 하고 있었다.

남학생들을 대상으로 부모님께 반항하게 되는 경우를 물어보았다.

왜 부모가 말하면 무조건 하기 싫은 생각이 들까?
- 부모나 선생님이 시켜서 하는 일이 아니라 내가 스스로 하고 싶어서 하는 일을 하고 싶다.
- 어른들이 말하는 게 다 진짜일까? 의심스럽다. 내가 직접 확인하기 전까진 인정할 수 없다.
- 부모님 말씀이 옳다. 계획대로 실천할 생각은 있으나 몸이 안 따라준다.
- 세상의 진실을 거짓 없이 말해 줄 사람을 찾고 싶다.

그러면 언제 반항을 그치게 될까. 부모나 주위 어른들과 협의해가며 결정할 시기는 언제일까?

- 반항해도 재미가 없고 소용이 없다. 반응이 없어서. 변한 게 없다. 반항해봤자 내가 손해다.
- 반항하니까 엄청난 손해가 생겼다. 성적 폭락, 패륜아 취급하는 듯한 시선들……
- 반항할 여유가 없어졌다. 원하는 고등학교에 가려면 지금 공부해도 시간이 부족하다.
- 반항하는 내 모습, 내 방이 싫다. 그리고 사는 게 피곤하다.
- 목소리 크고 힘자랑한다고 해서 내가 원하는 게 이뤄지지 않는다. 강자는 그렇게 해서 되는 게 아니다.
- 어서 부모에게서 독립해야겠다는 생각이 들어 최대한 노력해서 빨리 집을 나갈 작정이다.

그러면 반항하지 않고 '사춘기가 뭔가요?' 하듯이 잘 지나고 자기의 책임을 착착 완수해서 성취감에 늘 여유롭게 성장하는 남학생들은 뭘까. 둘 중에 하나다.

첫째, 어려서부터 부모가 아들의 발달 단계에 맞게 허용하고 선택할 기회를 주고 존중해서 자발성이 잘 키워진 경우다. 아들과 부모 사이에 신뢰와 애착 관계가 잘 형성되어 있다.

둘째, 아직 부모의 권위에 감히 뭐라 할 수 없는 아들이다. 마마보이여서 촘촘하게 디자인된 계획에 따라 성장하는 경우 부모의 말을 듣지 않으면 자기 미래를 어떻게 할지 모르는 경우다. 이런 경우는

20대, 혹은 30대에 사춘기를 맞아 더 큰 변화로 부모의 애간장을 녹일 수 있다.

실제 아들들은 반항적 행동을 하고 몇 시간 지나면 슬쩍 눈치를 보기 시작한다. 반항적인 행동을 한 목적은 '자기에게 관심을 가져달라는 것'과 '집 안에서 자신의 영향력을 가지려는 것'이기 때문이다. 이럴 때 부모는 마치 아들의 태도를 전혀 염두에 안 두는 것처럼 차분히 할 일만 하는 게 좋다. 반항하는 행동에 일거수일투족 반응하면 아들은 더 자주 반항하고 반성 없이 그 강도는 더 세어진다. 아들의 내면에 어릴 적 떼쓰는 어린아이가 있다. 이런 떼를 받아주면 몸만 커지는 어른아이로 자라 적절히 성장하기 어렵다. 조금만 힘들어도 반항하고 자기가 얻을 것을 얻어내려 할 것이다.

아들이 호수에 돌을 던져도 표가 전혀 안 나니까 자꾸 돌을 던지다 그만두는 모습을 상상한다. 부모는 그렇게 넓고 고요한 호수처럼 존재하고 언제든지 아들이 헤엄을 치든 돌을 던지든 배를 타든 넉넉하게 배경이 되어주는 풍경을 상상한다. 그리고 그렇게 되도록 노력해 보면 아들이 반항하는 횟수와 강도가 전보다 누그러질 것이다.

특히 엄마들은 아들의 그런 반항에 절대 기죽으면 안 된다. 엄마가 약해 보이면 자꾸 엄마에게 반항하는 습관이 밴다. 엄마에게 반말하고 물건을 던지고 때로 신체적으로 공격하는 행동이 자연스럽게 되면 안 된다. 아들은 자기 행동이 어디까지 허용되는지에 대해 항상 어른들을 시험하고 있다. 거기에 말려들면 안 된다. 부모의 권위에 지나치게 도전하면 죽기 살기로 권위를 지키라. 아들이 두려워할 정도로 결단을 보여준다.

아들들도 자신의 행동을 반추하고 주위 사람들이 여전히 자신을 인정하고 사랑해주기를 원한다. 관심을 받고 싶어 한다. 그러면 부모는 말할 것이다.

"네가 한 짓을 생각해 봐. 뭔가 바람직한 짓을 해야 좋게 대하지."

부모가 그런 태도로 나오면 영원히 아들과의 관계는 도돌이표를 찍는다. 아들을 변화시키려면 아들의 세계관을 바꾸어야 하는데 그러기 위해선 오랜 세월이 필요하다. 그러니 부모가 먼저 돌파구를 마련하는 게 해결이 빠르다.

통 크게 심호흡하고 '그래도 내가 낳은 자식이니까 봐 준다.'라고 생각한다. 그러나 구체적으로 이런 행동은 안 된다고 못 박으라. 그리고 말한 대로 실천하라. '밥을 안 해준다. 학원에 데려다주는 것 없다. 학원 끊고 싶으면 끊어라. 결과는 네가 감당해야 한다.'고 확답을 받으라.

남학생은 자신의 정체성에 혼란스러워하고 있다. 자기의 행동이 과연 옳은지 끝없이 탐구한다. 어른들이 단호하게 대처해 주어야 하는 이유이다. 그 순간은 어른 말에 수긍하지 않지만, 남학생은 곰곰이 생각하고 판단하게 된다.

진짜 경계해야 할 점은 귀에 딱지가 앉도록 얘기해야 한다. 특히 사춘기에 성 문제 또는 폭력에 가담할 우려가 있는 상황이나 습관이 좋지 않은 친구들을 사귀는 문제에 대해 평소에 부모의 기준을 이야기해야 한다. 일이 터지고 나서 수습하려 하면 남학생은 무엇이 옳은지 그른지 혼란스러워 또래 친구와 부모 사이에서 왔다 갔다 한다.

그렇다고 남학생 아들을 가둬 키우거나 잔소리로 제약하라는 뜻은 아니다. 허용하되 한계점을 분명히 말해 두어야 한다는 것이다. 바닷가에서 수영할 때도 제한선이 있고 그 한계를 넘으면 생명이 위험하다. 현대는 사춘기 기간이 길다. 20대 후반까지 사춘기 상태로 지내는 아들들도 있다.

평소에 뚜렷한 경계를 두지 않고 키우면 이후 남학생 아들의 삶이 불안하고 위태롭다. 부모가 너무 바쁘고 아들을 부족하지 않게 키우고자 최선을 다한 결과라서 억울할 수도 있다. 그 결과 대화가 부족하게 되고 함께 하는 추억이 드물어 서로 이방인처럼 되서 사춘기의 반항이 터지는 경우가 많다.

남학생은 권위로 누르면 반항한다. 이제 어느 정도 자랐기에 남학생은 자기 세계를 점검하고 확인하고 싶어 한다. 가정에서 실제로 부모를 마음속으로부터 미워하고 인정 안 하는 경우는 드물다. 어렸을 때부터 시키는 일만 해 온 남학생, 강압적으로 취급받은 남학생, 자신감이 부족한 남학생은 작은 일에도 반항하기 쉽다. 제 의견을 내고 알아달라고 하는 것이다.

정말 두려운 남학생은 반항할 생각도 못 하고 속으로 증오심이나 억압된 감정을 키우는 남학생이다. 이런 증오심과 불신, 억압된 감정은 성인이 되어 사회생활하면서 문제가 된다. 좌절에 부딪혔을 때 쉽게 자신의 생명이나 소중한 미래를 포기할 수도 있다.

부모야 속이 문드러지지만 일단 "네가 그렇게 말하다니 정말 힘든가 보구나." 하고 대화의 물꼬를 터보는 시간이 필요하다.

아들을 부모 방식대로 끌고 나가면 반항심은 더 크게 내면화된다. 아들이 반항하면 그의 장래를 염려하며 그 말들을 곱씹어 생각해보고 적어보라. 왜 그럴까? 특별한 이유가 없는 반항일 경우가 많다. 오죽하면 '이유 없는 반항'이라는 고전영화 제목이 있을까.

우리나라처럼 교육열이 높은 나라는 남학생의 고민이 대부분 공부 탓인 경우가 많다. 아들이 순순히 공부만 해 주면 무슨 걱정이겠냐고 하는 부모가 많다. 위에 예로 든 가정에서도 아들의 반항에 충격을 받은 부모가 심각하게 자신들의 양육방식을 고민하기 시작했다. 시간이 좀 지난 후 그 아들과 얘기해 봤다고 한다.

독서왕이 될 정도로 책을 많이 읽고 온유한 성격의 아들은 자기 능력보다 지나치게 높은 학원 진도가 힘들었고 또 너무 쉬는 시간 없이 선행학습을 몰아가니 점차 학원에 가기 싫고 자신감이 떨어져 학교 공부도 잘 할 수 없었던 게 이유였다. 그 부모는 아들의 의견을 받아들여 아들을 객관적으로 보기 시작했다. 아들의 탐구력이 우수한 듯해 지나치게 목표를 높였던 게 아들을 힘들게 한 것이다.

아들이 반항하고 사춘기 징후를 또렷이 나타내면 '내 아들이 정상적으로 성장하고 세상에 독립하러 나가기 위한 준비를 착착 하려 하는구나.'라고 생각해 보자.

그리고 집에서 아들의 반항을 기념하라. 어른이 되려고 시도하는 첫

날일 수도 있다. 반항하지 않고 지나치는 아들이 더 걱정일지도 모른다. 그리고 큰 소리를 내지 않아도, 부드럽게 행동해도 아들의 뜻을 아니까 좋게 얘기하도록 타이른다. 평온하게 의견을 말할 수 있어야 어른이 된다고 일러준다.

불편함을 연습시켜라. 반항하며 응석 부리는 행동을 받아주지 말고 이를 실천하라. 반항하는 걸 보면서도 많은 부모가 결국 자식이 원하는 대로 해 주니까 계속 성인이 되어서도 부모의 헌신과 인내를 가볍게 여긴다.

반항한다는 건 부모를 이길 자신이 있음을 시험하는 행동이다. 그런 행동에 스스로 책임을 지도록 한다. 안 도와주는 게 돕는 것이다. 반항하지 않고 정중하게 의견을 말할 때만 도와준다. 또한, 반항할 기회를 만들지 말라. 쉽지 않다. 그러나 한두 번 일관성 있게 반복하면 아들의 행동은 서서히 변할 것이다.

아들의 반항과 폭력은 연약한 마음의 표시,
부모의 양육 태도를 수정하라는 사인이다.

　큰아들은 어려서부터 유순하고 이해성이 좋아 순종적인 편이었다. 동생은 떼를 쓰고 악을 써서 원하는 것을 얻는데 장남이라 그런지 늘 부모 뜻에 복종했다. 큰아들이 중학교 2학년 때 스승의 날 아침이었다. 2학년 들어 자꾸 학교를 늦게 가고 아침에 일어나기 힘들어서 일찍 출근해야 하는 나는 갈수록 걱정이 되었다. 아들 학교는 당시 아침 8시까지 등교해야 하는데 7시 30분이 넘어도 안 일어나고 있으니 아침 식사는커녕 등교를 제대로 할까 늘 조바심이 났다. 남편은 언제나 나보다 30~40분 일찍 출근했으므로 아들들의 등교와 아침 준비는 내 몫이었다.

　스승의 날이라 학교 행사가 있고 조금 시간 여유가 있어 그 날은 아들이 일어나길 느긋하게 기다리고 있었다. 그런데도 아들은 꿈쩍을 안 하고 안 일어났다. 할 수 없이 그냥 출근하면서 속상한 마음에 "스승의 날이라는데 난 왜 이렇게 힘드냐. 다른 날보다 더 최악이네."라고 한숨 섞인 말을 하고 나섰다(항상 입이 방정이다. 말 한마디에 사태가 크게 벌어진다).

　그 말을 하자마자 큰아들이 갑자기 방에서 나와

　"내가 어째서요? 악. 진짜. 학교 가면 될 거 아녜요."

　"아니 엄마가 뭐라고 했니? 왜 소리를 질러?"

　"엄마가 뭐라 했잖아요? 몰라요?"

　세수하러 욕실로 가면서 또 소리를 지르는 아들.

　잠시 후 갑자기 고성이 나면서 와장창 깨지는 소리가 들렸다. 급히 뛰어들어 가보니 아들이 화장실 벽 유리를 손으로 쳐서 깨버렸다. 손을 안 다쳤나 보니 손은 다행히 괜찮았다. 깨진 유리 조각을 주워 담으면서 아침 상황을 되돌리기 하듯 생각해 보았다.

아들은 몸이 제 몸 같지 않고 밤에 컴퓨터를 늦게까지 하느라 아침에 못 일어나는데 그런 자신이 또 몹시 싫고 못마땅해 있었다. 그런데 부모는 그런 모습을 항상 짜증스럽게 지적하고 왜 규칙대로 생활을 못 하느냐고 다그치기만 했다. 엄마가 자신 때문에 힘들다고 한숨 쉬는 게 아들 입장에서는 야단치는 것보다 더 큰 스트레스와 죄책감을 느끼게 하는 비수였다. 아들은 그렇게 꼬인 말을 더 참기 어려웠으리라 짐작했다.

직접 야단치지 않더라도 아들 앞에서 끝없이 '힘들다. 어렵다. 난감하다.' 하면서 고민하는 모습을 보이면 특히 책임감이 강한 큰아들은 자신이 잘못했다는 죄책감을 느끼게 된다. 이 점이 나중에 피해의식으로 확산되면 아들의 자존감에 상처를 입게 된다.

그 날 이후로 나는 아들이 학교에 가든 안 가든 상관 안 하기로 했다. 아들이 화를 내고 성격만 나빠질 뿐 아니라 서로 관계가 악화되는 것보다는 낫다고 생각했다. 일단 시간을 정해 놓고 아침상을 차려 놓은 다음 출근했다. 그때 아들은 지각을 많이 했을 것이다. 다행히 학교 담임 선생님이 이해해 주시는 편이어서 집으로 연락 오는 일은 없었다. 몇 달 후부터는 다시 제시간에 등교하고 둘째에게는 자연스럽게 등교는 저 스스로 준비해 가는 본보기가 되었다. 내 아들은 물건을 깨부수거나 하지는 않을 줄 알았는데 충격이 꽤 컸다. 돌이켜보니 아들들이 초등학교 때 소리를 많이 지르고 바쁘다는 핑계로 설득하는 과정 없이 그때그때 명령하듯 해서인 듯하다.

코칭 Tip

아들이 물건을 부수거나 소리지를 때 당황하지 말고, 시간이 지나 아들이 진정되면 대화를 시도합니다. "네가 힘들구나. 속상한 일 있니?"라며, 공감하는 말로 시작하는 게 좋아요. 또한, 폭력은 어떤 일이 있어도 사용하면 안 된다고 말해주세요. 의도와는 다르게 큰 일로 될 수 있다고요. 아들 역시 사랑받고 싶고 부모의 자랑이 되고 싶은 마음이 있어요. 지금 자기 통제가 잘 안 되는 점을 부모에게 호소하는 것이니 경청하고 이해주세요.

Part 2

아들의 세상

세상의 어려움을
가르쳐라

– 불투명한 미래

달리기를 할 때 목표 지점이 눈에 보이면 뛰기가 수월하다. 목표가 어디
인지 어느 방향인지 보고 뛰면 된다. 잘하면 목표에 도달할 수 있고, 잘
못 가면 엉뚱한 길로 샌다. 지금 남학생들이 사는 모습은 목표 지점이 어
딘 줄 모르고 달리기를 하는 상황에 빗댈 수 있다. 남학생 관점에서 그들
이 사는 세상을 바라보면 십 대 남학생의 마음을 이해할 수 있을 것이다.

첫째, 남학생들은 자유롭게 생각하고 놀 시간이 부족하다. 노동과 삶
의 현장에서 분리되어 있다.

2006년 독일 뮌헨의 바이에른 방송국(바이에리셔 룬트푼크)에서 한국의
교육에 대해 관심을 보이고 취재하고 싶다고 지인을 통해 연락해 왔다.
취재 동기는 PISA(Programme for International Student Assessment, OECD 국
제학업성취도평가) 결과 핀란드가 1위이고 우리나라도 주요 순위에 들었는
데 독일 학생들의 성적이 매우 저조했기 때문에 성적이 좋은 나라의 교
육을 알고 싶다는 것이었다.

지인이 부탁하기에 당시 근무하던 강남의 K 중학교에 독일방송국에서 취재할 수 있도록 수업 참관과 인터뷰에 협조했다. 학생들과 당시 선생님들 몇 분의 인터뷰, 주요 교과 수업 장면, 강남의 학원에서 공부하는 학생들, 학원 원장 등도 취재했다.

그 후 독일에서 그 내용을 방송으로 제작 보도하였고 자료를 받아 본 우리나라 방송국은 아연했다. 한국 교육을 로봇시스템이라고 비판하는 내용으로 방송했다는 것이다. 그들이 한국의 교육에 대해 정당한 평가를 했는지에 대해 확언하기 어렵다. 독일교육에 대한 자부심이 한국의 교육 성과에 대해 박한 평가를 하게 했는지도 모른다. 그러나 적어도 서양 특히 유럽 사람의 눈으로 보면 한국 학생들은 인생에서 가장 빛나고 꿈에 차 있는 십 대 시절을 암울한 교실과 학원의 사각형 칸 안에서 보내고 있는 점이 기이했을 것이다.

독일 PD가 취재하지 않은 사실이 하나 더 있다. 그렇게 밤늦게 집으로 돌아간 아이들 중에는 잠자지 않고 숙제를 하거나 입시 준비 공부를 더 하는 친구들이 상당히 많다는 사실이다. 공부하는 자체를 비판할 수는 없다. 그런데 우리나라는 모든 학생이 똑같은 공부를 똑같은 목적으로 하고 있다는 점이 문제다. 이렇게 인생의 중요한 시기를 공부에만 쏟은 아들이 성취한 성적 등의 결과가 미래의 삶에 별 도움이 안 된다면 어떻게 할까.

밤 열시, 학원가의 불빛은 밝다. 공부가 끝난 시간에 우르르 쏟아져 나온 학생들이 열 지어 버스에 올라탄다. 길가에 서 있던 차량의 시동이 켜지고 아이들은 기다리고 있던 승용차에 실려 집으로 간다. 바깥 놀이 공원이나 산속의 캠프, 바닷가 스킨스쿠버 강습장 어디에서도 십 대 청년들을 발견하기 어렵다. 그 많은 십 대들은 다 어디에 있단 말인가. 그들이 처한 일상의 스케줄을 들여다볼 필요가 있다.

둘째, 지금 남학생에겐 세상에 나가 독립할 때까지 필요한 도움을 줄 사람이 부족하다.

예전처럼 사회의 변화가 적은 시대에는 부모나 조부모의 모습을 따라 하면 잘 살아갈 수 있었다. 지금은 대부분 하나나 둘만 낳은 세대에서 친척의 수도 적고 할아버지, 아버지, 아들 삼대가 공통으로 지니는 가치가 작다. 부모 세대가 한 번도 보지도 경험하지도 못한 세계를 지금 남학생들은 살아갈 것이다. 경험의 축적에서 오는 안전한 삶의 길을 발견하기가 어려워졌다.

그러나 남학생들은 그 변화와 스트레스를 결국 부모와 의논하며 해결해 갈 수밖에 없다. 그래서 부모의 역할이 중요하다. 옛날에 한 부족이나 한 마을 전체가 했던 일을 이제 부모가 단독으로 하게 되었다. 더구나 갈수록 이혼 등 여러 이유로 아들이 부모와 함께 사는 가정이 줄고 있다. 가정의 형태가 다양해지고 있어 남학생이 십 대에 가장 필요로 하는 성인 남자 멘토를 만나기 어렵다.

세계의 여러 문화권에서는 전통적으로 남자아이를 키우기 위해 성인 남성공동체에서 역할을 담당했다. 그런데 현대에는 아버지의 부재 속에서 자라는 남학생들이 많다. 현대 정보사회는 개인 생활을 중시하고 아들 교육은 각 가정의 책임으로 생각하는 경향이 있다. 아들들이 부족의 가치를 내면화하여 사회에 꼭 필요한 인물로 성장할 기회가 거의 없다. 자신이 어른이 되어 책임지고 싶어 하지 않는 남학생들이 늘고 있다.

셋째, 열심히 공부해도 아들들의 미래가 불투명하다.

　지금의 십 대는 어쩌다 태어나 보니 이천 년대이고 인터넷이 세상을 하나로 연결하는 글로벌 시대인 친구들이다. 부모님이 시키는 대로 열심히 유아원, 유치원부터 시작해 이런저런 학원에 다니며 학교생활을 했는데 정작 학교에서 배운 게 사회에서의 성취와 성공으로 이어지지 않는 시대가 되었다. 부모 세대는 학교생활을 열심히 하면 성과로 이어지는 세대였다.

　지금은 다르다. 환경이 바뀌었으므로 새 환경에 맞는 교육이 필요한데 정답이 없다. 그러므로 남학생 아들의 천성과 재질에 맞는 교육을 줏대 있게 해 가는 태도가 필요하다. 그러나 그게 말처럼 쉽지 않다. 부모들도 알고는 있으나 실천하기 어렵다. 옆집 아이는 선행학습을 어디까지 했다는데 하는 정보에 마음이 조급하다.

　지금도 동네 카페에선 어머니들이 모여 중간고사 성적에 대해, 방학 중 보충 수업, 영재 수업, 봉사 활동 캠프에 대해 이야기하고 있다. 아마 모든 가정에서 일제히 한날한시에 '이제부터 사교육 시키지 맙시다.', '입시 위주의 교육을 하지 맙시다.' 이렇게 약속하지 않는 한 여전히 일단 대학을 진학한 후에 생각해보자는 식으로 아들을 입시에 맞는 교육에 맞추려고 한다.

　아들이 무엇에 흥미 있어 하는지에 관심을 가지기보다 부모의 욕심에 의해 남보다 뛰어나게 살게 하고 싶다는 생각을 멈추지 못하고 있다.

　넷째, 아들 세대는 즐길 수 있는 일, 좋아하는 일을 직업으로 갖고 싶어 한다.

1990년대부터 20여 년 동안 정보화 혁명이라는 말을 숱하게 들어왔다. 지금 십 대가 성인이 되는 시기에는 4차 혁명이 대세가 될 것이다. 인공지능, 로봇기술, 생명공학 등이 키워드인 4차 혁명에서 새롭게 개편되는 직업 세계를 정확히 예측하기 어렵다.

'히든 피겨스'라는 영화를 보면 미항공우주국NASA에서 계산 천재로 이름을 날리며 전문여성의 긍지를 상징했던 흑인 여성 수학자가 나온다. 성차별, 인종 차별을 딛고 사회적 성공을 이룬 이 여성은 컴퓨터가 개발되면서 한순간에 일자리를 박탈당하는 신세로 전락한다.

기술의 발전이 사람이 이룩한 가치를 한순간에 무위로 돌려버릴 수 있는 세상이 찾아오고 있다. 지금 부모 세대가 중시하는 학교 성적, 대학 졸업장 등이 아들의 미래에 얼마나 큰 영향력을 가질까. 직업선택에서부터 공부하는 교과목까지 모든 것이 그 가치가 영원하지 않고 불확실하다. 10년 안에 직업 중 47%가 사라질 거라고 한다. 지금 학생 중 65%는 처음 보는 직업을 갖게 된다고 한다.

부모 세대가 십 대를 보낼 때는 경제성장률이 높고 일자리도 많이 생겨나고 수요도 많았지만, 지금은 과포화 상태이다. 이미 일자리가 포화 상태인데 아이들은 유치원부터 시작해 너무 많은 공부에 시달리고 있다.

최근 회사에서 1990년대 후반부터 붐이 일었던 조기유학 세대가 돌아와 인턴사원으로 단순 사무일을 하는 경우를 보고 선배 사원들은 굳이 공부에 투자를 그토록 많이 할 필요가 있었나 하는 생각이 든다고 한다.

지금 아들을 양육할 때 부모 세대의 사고방식으로 좁은 커리큘럼에 가두어 키우는 일은 매우 위험부담이 크다. 학교에서 만나는 남학생들의 말을 들어보면 개인의 특질보다 집단 속에서의 서열이 중시되는 환경에서 자라니까 불만이 생긴다고 한다. 약육강식의 세계에서 살아남아야 한다는 논리로 친구들과 늘 경쟁하고 남이 잘되면 불안한 분위기에서 성장하고 있다. 협조하여 프로젝트를 완성하고 아이디어를 공유하는 경험이 부족하다. 아들의 인생에 진정 필요한 교육을 생각해 보아야 한다. 아들이 행복하게 살 수 있으려면 어떻게 해야 할까.

다섯째, 아들의 공감 능력과 소통 능력을 키워줄 만한 환경이 조성되어 있지 않다.

문화예술 분야의 감성이 중요한 시대가 되었다. 문화, 예술 등 감성적인 분야에 대한 남학생의 눈을 높여 주어야 한다. 감성훈련을 하고 전시회, 음악회, 박물관, 영화관 등 아들의 예술적인 안목과 감각을 일깨워줄 체험 기회가 많아져야 한다.

학교 교실 수업이 그런 방향으로 전환되어야 하나 더디 진행되고 있다. 예술적이고 감성적인 체험 기회를 제공해주는 가정과 그렇지 못한 가정의 남학생은 큰 차이를 드러낼 수밖에 없다.

개성 있는 콘텐츠 창작물이 반도체 못지않은 부를 창출한다. 신카이 마코토의 애니메이션 영화 '너의 이름은'은 제작비가 40억 정도인데 2017년 초에 흥행 수익이 3,500억에 이른다. 개인의 창의적인 상상력이 가공할 힘을 발휘하는 시대이다.

그리고 소통 능력을 키워야 한다. 아무리 혁명적인 변화가 찾아온다고 해도 경쟁이 치열한 삶의 전장에서 살아남아야 하는 점은 똑같을 것이다. 1995년에 빌 게이츠는 '미래로 가는 길'이라는 책에서 미래의 학교 교실의 모습을 예측하고 강조했다. 미래에도 친구와 지식을 서로 토론하고 나누는 일은 여전히 중요하며 가정과 학교가 협력하여 학생 개인의 능력과 자질에 맞게 지도해 주어야 한다는 점이다.

지역사회와 협조하는 일은 더욱 다양하게 이뤄져야 한다. 그리고 그의 예측대로 20년이 지난 지금도 훌륭한 가정에서 이뤄지는 자녀 교육 방법은 크게 달라지지 않았다. 앞으로도 그럴 것이다. 친구들과 아는 지식을 묻고 답하고 함께 체험하고 토론하는 일은 여전히 중요하다.

가족이 함께 놀이나 게임을 통해 경쟁과 승부를 즐기는 일도 필요하다. 4차 혁명이 일어나도 사람 사이의 관계가 중요하다. 팀워크를 통해 승부에서 이겨야 하는 과제는 항상 눈앞에 놓여 있을 것이기 때문이다.

여섯째, 아들의 일상생활에 미치는 미디어의 자극이 갈수록 커지고 있다.

지금 각종 미디어의 자극이 남학생의 가치관과 인생관을 혼란스럽게 하고 시간을 낭비하게 한다.

일상에서 매 순간 남학생의 손에는 스마트폰이 들려 있고 어떤 내용을 접하는지 어른들이 파악하기 어렵다. 남학생은 이런 미디어에서 쏟아내는 자극들을 여과 없이 그대로 받아들이게 된다. 사고를 논리적으로 전개할 힘을 키울 기회와 여유가 부족해진다.

스마트폰을 쓰면서 공감 능력이 저하된다. 사람의 표정과 생각을 파악하는 능력을 배워야 하는데 스마트폰 등 미디어는 인간을 직접 대하는 기회를 줄인다.

이런 시대에 힘들어하는 남학생에게 강조하면 좋은 점들을 다음과 같이 제안해 본다.

첫째, 소통과 공감 능력을 키우도록 친족이나 이웃끼리 자주 만나고 관계를 유지한다.

둘째, 자연에 접하는 시간을 늘리도록 한다. 자연 속에서 문제 해결의 경험을 하게 된다.

셋째, 스포츠 활동 등 여러 사람과 함께 경쟁하고 협동하는 활동을 규칙적으로 꾸준히 하도록 한다.

넷째, 시대의 변화와 흐름에 관한 얘기를 자주 나눈다. 호기심을 갖고 질문하면 칭찬해준다.

서열을 중시하는
아들의 세상

- 성취 욕구

학교에선 3월이 매우 중요하다. 한 달 안에 남학생들 사이에 여러 종류의 탐색전이 일어난다. 남학생들의 서열 정하기도 그중 하나다.

운동이나 힘으로는 누가 제일이고, 게임은 누가 잘하고, 공부는 누가 잘하고, 싸움은 누가 짱이며, 외모는 누가 갑이라는 얘기들이 오간다. 적어도 반에서 1위부터 5위 정도의 서열이 착착 정해지면 3월 말부터는 안정된 질서 속에서 생활한다.

아들에게 물어보라. 아마 소상히 꿰고 있을 것이다. 자신이 어디에 속해 있는지도 매우 중요한 요소여서 자기 반뿐만 아니라 학교 전체에서 누가 어느 분야에서 최고인지 파악하고 있다.

그렇다고 꼭 일등이 되고자 하는 목적보다 남학생들은 무슨 일이든지 자기가 잘하는 일은 성취 욕구가 높고 뭐라도 내세우고 싶어 한다. 하다 못해 팔씨름이나 책상 위에서 하는 놀이라 하더라도 남학생들은 누가 이기나 열을 올리고 관심을 가진다. 할 일 없으면 키 재기를 하며 폼을 잰다.

이때 성장이 더딘 유전자를 가진 남학생이 불리하고 자존감이 조금 상처를 받을 수 있다. 이 경우에는 사람마다 성장 속도가 다르다는 얘기를 한다. 외모로 서열을 정하는 문제는 교사가 주의하는 부분이다.

남녀 공학인 교실에서는 종종 남학생들이 유행하는 유머를 여학생들에게 말하며 웃기려고 애쓰는 모습을 볼 수 있다. 각종 유머 시리즈를 외우고 누가 더 웃긴 얘기를 많이 알고 있느냐를 내기라도 하듯이 경쟁적으로 나선다. 뭐든 잘하는 것을 내세워서 최고가 되고 싶어 하는 것이다.

남학생은 가정에서도 권력의 서열에 민감하다. 남학생은 아버지가 영향력이 센 집에서는 아버지에게 인정을 받으려고 애쓴다. 많은 남학생들이 늘 아버지가 해주는 '엄지 척'을 그리워한다. 아버지가 관심을 보이지 않으면 난데없이 자기가 잘못 하는 것을 아버지 탓으로 돌리기도 한다. 자신이 어떤 존재인가를 의식하고 호기심을 가져 거울을 자주 본다. 전신 거울 앞에서 자신의 모습을 비추어보기 시작한다면 사춘기가 다가오는 신호라고 할 수 있다.

남학생은 자신이 독립된 존재로 의식이 성장하므로 자칫 집에서 약자에 해당하는 사람을 무시할 수 있다. 특히 권위적인 아버지가 아들 앞에서 엄마를 무시하면 아들도 엄마를 무시하게 된다. 아들 앞에서는 부부가 협력하고 의견을 서로 존중하는 모습을 보여주자. 아들이 성장하면서 독재자처럼 자기 하고픈 대로 군림하는 것을 막을 수 있다.

특히 엄마는 순하던 아들이 반항하면 그 기세에 눌려 아빠에게 버릇을 잡아줄 것을 호소하거나 의지하기 쉬운데 이는 절대 금물이다. 엄마가 아버지에게 권한을 위임하고 맡기게 되면 다시 아들에게 영향력을 가질 수 없기 때문이다.

아들이 서열을 중시하는 모습을 보더라도 크게 걱정할 필요는 없다. 남학생들이 서열을 정하는 이유는 경쟁하면서 서로 성장하는 방식이 그들에게 선천적으로 자연스럽기 때문이다. 마케팅 전략에서 말하는 일종의 '포지셔닝'이다. 마케팅 전략상 상품의 특성 및 경쟁 상품과의 관계, 자사의 기업 이미지 등 각종 요소를 평가·분석하여 그 상품을 시장에서 특정한 위치에 설정한다. 어떤 제품이 소비자의 마음에 인식되는가의 모습이 중요하듯이 아들들의 세상에서는 자기가 어떤 존재로 자리매김 되는가가 중요하다.

어떤 정원사는 화단에 좋은 꽃과 식물뿐만 아니라 잡초도 남겨둔다고 한다. 왜냐하면, 잡초들이 자라면서 다른 식물들도 그들이 끼치는 생명의 훼방을 이겨내려고 경쟁하면서 쑥쑥 자란다는 것이다.

남학생들도 마찬가지다. '싸우면서 큰다.'는 말이 있듯이 남학생들은 경쟁을 통해 도전하고 그 결과에 승복하는 법을 배운다. 좌절했을 때 신체적·정신적으로 아픔이 있지만, 그 자체가 성장의 동력이 된다. 함께 경쟁하는 대상이 있으므로 남학생들은 에너지가 넘치고 활기를 찾는다. 서열 정하기를 무모하게 여기기보다 오히려 경쟁에서 뒤처졌을 때 어떻게 그 경험을 다룰지에 대해 이야기해보는 것이 좋다.

가정에서 아들 둘을 키우다 보면 아들 하나도 다루기 어려운데 두 아들이 자주 다투고 의견이 대립해서 부모를 난감하게 만드는 경우가 많다. 가정에서도 큰아들과 작은아들의 서열을 확실하게 어렸을 때부터 정해 두는 것이 좋다. 똑같이 대한다고 해도 사춘기가 되면, 특히 터울이

짧을 때는 부모의 통제와 지도가 미치지 못하는 경우가 많다. 이럴 때는 각자에게 의미 있는 사랑과 관심을 베풀되 함께 있을 때는 형을 위해주는 것이 좋다.

나 역시 두 아들이 중1, 중3이 되자 집안이 긴장된 적이 많았다. 치킨을 먹다가도 동생이 형에게 대들거나 형이 동생을 다그치거나 하는 경우가 잦았기 때문이다. 형제간에 성적이 차이라도 나면 더 고민이었다. 평소 형제를 공평하게 대한다고 했는데도 형은 형대로 동생은 동생대로 불만이 있었다.

그런데 어느 동료 한 분이 "형이 동생을 혼낼 때 그냥 둬보세요. 싸움을 말리지 말고 둘이 해결하게 해 보면 자기들끼리 다투면서 자리를 잡아가요."라고 조언을 해 주었다. 그때부턴 형제가 소리 높여 다투더라도 모른 척하거나 웬만하면 끼어들지 않았다.

어느 날 밖에 나갔다가 들어오니 집 분위기가 달라져 있었다. 둘째 아들이 아무 말도 못 하고 엄마를 보고도 고개를 숙이고 방에 들어가는 것 아닌가. 부모가 없는 사이에 무슨 일이 벌어졌는지는 그들 둘만이 알 것이다. 그때부터 작은아들이 부모 말보다도 형 말을 더 무섭게 알고 순순히 따랐다. 지금도 형이 사 놓은 물건을 절대 안 건드리고 냉장고의 음료수도 꼭 물어보고 마신다. "이거 형이 사놓은 거예요?"라고.

형은 또 동생에게 무슨 일이 있으면 밤새 도란도란 방 안에서 얘기한다. 부모에게 말하지 않아도 둘 사이에 해결하는 일들이 있는 모양이다.

간혹 학교에서 재미있는 광경을 보게 된다. 아침 등교 지도나 교내 질서 지도 캠페인활동에서 3학년, 2학년 선배들이 아래 학년을 지도한다. 지도라고 해야 체크 정도인데 평소 선생님 말씀에는 대들고 고분고분하지 않던 남학생들이 일 년 선배 앞에서는 꼼짝 못 하고 존댓말까지 하는 걸 본다. "예, 알겠습니다.", "형, 이렇게 하면 될까요?", "누나, 제가 정리할게요."라고 말하는 모습을 보면 속에서 웃음이 나온다.

집에선 왕처럼 떵떵거렸을 아들이 학교에서 공손하게 배꼽 인사를 하고 선배 앞을 지나는 걸 보면 부모들도 놀랄 것이다. 십 대 때는 또래 집단의 영향이 크기 때문에 이런 질서가 자연스럽게 생긴다.

아들들도 가장 두려워하는 것이 아무 존재감도 없이 지내는 생활이다. 그리고 남학생들이 몰려다니는 모습을 보면 자신과 맞는 상대와 자연스럽게 무리 지어 지낸다. TV에 나오는 '동물의 왕국'에서 본 광경과 흡사하다.

남학생들은 힘을 숭배하는 특성이 있다. 힘 있는 대상 앞에서는 부드러워진다. 가정에서 아들을 잘 키우려면 부모가 힘이 있어야 한다. 때로는 아버지가 완력으로 아들을 제압해도 좋다. 엄마든 아빠든 아들이 인정할 수 있는 권위가 한 분야에서라도 있어야 한다. 힘쓰는 일이 아니라도 아들이 보고서 작성 숙제를 할 때 아버지가 회사에서 작성하는 보고서 작성 원칙을 일러주며 팁을 주면 무척 고마워할 것이다.

무엇이든지 보여주라. 자전거 타는 법이라든가 의자 고치는 법, 엄마가 보여주는 스쿼시 실력 등 아들은 눈으로 본 것을 잊지 않는다. 그래서 잘 놀 줄 아는 부모, 아들의 코드에 맞춰 재능을 보여주는 부모 밑에서 씩씩하고 리더십 있는 아들이 나온다. 여기에 부모의 학벌이나 사회적 권력과 명예는 부수적인 문제다.

아들의 학교 성적보다 공감 능력이 우수한지 먼저 살펴보라. 학교에 선 성적으로 학생들의 서열을 매기기 쉽다. 학생을 평가하는 기준이 가 장 편리하게 드러나기 때문이다. 특히 남학생들은 자신이 좋아하는 일에 몰입하면 다른 일을 병행하기 어려워 성적에 기복이 있게 마련이다. 만 화에 빠지면 온 방 안이 만화로 도배가 될 정도이고 프라모델에 관심이 있으면 온통 그 세상에 빠져 산다.

즉, 남학생이 지닌 놀라운 집중력과 재능이 학교 성적으로 다 평가되 지는 않고 있다는 점이다. 그래도 성적은 학교의 기본 학습활동에 대한 근면성을 보기 때문에 가벼이 여기면 안 되겠지만 남학생의 성장을 행여 성적으로 제약하는 일은 주의해야 한다. 오히려 앞으로 살아갈 세상은 경쟁보다 상대방의 생각과 감정에 잘 공감하는 능력이 중요하다고 강조 해 준다.

미래학자 제레미 러프킨은 "인류가 경쟁의 문명에서 공감의 문명으로 이동하고 있다. 21세기는 '공감'의 시대이다."라고 했다. 살아가면서 꼭 성공하는 게 목표의 전부가 아니라고 이야기해주면 남학생은 정신적으 로 여유 있게 자랄 수 있다. 존 F. 케네디 대통령의 아들 존 F. 케네디 주 니어는 평소 "사람들은 나에게 'Best One'이 되기를 원했지만 나는 언제 나 'Good One'이 되기를 원했다."라고 겸손하게 이야기했다고 한다. 그 가 미국 대중의 사랑을 받은 이유 중의 하나다.

앞으로는 서열에 의해 움직이기보다 개인의 고유성이 중요한 시대가 온다. 남학생이 성적이나 가족의 사회적 위신을 위해 숨 가쁘게 살면 정 말 중요한 점은 놓치게 된다. 자기 자신의 내면에서 진정으로 원하는 게 무엇인지 생각할 겨를 없이 성장한다. 가족과 친족의 얼굴을 보는 시간,

자신의 감정을 곰곰이 생각해 보는 시간도 없이 맹목적으로 앞만 보고 달리는 분위기는 심각한 위험을 초래한다. 행복하게 열정을 키우고 도전하는 힘은 자기가 좋아하는 일을 할 때 나오기 때문에 외적인 성과를 강요하면 할수록 내면의 힘이 약해진다.

최근 들어 아들들의 상처 받은 마음을 치료하는 기관이나 병원이 성황이라고 한다. 아들에게 자신이 진정 원하는 것이 무엇인지 자신을 위하는 일을 먼저 생각하고 행동하도록 격려한다. 구태여 남과 똑같아질 필요는 없다고 하라.

서열을 중시하는 남학생들의 세상을 바라보며 부모는 이렇게 조언하면 어떨까.

첫째, "넌 이 세상에 유일한 존재야. 너만이 할 수 있는 것을 찾아보렴." 하고 강조한다.

둘째, 학기가 시작한 지 얼마 지나서 반드시 학교를 방문해 아들의 교우 관계나 생활 모습에 대한 상담을 한다. 그리고 아들이 가까이 지내는 또래 집단을 파악해 둔다.

셋째, 경쟁에서 졌을 때도 사람은 다 다름을 인정하고 겸허하게 다음 기회를 기다리도록 한다.

넷째, 가정 내의 역학 구도에 민감한 아들에게 민주적으로 협력하는 어른들 관계를 보여준다.

다섯째, 아들이 존중하는 대상, 두려워하는 대상, 얕잡아보는 대상 등을 대화를 통해 알아둔다. 그리고 그에 대해 어떻게 처신하면 좋을지에 대해서도 의견을 나눈다.

아들은
목표를 찾고 있다
"나, 왜 사니?"

– 목표 의식

많은 부모들이 아들을 바라보면 아무 생각 없이 사는 것 같다고 고민한다. 표정도 별로 없고 말은 더 없다. 가끔 축구 경기 볼 때 외에는 웃는 일도 드물어졌다. 무기력하게 있는 듯한 모습을 보면 부모는 잘못한 것도 없이 괜히 '내가 자식을 잘못 키웠나?' 하는 부정적인 생각을 한다. 십대 아들은 대개 목표를 찾지 못해 워밍업만 몇 년째 하고 있다.

둘째 아들이 중학교에 들어가 시험에 압박감을 느끼게 되었을 때의 일이다. 초등학교 때까지 자유롭게 하고픈 일을 하다가 성적이 나오는 시험이 부담되었을 것이다. 하루는 이렇게 물어왔다.
"공부는 왜 하죠?"
"공부하면 능력을 갖추게 되고 사회에서 남을 도울 수도 있고 세상에서 꼭 필요한 사람이 되잖아?"
"꼭 잘해야 하나요?"
"최선을 다해서 노력하면 사회에서 중요한 일을 할 수 있고 존경받는 사람이 되잖아. 어려울 때 문제를 해결할 수도 있고."

대답을 했지만 사실은 아들의 갑작스러운 질문에 허겁지겁 주워섬긴 말이었다. 아들은 갑자기 눈을 동그랗게 뜨며

"그런데 왜 그게 하필 나예요?"

"뭐?"

"세상에 도움을 주고 문제를 해결하는 사람요. 그게 왜 우리여야 하냐고요?"

"……."

순간 말문이 막혔다. 아들의 말에 일리가 있었기 때문이다. 왜 공부하는지 스스로 목적을 찾기도 어려운데 매일 고된 일과에 몰아넣었나 하고 반성하게 되었다. 아들이 학생이기 때문에 목표가 공부가 되어야 한다고 단정 짓고 아들의 24시간을 관리하는 태도를 돌이켜 보았다.

지금 세대의 남학생들은 자신에게 쏟아지는 가족과 친족의 기대를 의외로 생각한다. 전통적인 가부장제에서는 아들로 태어나면 바로 가문의 대를 잇는 후계자가 된다. 아들이 똑똑한 징조가 보이면 집안의 사회적 위상을 높여줘야 할 존재로 키워졌다. 그처럼 사회에서 성공하고자 열심히 공부하는 이유가 분명했다.

그러나 그런 부모 세대의 관습대로 지금 혹시 아들에게 늘 '성공'이라는 목표를 주입하지 않았나 생각해 볼 필요가 있다. 신문이나 인터넷 뉴스 등을 봐도 성공한 사람의 기사가 빈번하게 보도된다. 어떤 성과를 내다가도 그다음 성과가 이어지지 않으면 대중의 시선으로부터 멀어진다.

개인도 마찬가지다. 잠깐 성과를 내도 인생의 과정에서 부딪히는 과제를 계속 성공적으로 끌어내기란 어렵다. 모두 성공 콤플렉스에 걸린

듯하다.

평생 퍼포먼스를 해야 하는 예술가들이나 기록을 경신해야 하는 스포츠 선수들은 목표를 구체적으로 정해놓고 전력투구한다. 그러나 많은 남학생들이 명확한 삶의 목표를 찾지 못해 방황하고 영문도 모른 채 매일 습관적인 공부를 하고 있다. 경쟁의식이 많은 성격을 지닌 남학생은 경쟁에서 이기고자 하는 목표가 있어 열심히 노력하지만 그런 목표로는 발전에 한계가 있다.

아들들에게 '공부를 왜 하는지', '학교는 왜 다니는지'에 대해 깊은 대화를 해 보면 어른들이 그 질문에 속 시원히 답을 해주기를 원하는 것을 알 수 있다. 학교에서 남학생들은 목표와 규칙이 있을 때 움직인다. 그들은 학교에서 활동할 때 항상 자신이 따를 책임자를 찾고 있다.

남학생들이 자기 성향에 맞게 스스로 목표를 찾는 일이 먼저다. 목표를 세우고 정말 성취하고 싶다고 생각할 때 젖 먹던 힘까지 내서 배울 수 있다. 외부에서 주어진 가짜 목표로는 아들의 가슴을 뜨겁게 할 수 없다. 동기 부여가 제대로 먹히려면 아들의 마음속 깊은 곳에 있는 열정과 꿈을 건드려야 한다. 그런 계기나 동기 없이 반복되는 일상을 규칙적으로 성실하게만 하라고 하니 남학생들의 마음에 의문이 드는 것은 당연할 것이다. '나 왜 살지?'하고. 우리나라는 많은 가정에서 아들에게 학생이니까 삶의 목표를 일단 공부에 두라고 한다. 아들은 힘센 부모에게 의문을 제기하지 못하고 지내다 몸이 자라고 자의식이 싹트면 반항하게 된다.

변산공동체 대표이자 철학자인 윤구병 작가는 생태주의 작가 인터뷰에서 자기 삶의 에너지는 행복한 어린 시절에서 비롯한다고 말했다. 가

난했기에 자연 속에서 놀며 자연에서 나는 것을 먹으며 지냈고 아무도 간섭하지 않아서 자기가 자신의 시간을 통제하는 것을 스스로 터득했다고 한다. 지금 자녀들은 교육과 사랑이라는 이름으로 힘센 어른들로부터 삶의 시간을 통제받고 있다고 지적했다.

부모는 결국 아들이 자기가 하고픈 방식으로 시간을 사용하고 갈 길을 선택하게 해야 한다. 십 대 남학생들의 처지를 보자. 하나의 목표를 성취하면 부모와 선생님은 더 높은 기대를 한다. 그 기대에 부응하면 또 더 뛰어난 성취를 할 수 있다고 독려한다. 그러면 남학생들은 부모나 선생님을 실망시키지 않으려고 애를 쓰다 지친다. 사춘기 청소년 문제가 일어나는 지점이 바로 그때다. 참고, 참고 또 참고 하다가 긴장의 끈이 툭 끊어지면 걷잡을 수 없이 방황하게 된다. 속 시원하게 부모나 선생님이 공부를 왜 하는지, 무엇을 위해 살아야 하는지, 나 자신의 진정한 삶의 목표는 무엇인지 알려주지도 않고 알아가도록 도와주지도 않으니 직접 나서는 것이다.

2000년대 초에 남편의 직장 일로 약 2년간 미국의 워싱턴 D.C. 근교에서 살았다. 그때 아들들이 다니던 Shrewewood School에서 6주 동안 실시한 학부모 교육 'Active Parenting Class'를 이수했다. 교육을 끝낸 지 며칠 후 학교에서 과정을 이수한 학부모들을 초청해서 선생님들 연수시간에 간담회를 한다고 해서 참석했다. 소감을 말하는 시간이 되었을 때 미국 선생님들이 자녀가 어떤 사람으로 크면 좋겠냐고 질문을 해 왔다. 나는 서투른 영어로 두 아들이 글로벌 시대에 맞게 국제적인 전문가가 되면 좋겠다고 했다. 능력을 발휘하고 자기도 행복한 삶을 살면 좋겠다고 말했다. 그러자 옆에 자리했던 인도에서 온 엄마가 자기 차례가 돼서 소감을 말할 때 눈을 크게 뜨고 내 쪽을 보며 이야기했다. 자신은 이웃집 친구와 이야기하는 듯한 느낌이라고. 한국 엄마가 나와 똑같은 생각을 하고 있다니 놀랍다고 말했다.

그때 국적을 떠나서 부모가 자녀에게 가진 생각이 비슷하다고 실감했다. 아마 미국의 선생님들은 내 대답을 의외라고 생각했을 것이다. '어떤 사람'으로 크면 좋겠냐고 물었는데 '국제적인 전문가'라는 직업적이고 성취 지향적인 답을 했으니 초점이 안 맞았을 수도 있다.

한국의 부모는 대부분 목표가 분명하다. 아마 아들이 글로벌 시대에 맞는 전문가, 사회에서 존중받는 직장인, 행복한 성인이 되게 하고픈 부모가 많을 것이다. 그런데 그것은 부모의 목표이지 아들의 목표는 아니다. 이제 십 대에 들어선 아들이 어떻게 이 험한 세상의 모습을 부모처럼 잘 알겠는가. 부모의 눈으로 아들에게 기대하는 목표치를 정해 놓은 것은 아닌가.

아들은 지금 좀 더 즐겁고 행복하고 친구들과 어울려 신나게 살고 싶다. 공부라는 목표가 아들의 머릿속에 어느 정도 자리하고 있는지 뇌지도를 그려 보면 콩알보다 작을지도 모른다. 아들은 인생의 재미를 찾고 있다. 즐겁게 자기를 내던질 수 있는 어떤 놀랍고 경이로운 목표! 그것에 비하면 엄마 아빠, 선생님이 말하는 삶의 목표란 얼마나 진부하고 따분한가. 곰팡이처럼 쾌쾌하고 답답한 목표일지 모른다.

남학생 아들에게 절박하게 공부할 목표를 세우게 하는 놀라운 계기가 있기는 있다. 국어 교과서에도 실린 글 '내 나무'의 저자 이규태 조선일보 전 논설위원은 언젠가 그의 칼럼에서 '자식을 성공시키는 비법은 부모가 젊은 나이에 요절하는 것'이라고 웃지도 못할 말을 했다. 그만큼 부모 뜻대로 자식을 키우기 어렵다는 뜻이다. 그러나 아들에게 삶의 목표, 공부의 목표를 일러주느라 부모가 그렇게 할 수는 없지 않은가. 절박한 무인도에서 살아남듯이 공부하는 것은 부모 세대, 조부모 세대의 이야기다.

그러면 지금 집 한가운데서 연신 리모컨을 돌리거나 스마트폰과 눈싸움하고 있는 저 아들에게 삶의 목표를 어떻게 알려 주나. 아들은 목표가 없으면 움직이지 않는다. 태엽을 감아야 움직이는 장난감 자동차처럼 아들에게 태엽을 감아주었으면 좋겠다는 게 부모 마음이다.

여기서 남학생이 눈을 반짝이며 목표를 좇게 만드는 두 번째 비법이 떠오른다. 남학생이 미치게 좋아하는 일을 찾는 것이다. 그것을 찾도록 부모가 도와주는 것이다. 재미를 느끼면 남학생들은 시간 가는 줄 모르고 열중한다. 놀랍게도 그게 수학이나 과학 등 공부가 될 수도 있고 성적과 상관없는 분야일 수도 있다. 부모는 어디까지나 좋아하는 대상을 찾게 돕는 데까지만 역할을 한다. 아들이 타고난 자기 방식을 찾고, 천성대로 움직이는 모습으로 한 걸음씩 내딛는 길을 함께 가기만 하는 것이다.

베를린 예술대 교수이자 2016년 다보스 세계경제포럼에서 '세상을 변화시키는 작가'로 선정된 올라퍼 엘리아슨은 자신이 미술가가 된 동기를 자연을 자주 접한 데서 찾고 있다. 그는 "1970년대 오일쇼크가 왔을 때, 오후 7시면 마을의 모든 불이 꺼졌다. 하지만 그리 어둡진 않았고 창문 밖으로 푸르스름한 석양빛이 펼쳐졌다. 촛불을 켜면 따듯한 느낌이 좋았다. 그런 느낌이 내 안에 있다. 어릴 적부터 아버지와 산에 자주 다녔다. 하지만 풍경을 그리는 것에는 관심이 없었고 그저 뛰어놀았다. 아버지는 내게 '뛰지 마', '하지 마'라는 말을 한 번도 한 적이 없다."라고 말한다. 그리고 "책이나 신문읽기 등에서 얻는 지적인 지식과 몸으로 얻는 지식을 종합할 때 비로소 사회적 변화가 시작된다. 뉴스를 보는 것만으로 변화는 생기지 않는다. 직접 느끼고 경험한 것이 거기 덧붙여졌을 때 변화가 시작될 것이다."라고 경험의 중요성을 이야기하고 있다.

언제나 변할까. 능동적이고 적극적인 남학생 아들의 모습을 기대하며 몇 가지 참고할 점을 제시한다.

첫째, 목표로 가는 길은 하나가 아니다. 여러 방법이 있다.

둘째, 목표를 단기 목표와 장기 목표로 구분한다. 목표를 작게 나누어 실천하고 확인한다.

셋째, 어제보다 조금 더 나아진 점을 기록해간다.

넷째, 부모는 아들이 자신의 법칙을 찾고 지키도록 돕는다. 자신이 진정으로 원하는 것이 무엇인지 항상 귀를 기울이도록 이끈다.

다섯째, 아들이 좋아하는 일을 발굴한다. 격동적인 모험이 필요하다. 기회를 제공하라.

빨라지고,
길어진
사춘기

– 독립심

경태는 학교에서 돌아와 가을 햇빛이 내리쬐는 마당에 멍하니 앉아 있다. 매주 수요일이면 어김없이 바둑을 두러 가는 재미에 신나게 집에 와 옷을 갈아입고 바둑 학원으로 가곤 했다. 그런데 바둑 학원이 문을 닫는다고 한다. 선생님은 다른 데로 가야 한다며 지난주에 경태에게 떡볶이를 사주었다. 경태는 마음 한구석이 묵직하게 가라앉는 듯하였다. 어쩐지 이번 한 번만 그런 경험을 하는 게 아닌 듯해서였다. 소식은 계속 주고받을 수 있을 거라고 토닥이는 선생님의 말씀에도 허전함은 가시지 않았다. 든든하게 의지가 되어준 분이셨는데 갑자기 떠나신다니 자꾸 섭섭해졌다.

중학생이 되고부터 경태는 생각할 거리도 많아지고 남모르는 비밀이 생기게 되었다. 신체가 변하고 엄마보다 키가 커졌다. 학원 선생님들 중에서도 대화를 잘해 주고 마음을 다독여주는 선생님이 계셨다. 그런데 익숙해질 만하면 선생님이 바뀌었다. 학교 선생님도 마찬가지다. 해가 바뀌면 학년도 반도 달라져 선생님을 따로 만나기가 어렵다. 그런데 바둑 선생님은 초등학교 때부터 경태와 많은 얘기를 나누고 재미있는 이벤트도 만들어주신 분이었다. 경태는 그런 분이 가능하면 좀 더 오래 자기와 함께 지냈으면 하는 바람이었다. 사춘기를 얼마나 더 지나야 이런 생각을 안 하고 완전한 어른이 될 수 있을까. 빨리 어른이 되고픈 마음이 스멀스멀 피어올랐다. 그러다 지난 추석에 외가댁에 갔다가 들은 어른들의 얘기가 생각났다.

"경태는 학교 다니기가 어떠냐? 그 동네로 이사 가서 친구들도 좀 사귀었니?"

"요새 학교에서 친구 사귀기 어렵죠. 학원 다니느라 바쁘고 사귈 시간이 어디 있겠어요?"

경태 아버지가 곁에서 거든다.

"네. 그 동네에 어려서부터 친하게 지낸 애들이 좀 있어요."

경태는 대답하고 얼른 사촌 형이 있는 방으로 갔다. 방문이 열려 있어 어른들의 대화가 거기서도 들렸다. 어른들은 목소리가 왜 저렇게 크실까. 가만가만 말할 것도 소리치듯이 이야기하신다.

"경태 나이면 예전에는 장가가고도 남았지. 그땐 여자가 나이가 더 많은 게 다반사였고."

외할아버지는 오랜만에 사람이 북적대니까 좋으신 모양이다. 경태 아빠와 얘기를 이어간다.

"그러죠. 춘향이가 이몽룡을 만난 나이니까요."

"불과 100여 년 사이에 너무 많이 변해서 어지러울 정도여요." 곁에서 경태 엄마가 차를 끓여 오며 끼어든다.

경태 아빠는 갑자기 웃음을 지으며 이야기했다.

"그렇죠. 제 외할아버지께서도 열여섯에 열여덟 살이신 외할머니와 결혼하셨으니까요. 지금 중3, 고2 나이에 결혼을 하셨어요. 고3 나이에 아버지가 되셨고요.”

“지금은 어디 그런가? 서른이 넘어도 부모와 살면서 제 앞가림을 안 하는 친구들도 있다면서?”

“워낙 공부들을 오래 하고 부모에게서 독립하자니 능력은 안 되고 정말 요즘 부모들도 참 힘들어요. 지금 젊은이들도 그렇고요.”

“그러니 자식만 바라보고 열심히 뒷바라지하느라 아무 대책도 없이 늙어버린 부모는 누가 봉양하니?” 외할머니는 고개를 가로저으셨다.

“요즘 부모들은 자식한테 기대 안 한 지 오래예요. 참 살기는 분명 편해졌는데 뭔가 고민은 더 많아지는 것 같아요.” 경태 아빠 역시 빼꼼히 열려 있는 방문 사이로 보이는 경태에게 눈길을 던지며 말했다. 경태는 게임을 하고 있는 사촌 형 옆에 딱 붙어서 조잘대고 있었다.

“형, 지금 대학교 몇 학년이야?”

“이제 마지막 학년이다.” 마우스로 표적을 쫓아다니며 형이 대답했다.

“형, 대학 들어간 지 6년도 더 되지 않았어?”

“이 녀석이? 남자는 군대 다녀오고 하다 보면 금방 스물여섯 살 돼 버려.”

“헉, 그럼 난 10년 후에도 공부하고 있어야 해?”

“아마 그럴걸?”

“대학교 가면 좋아?”

“글쎄, 간섭을 덜 받기는 하지. 그런데 할 일은 더 많아졌다. 중 · 고등학교 때가 좋아. 공부만 하면 되잖아. 대학 갈 공부!”

“에이, 형. 공부가 뭐가 좋아?” 경태는 형이 하는 게임화면을 같이 들여다보며 형이 앉은 의자 팔걸이에 기대며 더 가까이 간다.

"대학 들어오면 세상을 알아가는 공부를 해야 하고 다양한 경험도 해야 하고 여자도 사귀고……. 할 일이 많아."

"형은 그걸 다 했어?"

"훗, 다 하긴, 벅차서 휴학을 하지 않았니? 군대도 가고. 그러고 나면 형 나이가 돼."

"근데 아직 학생이야?"

"인마, 훌쩍 서른 살 되는 거는 금방이야."

"서른 살? 그러면 아저씬데? 형 얼른 돈 벌어야겠다."

"그러게 말이다. 그게 쉽냐?"

"헐, 난 지금 고등학교만 생각해도 아찔한데."

그러자 형은 고개를 돌려 곁에 있는 경태를 보며 잠시 생각한 듯 말했다.

"야, 너무 걱정하지 마, 형도 했잖냐. 넌 더 잘할 수 있을 거야."

형은 경태와 하이파이브를 하며 웃었다.

지금은 부모가 자식에게 공부 잘하면 뭐든지 해결될 수 있다고 설득할 수 없는 시대가 되었다. 아들 입장에서는 자기가 미래에 대해 확신을 가질 수 없고 학교 졸업 후에 사회인으로 곧장 데뷔하기도 분명하지 않은 시대를 살고 있다. 오죽하면 이 세대는 '메이비Maybe 세대'라고 불린다고 한다. 미래에 아무것도 확실하지 않은 세대라는 뜻이다.

부모들은 창의성과 개성이 중요하다고 해서 어려서부터 재능교육이나 정서를 살찌우는 활동에 주력하다가도 초등학교 고학년부터 갑자기 대입이라는 고지를 향해 이정표를 수정하기 시작한다. 지상에 다니는 길 밑으로 흐르는 지하수처럼 대입 준비를 위한 커리큘럼을 부모가 별도로 짜야 하는 형편이다. 하루 24시간 안에서 학교 수업과 각종 수행 평가, 달라진 입시에 필요한 봉사 활동과 경력 만들기에 휩쓸리다 보면 아무것도 하지 않고 있는 시간이 30분만 지나도 불안해진다. 사실 그렇다고 모든 친구가 한눈팔지 않고 공부만 하는 것은 아니다. 예전과 달라진 건 거의 없다.

대부분 중학생은 중학교 공부에 적응하고 적당히 놀면서 시험 때 공부하는 요령이 붙는다. 그런데 마음이 항상 불안하다. 부모도 자식도 불안하긴 마찬가지다. 마치 달리는 기차 안에서 생활하는 느낌이라고 할까. 그런데 그 기차는 어디로 향하는지 모르는 상황이라면 참 난감하다.

학부모들은 주로 '학교에서 공부만 잘 가르쳐 주면 좋겠다. 체험학습이나 다른 활동들이 너무 많아 어지럽다. 대학 입학이나 세상 살아가는데 필요한 내용을 학교에서 좀 더 깊이 있게 가르쳐 주면 좋겠다.'라는 소망을 이야기한다. 학교 수업만으로는 학생들의 미래를 완전히 대비할수 있는 시대가 아닌 듯한 불안감이 있다.

특히 남학생들이 가장 힘들어하는 생각 중의 하나가 함께 공부하는 친구들과 경쟁 관계에 놓이게 된다는 점이다. 될수록 자신보다 잘하는 친구들이 줄어들어야 유리한 구조 속에서 공부하다 보니 진정한 마음을 주고받는 관계를 경험하기 어렵다.

보통 13살부터 18살까지 사춘기가 지나가면 성인으로 자연스레 성장하였던 과거와 달리 지금 세대는 10~25세 사이의 15년간 긴 사춘기를 보낸다고 전문가들은 말하고 있다. 성숙이 빨라 사춘기가 일찍 시작되는 반면 사회인으로 역할을 할 때까지 준비 기간이 길어져 20대 중반에도 과도기에 있다. 보통 대학 입학이면 끝난 듯하던 사춘기가 대학원을 졸업하고도 끝나지 않고 여전히 부모에 의존하는 상황이 빚어지곤 한다.

이제 학생들에게 대학 가면 모든 게 해결된다고 말하는 부모는 드물다. 대학을 가도 부모로부터 독립할 수 있는 필요조건인 경제력을 갖추기가 하늘의 별따기다. 설령 경제력을 갖추더라도 독립하려 하지 않고 부모에 빌붙어서 그동안 못 누린 자유를 누리려고 한다. 고등학교 때까지 공부에 올인하여 최고 명문대에 합격했는데 대학에서 일등을 하기 어려워 자살하거나 우울증을 호소하는 일도 일어난다. 정신적인 성숙과 사회적 독립이 과거에 비해 더딘 모습이다.

지금 십 대 학생들이 공부에 인생을 걸고 의욕을 불태우기 어려운 이유 중의 하나이다. 사춘기가 길어져 단기간의 목표에 올인해 성공해도 곧 새로운 목표로 장기간 준비해야 하는 실정이다.

부모 세대는 학교 교육을 마치면 사회적으로 성인이 되었고 자기 인생에 책임감을 느끼고 살았다. 지금 청년들은 다르다. 부모의 경제적 도움 없인 사회적 독립이 불가능하다고 믿고 있다. 부모의 역할이 자녀가 20대 중후반이 되어도 끝나지 않는다.

그러니 부모는 자녀가 십 대 시절부터 정신적인 독립심부터 키워주어야 한다. 어떻게 하면 자녀에게 독립심을 키워줄 수 있을까.

일단 개인의 힘으로 감당하기보다 이웃이나 공동의 관심사를 지닌 사람들과 연대하여 문제를 해결해 가는 지혜가 필요하다.

부모가 이전 세대보다 자녀 양육의 로드맵을 훨씬 더 길게 짜야 하는 때이다. 게다가 긴 양육기는 부모의 인생에서 가장 역동적으로 사회활동을 하는 시기이다. 부모의 삶에 대한 로드맵 역시 전면적으로 검토하고 대비하여야 할 필요가 있다. 자식의 대학 입학, 취업에 온 신경을 쓰다가 자신의 인생이 휘발되는 일이 있어서는 곤란하다. 자식과 부모가 Win-Win 할 수 있는 공생 관계를 어떻게 하면 잘 형성하며 오랫동안 협력을 잘해 나갈 수 있을까를 고민해 보아야 한다.

지금 우리나라도 몇몇 선진국처럼 비혼이나 만혼이 드물지 않고 또 굳이 부모도 자녀에게 결혼이나 독립을 강권하지 못하고 있다. 나이가 문제가 아니라 성인이 되어 독립된 세대로 분가하기까지 너무나 많은 시간이 소요되는 현실에서 부모들의 고민은 커간다. 지금 부모가 자녀 교육에 올인하는 이유 중 하나가 자녀들이 성인연령이 되어도 부모에게서 독립하지 못할까 봐서라는 의견이 있는데 시사하는 바가 크다.

아들은 부모 세대보다 사춘기를 10년 정도 더 길게 지나야 성인으로 독립할 수 있는 시대에 살고 있다. 아들의 길어진 사춘기는 부모의 인생에서 사회인으로서 가장 중추적인 핵심 능력을 발휘해야 할 시기이다. 부모가 젊고 역동적인 인생 시기에 남학생 아들의 성장을 이끌어주는 멘토와 파트너 역할을 해야 한다. 마치 마라톤선수가 마라톤을 끝까지 완주하기 위해 '페이스'를 잃지 않도록 그를 앞에서 끌어주고 뒤에서 밀어주며 함께 뛰어주는 '페이스 메이커pace maker' 같은 존재다.

길어진 사춘기에 달라진 부모의 역할을 생각해 보면 다음과 같다.
첫째, 유년기와 달리 아들의 의견이 분명해지고 독립선언을 하는 시기이니 부모는 한발 물러서서 아들을 지켜보고 허용해 준다. 신체적 · 정신적 변화로 태도가 확확 바뀌므로 부모는 이를 예상하고 여유 있게 기다려 준다. 너무 작은 성과에 일희일비하기보다는 6개월, 1년 정도 장기적인 목표와 기대치를 정하고 바라본다.

둘째, 아들이 보이는 성취의 정도와 관심 분야를 잘 관찰하고 지켜보며 현실적으로 어떤 진로를 택하면 적성과 능력을 발휘할 수 있을지 탐색하고 준비한다. 선택과 결정은 반드시 아들 본인이 하고 그에 대한 책임을 지도록 한다. 이 시기에 아들의 교육에 재정적으로 지나친 투자를 하지 않도록 유의한다. 아들이 부모의 능력보다 더 크게 의존하는 일이 없도록 현실을 일러준다.

셋째, 20세 이후에는 부모 자식 관계보다는 파트너의 관계로 의논하며 장래를 논의한다. 직업 선택이나 생활의 독립에 필요한 여러 준비를 하도록 돕는다.

아들은
육체적 성性에
관심이 많다
– 성교육

황순원의 소설 '소나기'는 중학교 국어 교과서에 나온다. '소나기'를 공부하다 보면 해마다 꼭 마주하게 되는 현상이 있다. 소년, 소녀의 사랑을 순수하게 보지 않고 낄낄거리는 남학생들의 모습이다. 소설 속 소년과 소녀는 어느 토요일 오후 마을을 벗어나 들길을 간다. 내를 건너고 둘만의 시간을 보낸다. 그 대목에서 다음과 같은 문장이 나온다.

'소녀가 조용히 일어나 비탈진 곳으로 간다. 꽃송이가 많이 달린 줄기를 잡고 끊기 시작한다. 좀처럼 끊어지지 않는다. 안간힘을 쓰다가 그만 미끄러지고 만다. 칡덩굴을 그러쥐었다. 소년이 놀라 달려갔다. 소녀가 손을 내밀었다. 손을 잡아 이끌어 올리며, 소년은 제가 꺾어다 줄 것을 잘못했다고 뉘우친다. 소녀의 오른쪽 무릎에 핏방울이 내맺혔다. 소년은 저도 모르게 생채기에 입술을 가져다 대고 빨기 시작했다. 그러다가, 무슨 생각을 했는지 획 일어나 저쪽으로 달려간다.'

'소년은 저도 모르게 생채기에 입술을 가져다 대고 빨기 시작했다.'

라는 부분에 이르러서 남학생들은 벌써 반응이 심상치 않다. "야, 빨기 시작했대."하며 소곤거린다. 큰 소리로 말하는 친구도 있다. 교사로서는 순수소설의 맥락에서 한참 벗어난 남학생들의 반응에 놀랍기도 하지만 해마다 거의 똑같은 반응이라 지레 그러려니 하고 지나간다. 여학생들도 "으으……." 하면서 민감하게 반응한다. 또 어느 성교육전문가의 프로젝트 '아우성(아름다운 우리의 성 이야기의 줄임말)'이 한창 알려졌을 때는 유치환 시인의 깃발을 가르치는 도중에 그런 현상이 발생했다. 첫 행의 '이것은 소리 없는 아우성'을 읽을 때면 남학생들의 반응이 또 각별하였다. 꿈을 향한 인간존재의 근원적인 갈망을 십 대 남학생들은 엉뚱한 상상을 동원해 지루한 수업시간을 한바탕 뜨거운 에로물로 만들어 달래고 있었다.

교과서를 재미있어하는 학생은 드물다. 거의 의무적으로 텍스트를 대하고 뭔가 공부할 거리, 외워야 할 부담 거리 정도로 여기는 학생이 대부분이다. 그런데도 학생들은 가끔 교과서 속 내용에 대해 십 대 특유의 생기와 창의적인 발상으로 새로운 해석을 보여준다. 음운현상을 가르치는 단원에서 'ㄹ' 탈락이 일어나는 단어를 예로 드는데 빠지지 않는 게 '다달이'이다. 원래 '달달이'였던 게 'ㄹ'이 탈락하여 '다달이'로 되었다. 이 대목에서 남학생들은 또 여지없이 삼천포로 빠진다. 자위행위를 가리키는 은어와 닮은 단어라서 교실은 수런거리고 남학생들은 킬킬거리기 시작한다. 이럴 때 남학생들은 과감하게 수업에 집중하고 있는 교사와 친구들을 떠본다. "선생님, 뭐라고요? 다시 한 번만 말씀해 주세요."하고 장난을 건다. 다른 분단에 있는 친구들과 눈짓을 주고받으며 낄낄거리기도 한다. 근엄한 남학생은 고개를 숙이고 모른 척하는 등 저마다 반응하는 모습이 다르다. 그만큼 성에 대한 십 대의 관심은 일상적이고 자연스럽다.

십 대 남학생의 삶에 아주 중요한데 아무도 얘기 안 한 채 지나가기 쉬운 게 성교육이다.

　나 역시 아들들의 성장 과정에서 자유스럽게 성에 대해 이야기한 적이 드물었다. 간접적으로 남 이야기하듯이 '어떤 행동을 하면 안 된다. 어떤 뉴스가 있던데 조심해야겠더라.' 정도로 넘어갔다. "여자가 'No.'라고 하면 진짜 'No.'야."라고 강조한 정도가 기억난다.

　아마 내가 성장할 때 아무도 그런 이야기를 직접 해 주지 않고 그저 조심조심 지나가려니 하고 십 대를 보냈기에 아들들에게 성교육을 어떻게 해야 할지 몰랐던 듯하다. 정말 아들들에게 못 해준 게 많다. 부모로서 무지했던 부분이 참 많았다. 도파민, 세로토닌, 아드레날린, 엔도르핀, 테스토스테론 등 여러 호르몬의 이름들을 알게 된 건 사춘기 아들들을 이해해 보려는 노력의 과정에서였다. 학교에서 이런저런 소곤거림과 갈등 속에서 남녀 학생들 사이에 일어나는 사건들을 지켜보면서 선생이나 부모가 알아야 할 것도 해야 할 것도 많다고 생각했다.

　사실 십 대 시절에 남학생이 고민하고 알고 싶어 하는 것 중의 상당 부분이 성에 관한 거라고 짐작한다. 조상들이 유교적인 문화 속에서 성은 거의 금기시하던 풍토도 '성'을 은밀하고 건전하지 못한 것으로 보는 데 한몫했다. 현대 문명이 성을 상품화해서 자라나는 아동이나 청년들의 호기심을 돈벌이에 이용하는 일들이 학생들에게 더 악영향을 끼치고 있다.

　학교에서 남학생들이 주고받는 대화 중 성에 관련된 말이 많다. 성에 관련된 정보는 초고속으로 그들 사이에서 교환되고 있을 것이다. 남학생들의 에너지는 밝고 솔직하다. 그런데 세상에서 상업적으로 이용되는 온갖 성적인 자극들이 십 대들의 성 의식과 자연스러운 성숙을 왜곡하고 그들이 성을 잘못 이해하도록 하고 있다.

십 대 학생들이 성을 단순한 호기심으로 관심을 두다가 어느 정도 시간이 지나면 자연스럽게 해결되리라고 믿기에는 지금 사회가 매우 위험한 지경에 있다. 트위터 등 SNS를 통해 성에 관련된 내용이 범람하고 사회적으로 경악을 금치 못하게 하는 각종 사건 사고에 십 대들이 관련되어 있다. 성과 관련된 온갖 추한 뉴스도 성에 대한 건강한 인식을 가로막는다. 십 대 학생들에게 성에 대한 바람직한 가치관, 올바른 의학지식, 인간의 욕망에 대한 이해 등을 다각도로 교육할 필요가 있다.

학교생활에서 사춘기 학생들이 알아야 할 성에 대한 교육은 주로 보건교사가 담당하지만, 실제 상담 및 성과 관련된 문제를 해결하도록 주로 도와주는 선생님은 생활지도부실이나 상담 선생님이다. 각 학교에서 비밀리에 처리하고 또 다른 학생들에게 끼칠 영향을 고려해 드러내지 않는 사건이 많을 것이다. 그러나 교사가 미처 파악하지 못한 사이에 SNS를 통해서 전교에 소문이 퍼질 때도 있어 지도에 애를 먹는 경우가 있다.

십 대 학생의 경우에 성 관련 문제가 발생하면 어떻게 대처할지 몰라 가장 친한 친구에게 상의하곤 하는데 그 친구가 사생활의 비밀을 지켜주지 못하고 소문이 일파만파 번져가게 되면 학교에서 교칙대로 학생을 권고 전학시키고 학부모께 환경을 바꾸시도록 권장한다.

대부분 자녀의 성 관련 문제를 가장 잘 알고 있는 사람은 부모가 아니라 친구이다. 십 대 시절에는 친구가 여러 면에서 가장 중요한 역할을 한다.

남학생의 경우는 특히 성과 관련해 책임을 져야 할 문제에 미리 철저히 대비해서 교육할 필요가 있다. 남녀 공학이 실시된 이후로 성교육은 더욱 의무적으로 실시되고 있다. 성교육은 남녀 분리해서 할 때도 있고 외부의 강사나 기관에 위탁해서 실시하기도 한다. 정확한 지식을 알고 있어야 학생들이 예기치 않은 일을 예방할 수 있다. 이를테면 교사들은 야동을 본 이야기를 서로 주고받는 남학생들에게 특별한 관심을 보이지 않고 대범하게 그 야동을 제작한 사람들의 목적을 이야기해 준다. 그리고 그 속에 들어 있는 과장과 왜곡이 어떻게 그릇된 결과를 가져오는지도 알려준다.

사춘기 학생들에게 성이란 금기시 된 점이 많으나 최근에 뉴스 등 보도에서 어린 십 대 학생들이 성 관련 범죄에 연루된 경우가 심각하게 보도되어 가정에서나 학교에서 더욱 철저히 예방 교육을 실시하지 않을 수 없다.

사춘기 학생들의 성교육은 가정에서 동성 부모가 가르치면 가장 바람직하다고 한다. 가정에서 아버지가 아들에게 성에 대한 솔직한 대화를 자연스럽게 나누는 분위기가 만들어지면 좋다. 음성적으로 터부시할 것이 아니라 평소 소통이 잘 되는 가정이면 이런 주제도 생활 속의 일부로 교육할 수 있다. 그러나 아직 유교적인 남녀유별의 정서가 팽배한 가정에서는 성에 대한 가정교육을 드러내놓고 솔직하게 논의하지 못하고 있다. 남학생 아들에게 다양한 예를 들어주는 방법도 좋고 영화 이야기, 드라마에서 소재로 다루는 이야기들을 나누는 기회를 만들고 사춘기의 사랑이 어떤 특징을 지니는지도 자유로이 이야기하는 게 좋다.

인터넷이나 SNS에서 남학생이 접하는 성적인 내용을 구체적으로 아는 부모나 교사는 많지 않을 듯하다. 지금 세대는 인터넷 등 각종 매체를 통해 성에 관련해 왜곡된 내용을 접하고 있다. 이런 사이버 매체가 실제 현실에서 각종 사건 사고를 일으키는 진원지가 되고 있다. 더 큰 문제는 학생들이 한번 성에 대한 왜곡된 정보를 접하게 되면 더 자극적인 내용을 찾게 된다는 점이다. 이렇게 성과 폭력 등 남학생의 인격마저 파괴할 위험이 있는 요소들은 단호하게 관리가 되어야 한다. 우리나라에서는 IT 산업을 장려하고 SNS 사용에 대해 긍정적으로 인식하고 있는 경향이어서 청소년의 스마트폰 사용 및 관리에 관대한 점이 있다. 좀 더 엄격하게 관리되어야 한다.

우리나라처럼 중·고등학교에서 입시 위주의 교육으로 대부분의 수업을 채우는 공부로는 성에 대한 올바른 가치관을 갖도록 차분하게 생각할 여유가 부족하다. 삶을 아름답게 살려는 모습들, 아름다움의 진정한 의미를 어려서부터 고전교육을 통해 일러주거나 예술적인 안목을 키워주는 일이 절실하게 요구된다. 특히 남학생에게는 여성을 성적 욕구 해소의 대상으로만 여길 위험을 예방해야 한다.

여성을 뭉뚱그려서 성적 대상으로 비하하고 여성의 신체를 안줏거리로 이야기하는 어른 남자들의 모습도 십 대 남학생들에게 바람직하지 않다. 가뜩이나 어른들을 모방하기 쉬운 십 대인데 어른들의 모습이 달라지지 않고서 십 대의 행동이 똑바르게 되리라고 기대하기는 어렵다.

부모가 사춘기에 성에 대한 관심이 폭증하는 아들을 대할 때 다음과 같은 점들을 유의하면 좋다.

첫째, 성은 감추고 부끄러워할 게 아니라 자연스럽고 건강한 삶의 일부라는 점을 나눈다.

둘째, 인터넷이나 SNS에 나오는 성적 광고 및 영상들에는 상업적인 목적으로 악영향을 끼치는 종류가 많다는 점을 평소에 비판적으로 이야기한다.

셋째, 미성년인 나이에 이성과 단둘이 있는 상황을 피하고 항상 상대방의 감정과 태도를 존중하는 배려심을 지니도록 강조한다.

넷째, 성과 관련된 각종 뉴스와 보도를 중심으로 문제가 될 수 있는 사례를 화제로 꺼내 자주 나눈다.

아들의 진로를 결정했던 과정!

1. 문과냐 이과냐 결정하는 과정

　두 아들이 고등학교 다닐 때 적성에 맞지 않는 계열로 진로를 결정해 걱정했었다. 모든 게 수학 때문이다. 학창 시절 내가 수학을 못 해서 곤욕을 치렀기 때문에 아들들이 어려서부터 수학 공부에는 내 나름대로 각별히 신경을 써서 키웠다. 수학도 타고난 재능이 필요한 분야여서 가르친다고 최고가 되지는 않지만 적어도 대학 입시에서 수학 때문에 낭패를 보게 하고 싶지는 않았다.

　다행히 큰아들은 수학을 좋아하기도 하고 성적도 곧잘 나왔다. 둘째 아들은 초등학교 때 착실하게 경시대회에도 나가고 결과가 좋아서 과도하게 공부를 시켰더니 정작 중학교에 올라가서는 수학 공부를 더 이상 안 하고 싶어 했다.

　적성을 보면 큰아들은 문과 성향이 매우 강했고 둘째 아들은 이과 성향이 강했다. 꼬꼬마 때부터 봐왔기에 어렵지 않게 짐작할 수 있었고 적성검사는 아들 둘 다 탐구형으로 나왔다. 그런데 큰아들은 이과를 택했다. 그리고 고2 때 친구의 사촌 형이 공대를 나와서 변리사가 되어 행복하게 산다고 의대 말고 공대를 가면 안 되겠냐고 해서 네가 하고픈 대로 하라고 했다. 작은아들은 문과, 이과를 정할 때 부모와 상의하지도 않고 문과로 정해 버렸다.

　"왜 그랬냐? 너는 정말 문과는 아니야. 어렸을 때 읽는 책마다 가장자리 다 찢어놓은 거 기억나니?"하고 물었다. 그런데 놀랍게도 형이 이과 가면 공부할 양이 어마어마하고 물리, 지학 등 과학 내용이 많다고 했다고 한다. 당시 둘째는 공부에 별 흥미를 못 느끼던 터라 공부량이 더 적을 듯한 문과로 정했다니 답답했다. 어이가 없었지만 '공부하다가 적성에 맞지 않으면 다시 이과로 바꾸겠다고 하겠지.' 하면서 기다렸다.

큰아들은 대학에서 기계공학을 공부하면서 즐겁지 않아 했으나 취업한 이후에는 자신의 적성에 맞는 듯하다고 만족스럽게 생각하고 있다. 둘째 아들은 문과이지만 수학적 능력이 많이 필요한 파이낸스 경영을 전공하고 있다. 다른 진로를 선택했으면 결과가 더 좋았을지도 모른다. 그러나 아들의 선택을 인정하고 그들이 스스로 길을 찾아가도록 했다.

2. 중학교 때부터는 학군 좋은 데로 꼭 이사해야 할까, 특목고를 꼭 가야 할까

많은 부모가 자녀 교육의 환경을 중시한다. 관심을 두고 자녀에게 맞는 지역을 조사해보고 학교 인근의 환경을 꼼꼼히 살펴본 후에 거처를 정하는 지혜가 필요하다. 외국도 집 크기나 외형상의 화려함에 의해 교육환경이 결정되는 게 아니라 커뮤니티에 의해 교육의 질이 결정된다. 어떤 사람들이 모여 사는 동네인가가 중요하다.

많은 부모가 자녀를 특목고에 보내고 싶어 한다. 특목고에 입학하기 위해서는 중학교 교육과정 외에 별도의 준비가 필요하다. 아들이 그 두 가지를 병행하고 감당해 내면 특목고에 진학하면 좋을 것이다. 그런데 아들의 정서가 그런 경쟁을 받아들일 만큼 준비가 덜 되어 있는데 밀어붙이기식으로 보내는 일은 후에 역효과가 난다.

특목고에 진학하는 학생들은 중학교 입학 때부터 입시 준비를 하는 경우가 많다. 특목고에 진학한 후 원하는 대학에 합격할 확률이 더 높아질 거라는 기대 때문에 부모들은 특목고를 선호한다. 사실 그 학교들은 면학 분위기가 좋다. 어떤 학교든 자녀가 원한다면 입학준비를 하도록 격려해 주는 게 바람직하다.

코칭 **Tip**

아들이 집중하고 즐거워하는 분야를 평소 관찰해보세요. 문과, 이과나 외고, 특성화고 등 진학 문제를 결정할 때 최종 선택은 아들이 하도록 도와주세요. 대학 진학 후 통합적인 학문을 할 수도 있고 기회는 있으니 각 단계마다 아들의 희망을 존중해주는 것이 바람직합니다.

Part 3

아들 심리를 이해하면
길이 보인다

원인 없는
문제는 없다
- 자유와 책임감

십 대 남학생은 열정 덩어리라기보다 열 덩어리다. 뭐가 그리 불만인지 늘 지구의 고민을 다 안고 사는 듯한 표정이다. 밖에서는 안 그런듯한데 집에만 오면 왜 그럴까. 걸핏하면 부모에게 퉁명스럽게 대하고 심하면 벽에다 하는 말인지 부모에게 하는 말인지 모를 욕설 비슷한 소리를 내뱉는다. 학교에서 남학생들과 얘기를 많이 하므로 그들의 심리를 안다고 생각하는데도 정작 집에서 내 아들을 대하면 이론대로 되지 않았다.

도대체 어떻게 해야 할지 몰라 당황스럽고 처음에는 공부가 뒤떨어질까 봐 걱정이었지만 나중에는 제발 공부는 괜찮으니 가정이 원만하게 굴러갔으면 하는 마음뿐이었다.

십 대 남학생을 둔 가정에서 문제의 원인은 부모에게 있을 때도 있고 아들에게 있을 때도 있다. 원인을 알면 해결할 책임이 누구에게 있는지 판단하여 해결에 접근할 수 있다. 항상 부모가 전적인 책임을 지는 것은 아니다. 문제의 원인이 아들에게 있는 경우 부모는 아들이 그 문제를 해결하도록 돕는 역할을 한다. 부모가 그 문제를 해결해 줄 필요는 없다. 때로 원인이 부모에게 있을 수 있다. 그럴 때 부모는 훈육의 필요를 느끼고 개입하며 방법을 고치려고 노력한다.

상황 1

레스토랑이나 기차 안 등 여러 사람이 모인 장소에서 아들이 큰 소리로 떠들거나 화를 내는 등의 행동을 한다.

　　문제의 원인 : 아들이 다른 사람의 식사를 방해하고 조용히 여행하는 승객에게 훼방을 놓았으므로 공중도덕을 지키지 않은 아들에게 있다. 그러나 상황에 대한 책임은 부모에게 있다.

상황 2

아들이 학교에서 오더니 어떤 선생님이 자기만 미워하고 지적한다고 고민한다. 그 선생님은 무조건 자기만 보면 화를 내며 야단치신다는 것이다.

　　문제의 원인 : 아들 혹은 그 선생님께 있을 것이다. 그리고 책임은 아들 자신이 져야 한다. 아들이 사회의 어른들과 관계를 맺고 살아가는데 어떻게 그들과 관계를 맺는지 배워나가야 하기 때문이다. 이 경우 부모가 학교에 가서 개입하기 쉬운데 아들 스스로 문제를 해결해 가도록 한다.

아들이 자전거를 타고 통학하는데 가끔 보도가 아닌 차도에서 타기도 하고 헬멧도 착용 안 할 때가 많다.

문제의 원인 : 아들에게 있지만 해결책임은 부모에게 있다. 아들이 안전하게 사물을 다루고 안전수칙을 지키도록 가르칠 의무가 있다. 더 자라서 오토바이를 타거나 승용차를 운전할 때도 마찬가지다. 아들의 생명과 관련된 문제는 특히 부모가 강조해서 안전습관을 지니도록 돕는다.

아들의 언행을 살펴보고 어떤 메시지를 발견할 수 있는지 살펴보면 문제를 직시할 수 있다.

아버지가 외교관인 한 가정이 있다. 아버지의 임지가 여러 나라로 자주 바뀌니 아들은 인터내셔널 스쿨을 다니고 집에서는 한국으로 돌아갈 때를 대비해서 한국 공부도 해야 했다. 그런데 그게 어디 쉬운가. 아들의 자유스러운 성격이 아버지의 철두철미한 원칙과 대립할 때가 많았다. 어머니는 자유롭게 자녀의 특성대로 자라도록 하는 편이었다. 딸은 책만 구해다 주면 자율적으로 독학으로 공부해서 염려할 필요가 없었다. 아들은 집에 오면 운동만 하고 여간해서 공부에 힘쓰지 않았다.

아버지가 보다 못해서 아들에게 말했다.

"너, 아빠가 너 같은 아들하고 사느라고 얼마나 힘들지 생각해 봤니?"

그러자 아들은 어이없다는 듯이 아빠를 빤히 쳐다보며

"아빠, 아빠 같은 아버지 자식으로 사는 게 얼마나 숨 막히는지 생각해 보셨어요?"

아버지는 아들을 바라보면서 한숨을 쉬었다.

이번엔 등굣길에 차 안에서 이뤄진 중학생과 엄마의 대화이다.

"야(버럭), 내가 세상에 태어나서 이렇게 심한 말 듣고 그런 대접 받아본 적 있는 줄 알아? 감히 누구한테 발악이야. 엄마가 어렸을 때부터 얼마나 존중받고 살았는데. 엉?"

그러자 아들은 차 문을 탁 닫으면서 내빼듯이 가며 소리지른다.

"엄마, 나도 엄마한테나 이런 대접 받지, 아무도 나를 그렇게 취급 안 해요."

가면서 내친김에 한 마디 덧붙이는 아들.

"학교 가서 물어보세요. 내가 얼마나 잘하는지. 쳇."

아들 눈엔 부모가 이상해 보인다.

"엄마, 아빠가 얼마나 이상한 사람인 줄 아세요?, 우리 집처럼 앞뒤가 꽉 막힌 집 있나 보세요. 다른 집은 다 알아서 하도록 자유롭게 해 준다고요."

"제가 뭘 잘못했는데요? 뭘 해 줬다고 생색이세요?"

(아들 반 학부모 모임이나 동창들 모임에 가면 집집마다 아들들은 똑같은 얘기를 하고 있었다. 요즘 부모들은 다 이상한 사람만 있나 싶게 아들의 눈에는 부모가 정상이 아닌 사람으로 보인다.)

위의 대화들을 살펴보면 아들은 인격적인 존중을 원하고 있는데 부모는 아들에 대한 믿음이 부족해 예전에 어릴 때처럼 대하고 있다. 아들이 스스로 하도록 독립을 원하고 있는데 부모는 계속 아들을 주어진 시간표에 맞춰 의도한 대로 끌고 가려고 한데서 갈등이 시작된다.

남학생들은 자유를 주지 않으면 책임 있는 어른으로 키울 수 없다. 자유와 책임을 적절하게 훈육함으로써 멋진 성인 남자로 만들 수 있다. 그들에게 자유를 허락한 점들과 책임지게 하는 일들을 죽 적어 보자.

한번은 자녀 교육 책에서 본 내용을 실천했다가 낭패를 본 일이 있다. '어느 어머니가 아들이 잘못된 행동을 하는 것은 부모가 잘못 키운 탓이니 자신이 매를 맞아야 한다고 아들에게 자신의 종아리를 때리라고 했다. 그랬더니 아들이 무릎 꿇고 잘못했다고 용서를 빌고 마음을 고쳤다.' 라는 얘기였다. 어느 날 중학교 2학년인 둘째 아들이 공부도 안 하고 말을 안 듣고 해서 지푸라기라도 잡는 심정이 되어 책에서 본 대로 했다. 아들에게 종아리를 때리라고 했다. 아들은 거부했다. 참다못해 막대로 내 종아리를 쳤다. 그런데 웬걸, 쫓아와 말릴 줄 알았던 아들이 반성은 커녕 어이없다는 표정으로 나를 쳐다보며 말했다.

"왜 자해를 하세요?" 그리고 정말 이해하기 어렵다는 눈빛으로 쳐다보고는 제 방으로 가버렸다.

지금도 그 생각을 하면 부끄러워진다. 그때 상황은 매우 진지하고 심각했으나 돌이켜보면 얼마나 어리석고 우스운 장면인지 모른다. 한 가지 얻은 점은 절대로 각 가정의 아들 교육법이 같을 수 없다는 사실이다. 아들마다 개성과 특질이 있으므로 절대적으로 옳고 효율적인 방법은 없다. 다만 참고하고 아들에게 맞는 법을 고민할 뿐이다. 참새에게 먹일 모이를 토끼에게 준다고 될 일이 아니기 때문이다.

아들의 언행을 잘 관찰하고 기록해 보자. 일주일 정도면 충분하다. 좀 더 끈기가 있다면 한 달 혹은 몇 달 정도 관심 있게 지켜보고 기록한다. 아들의 입에서 나온 말과 행동을 묘사해본다. 해결의 실마리를 찾을 수 있을 것이다. 아들 입장에서 그 상황과 언행을 생각해보면 좀 더 그들의 속을 알 수 있게 된다.

십 대 남학생이 보이는 흔한 행동을 살펴보면 다음과 같다.

방이 지저분하다.
식사가 규칙적이지 않다.
샤워를 지나치게 오래 한다.
담배, 술 등을 가까이하게 된다.
잘 노는 친구들, 싸움을 즐기는 친구들과 어울려 다닌다.
밖에서 당한 억울한 일을 집에서 푼다.
TV를 보며 먹는다.
함께 쇼핑할 때 옷 타령을 많이 한다.
의자에 앉아 발을 까닥거린다.
부모가 오라고 해도 얼른 오지 않는다.
집안 행사 때 모두 모였는데 방에서 안 나온다.
집 식구들이 외출할 때 주차장에서 30분을 기다려도 안 나온다.
음악을 크게 틀어 놓는다.
식구들이 말하면 짜증부터 낸다.
심부름을 거부한다.
다른 집과 비교하면서 집이 부자유하다고 불만이다.
집을 나가버리겠다고 한다.
몸무게를 걱정하며 유전자를 잘못 타고났다고 원망이다.

집에서 아들이 말하는 내용을 받아 적어보라. 예를 들어 본다.

이딴 공부 왜 하나. 무슨 이런 숙제를 내주느냐고.

내버려 두세요.

학원 안 가요.

문 닫으세요. 노크 좀 하세요.

친척 집에 안 가요.

난 왜 태어났지?

선생님은 나만 미워해.

수학만 없으면 좋겠어.

성적 떨어진 이유는 엄마가 학원 정보를 잘 안 알아봤기 때문이다. 기출 문제 구해 달라.

학부모회에 절대 오지 말아요.

우리 선생님께 상담가지 말아요.

친구들하고 놀다 올 테니까 상관 말아요.

엄만 내 친구들을 왜 싫어하죠?

전에 '이거 하지 말라.'고 했잖아요?

왜 못 알아들어요?

왜 내 전화 엿들어요?

에이 음식 맛이 왜 이래요?

엄마 친구 집 얘기하지 마세요. 비교하는 거잖아요?

일기 쓴다고 생각하고 아들의 하루를 적어보면 어떨까. 하루쯤 아들 입장이 되어서 써보자.

일단 부모의 약점과 단점을 돌아보면 아들의 불만이 어디서 비롯했는지 알 수 있다. 나의 경우는 지나치게 통제 위주로 키웠다는 결론을 얻었다. 그래서 이미 아들이 자유롭게 선택하고 혼자 할 수 있는 일은 걱정하지 않기로 했다. 아들이 보여주는 모습보다 더 심각한 상황을 지레짐작하고 미리 조바심을 내는 경우가 많았다. 그렇게 자유의 폭을 서서히 늘려 아들이 20대가 되어서는 거의 모든 분야에 자유를 허락했다.

음식 맛을 탓하는 일은 엄마의 사랑에 대한 갈망일 수 있다. 따뜻한 관심이 덜했는지 살펴본다. 교과목에 대한 이야기를 할 때는 지금 학습하는 데 어려움이 있을 수 있으므로, 도와줄 방법을 찾는다.

엄마 친구 집 얘기하지 말라는 것은 자신도 잘하고 싶은데 자신감을 잃고 싶지 않다는 말이다. 성적이 떨어졌을 때 아들은 이미 자신의 상황을 방어하려고 대비하고 있다. 부모가 평소 지적을 많이 한 경우이다. 성적이 떨어졌을 때 잔소리를 하면 상황을 더 악화시킨다.

부모는 자신들의 행동을 잘 모른다. 상황을 객관적으로 보고 다시 슬로비디오로 묘사해본다. 아들이 말한 것을 지지해 주거나 격려해 주지 않으면 부모의 말을 무조건 비판하기 쉽다. 별일 아닌데 예민하게 반응하는 아들이라면 부모가 간섭을 많이 한 경우라고 할 수 있다.

아들은
멍때리기를 좋아해
– 창의성 키우기

흔히 요즘 십 대들은 연예인보다 더 바쁘다고들 한다. **빽빽한** 일과에 공부해야 할 과제가 많아 쉴 틈이 없다. 그러나 대학에 들어가 자유롭게 지낼 수 있는 상황이 되면 아무 목적 없이 시간을 허비한다. 그동안 바삐 지낸 것에 대한 보상이라도 하듯이 지낸다.

어느 대기업을 운영하는 사업가는 자식들이 멍하니 방에서 천정의 무늬를 바라보는 여유를 가지고 살았으면 좋겠다고 했다. 서양의 어느 학자는 자녀 교육 원칙 중 하나가 '하늘 위에 떠가는 구름을 보고 멍하니 생각하는 시간을 가지게 하는 것'이라고 한다. 이들 예는 한가한 시간의 중요성을 누구보다 잘 이해하고 있는 경우다.

그런데 아들이 중학교에 입학하는 열세 살 경부터 멍때리고 있는 시간이 많아졌다고 걱정 아닌 걱정을 하는 부모를 많이 보았다. 수업 시간에도 여학생들보다 남학생들이 멍하니 창밖을 바라보거나 필기하지 않고 가만히 있는 때가 더 많다. 초등학교 때는 약속 시간에 맞게 재빨리 준비해 나가고 수업 시간에 늦는다거나 지각한 적이 없는 친구들이 느려지고 굼뜬 모습을 보인다.

 멍때리기의 뜻은 '아무 생각 없이 넋을 놓고 있는 상태'이다. 예전에는 그런 사람을 두고 '무량태수'라고 불렀다. '참 대책 없이 마음이 크고 편한 사람'이라는 의미이다. 멍때리는 모습은 언제부턴가 바람직하지 못한 것으로 받아들여졌다. 무언가 바쁘게 움직이며 행동으로 보여야 공부하거나 일하는 것으로 보는 풍조가 있다. 사회에서도 성과를 최대한 빨리 내는 사람이 유능한 사람으로 인정되는 경향이 있다. 다이어리에 많은 일들이 빼곡하게 일목요연하게 정리되어 있는 게 알찬 하루를 보내는 걸로 여기곤 한다.

 최근 남자의 뇌와 여자의 뇌가 다르다는 점은 상당히 구체적으로 밝혀졌는데 남학생들의 두뇌는 휴식 상태에 들어가는 횟수가 여학생보다 많다. 남학생은 이런 휴식 상태에서 다른 일을 동시에 하지 못한다고 한다. 반면 여학생들은 쉬는 중에도 다른 일에 대한 신경을 쓰고 뇌가 활동한다고 한다. 남학생들이 학교에서 멍때리고 있는 듯 보이는 이유를 알 수 있다. 그들은 특히 호기심을 가질 수 있는 자극과 목표가 없을 때 가만히 있다.

 이렇게 쉬고 있는 모습을 지켜보면 그들이 아무것도 하지 않는 무위無爲의 상태에 있는 것처럼 보이나 실은 그런 시간이 매우 중요하다는 연구가 있다. 몰입에 의해서 창의성이 발휘되기도 하지만 뇌가 진정으로 휴식한 뒤에 아이디어가 생성된다고 한다. 오히려 적절한 멍때리기는 정보를 정리하고 긴장을 풀어주어 다음 단계의 사고에 도움을 준다는 말이다. 특히 30분 단위로 일과표를 세워 놓고 관리하는 엄마를 둔 남학생이라면 멍때리기는 반드시 주어져야 할 중요한 시간이다.

신경생리학자이자 미국 워싱턴의대 교수인 마커스 라이클Marcus Raichle은 1998년 자기공명영상MRI을 연구하다가 놀라운 사실을 발견했다. 테스트를 하기 시작하며 대상자의 뇌를 촬영했는데 오히려 활동이 줄어들었다. 그리고 아무런 인지 활동을 하지 않을 때 오히려 활성화되는 뇌의 특정 부위가 있다는 사실을 밝혀냈다.

이 뇌 부위를 '디폴트 모드 네트워크(DMN : Default Mode Network)'라 했다. '공회전 네트워크'로 불리는 DMN은 뇌가 휴식을 취할 때, 비로소 활동하는 특징이 있다. 이것이 평소 몰입하고 있을 때는 끊겨 있던 뇌의 각 부위를 연결해준다. 신경세포인 뉴런을 다듬고 관리하는 일, 혹은 뉴런의 네트워크를 새롭게 정비하고 기억을 분리하는 일, 그리고 정보를 자신의 것으로 만들어 내는 일 등 오히려 끊임없이 활동하며 정보를 재정비한다.

창의성과 발견이란 오히려 뇌 활동을 멈추고 휴식한 상태에서 생겨났다. 예전 어른들은 어려운 과제를 끌고 끙끙대거나 쉼 없이 공부에만 집중하는 아들에게 "잠 좀 자고 나서 해라. 좀 쉬어라."라고 말씀하셨다. 혹은 "놀면서 크는 거야." 하면서 아들을 너무 바쁘게 몰아가는 현대의 부모들에게 한 마디 훈수를 두기도 한다. 선인들의 지혜가 과학적으로 증명된 셈이다.

반면, 교육열이 높은 오늘의 부모들은 아들이 과제집착력이 부족하다고 끈기 있게 문제 해결을 위해 잠을 줄이고 노력하기를 독려한다. 입시 학원에서도 근성이 있는 학생을 선호한다. 단기적인 성과를 내줄 학생이 필요하기 때문이다.

특이하게도 스위스의 두뇌 정신연구소의 피에르 마지스트레티는 주의가 산만하거나 자폐증, 알츠하이머병을 앓는 환자들은 DMN의 활동이 활발하지 않다는 사실을 밝혀냈다. 그리고 10~12살 사이의 아동은 DMN이 활발하지 않다고 한다. 이 시기는 성인만큼 자아의식이 발달해 있지 않기 때문이다.

이런 연구들을 보면 중학교에 입학하면서부터 집중력이 떨어져 보이고 멍때리는 시간이 많아 보이는 남학생들의 모습을 오히려 긍정적으로 볼 수 있다. 집에서 아들이 멍때리고 있을 때 자기 정체성과 자존감을 키우느라고 DMN이 활동하고 있을 터이기 때문이다. 그러므로 숨 쉴 틈 없이 공부를 강조하는 양육 태도는 매우 비효율적이다.

뇌 활동의 60~80%를 차지하는 DMN 영역이 창의성의 근원이기도 한 예가 많다. 한때 몰입교육이 유행일 때가 있었다. 집중력과 목표지향적인 성향이 칭송받았고 학교에서나 가정에서 독하게 공부해야 결과가 좋다는 얘기들을 많이 했다. 이제는 제대로 된 휴식이 창의력을 키운다는 데 공감하고 있다. 베토벤은 전원교향악의 악상을 매일 산책하면서 구상했고 플레밍은 손대지 않고 게으르게 늘어놓았던 병 속에 핀 곰팡이에서 페니실린을 발명했다.

레미제라블을 쓴 작가 빅토르 위고는 어느 날 신문을 보다가 빵 한 조각 때문에 옥살이하던 죄수가 탈옥했다는 기사를 보고 영감이 떠올라 그

방대한 소설을 썼다고 한다. 쉬다 보면 '아하!' 하고 무릎을 칠 때가 있는 데 그런 순간이 아이디어가 반짝이는 우연한 순간이다.

이렇듯이 아무것도 안 하는 멍때리기가 매우 중요한 창의성의 원천이 라고 해서 아들에게 계속 멍때리라고 하면 될까? 멍때리기는 언제나 좋 은 아이디어를 생산하는 순기능을 할까? 그것은 아니다.

항상 뭔가를 준비하고 호기심에 차서 골똘히 생각하던 일들과 관련된 아이디어가 DMN 영역에서 생산되는 것이다. 아무 생각 없이 살다가 갑 자기 벼락 치듯이 훌륭한 아이디어가 샘솟는 것은 아니라는 뜻이다. 십 대 시절에 아들이 맞닥뜨리는 많은 과제가 있는데 그 과제를 열심히 이 행하면서 여유 있게 쉴 줄도 알아야 한다는 이야기다.

남학생들은 집중이 안 되고 멍한 상태로 보내는 시간이 많다. 일단 호 기심을 느끼기 어려운 과제를 대하면 그런 상태가 된다. 선행학습을 한 남학생이 수업 시간에 필기를 안 하거나 선생님 말씀을 경청하지 않는 이유이다. 남학생들의 에너지를 자극할 만한 목표를 제시해 주고 할 일 을 계획하도록 돕는 멘토가 필요하다. 어떤 점에선 남학생이 여학생보다 도움이 더 많이 필요하다. 기진맥진할 정도로 많은 학습을 반복적으로 시키거나 미래를 위해 지금의 고통을 참고 이겨내라고 하는 말은 아들들 의 창의적인 싹을 죽이는 농약이 될 수도 있다.

남학생 중에는 오로지 성적에만 민감하게 반응하고 경쟁의식에 불타 일등에 집착하는 경우가 있다. 그들 중 어떤 친구는 학교 축제나 운동회 때에는 흥미 없이 따분하게 있는 모습을 발견하곤 한다. 다방면으로 적극적인 친구도 있지만, 모험을 안 하고, 멍때리며 한가하게 모색하는 시간을 낭비라 여기며 노심초사하는 사람으로 성장한다면 그리 행복하지 않을 듯하다.

레오나르도 다빈치는 "가끔은 일을 떠나 휴식을 취하라. 쉬지 않고 계속 일에 매달려 있으면 판단력이 흐려질 것이다. 좀 멀리 떠나라. 그러면 더 넓은 시각에서 일을 볼 수 있고 조화가 맞지 않는 부분이 더 쉽게 눈에 띌 것이다."라고 했다.

이제 성인이 되는 여러 단계를 밟아가느라 애쓰는 아들을 위해 함께 여행을 떠나보자. 좀 널따란 잔디밭에 누워 쉬고 개울가의 돌들을 만지작거리며 멍때리게 해 보자. 엄마, 아빠 세대가 처마 밑에서 떨어지는 낙숫물 소리를 들으며 마루에서 쉬었던 것처럼, 서해안에서 석양에 바다로 떨어지는 붉은 태양을 보며 많은 위안을 얻고 새롭게 시작할 힘을 비축했던 것처럼.

참을 수 있는 한계점보다
3분 더 참으라
- 부모의 인내심

창밖에 잣나무 한 그루가 서 있다. 비가 흠뻑 오고 햇볕이 강렬하게 내리쬐니 그 사이 나뭇가지들이 단단해졌다. 까치 한 마리가 잠자코 가지에 내려와 앉았다. 낭창낭창한 가지가 휘청거린다. 새는 잠시 앉았다 훌쩍 뒤를 안 돌아보고 길 건너 숲으로 날아간다. 새는 앉을 자리를 보고 앉는다. 무성한 잎으로 덮여 길이 안 보일 정도로 풍성한 그늘과 든든한 가지라서 새가 찾아든 것이다. 앞집 옥상이나 전선 위에서 잠시 점만 찍고 가던 새가 아니다. 나무의 그늘에 의지하고 한참 쉬다 간다.

부모와 아들의 관계도 그런 게 아닐까 싶다. 아들이 부모와 어른들에게 갈등을 표현하고 마음이 평화롭지 않은 상태를 요모조모 나타내는 이유는 부모를 믿기 때문이 아닐까.

스스로 알아서 온전하게 철이 드는 아들은 드물다. 아들 교육에 있어서도 일을 처리할 때처럼 준비와 전략이 필요하다. 전략이 있고 준비가 되어야 일이 순조로워진다. 물론 이 과정은 부모의 인내가 뒷받침되어야 하고 오랫동안 꾸준히 실천해야 하는 점이 가장 중요하다.

122

경태는 무거운 몸을 일으켜 시간을 보았다. 토요일 오전 8시, 학원 수업은 오후에 있고 모처럼 오늘은 최근 몇 주 동안 아버지가 참여하는 프로그램으로 외국 대사관에서 하는 그 나라 민속 음악 연주회를 보러 가기로 했다. 11시 출발이니 시간이 아직 여유롭다. 다시 이불 속으로 들어간다. 물론 아침 먹기도 귀찮다. 스마트폰을 만지작거린다. 단순 게임을 하면 시간은 잘 간다.

8시 30분, 엄마가 아침을 먹으라고 부른다.

"……." / "안 먹어."

"왜 안 먹어?" / "배 안 고파요."

엄마는 그때부터 속이 상한다. 지난주처럼 게으름피우다 약속 시간에 못 나설까 봐서 조바심이 난다. 시계를 보면서 계속 아들 방에 신경을 곤두세운다. 아버지는

"오늘은 10시 30분만 되면 그냥 출발할 거야. 나까지 약속을 안 지킬 수는 없어."라고 못 박는다. 경태는 어제 친구들한테 외국대사관에서 민속 음악을 연주하는 데 갈 거라고 말해 놓았다. 친구들은 은근히 부러워했다. 10시가 넘자 엄마는 초조해진다.

"야, 얼른 준비해. 밥은 먹을 시간 없으니까. 씻기라도 해야 출발하지. 아빠 기다려."

"응, 조금만 더 하고."

경태는 여전히 스마트폰의 게임을 하고 있다. 꼭 해야 하는 게임도 아닌데 미적댄다. 드디어 10시 20분. 급기야 엄마는 화가 나서 아들 방으로 가 이불을 들치고 아들을 향해 속사포처럼 야단을 친다. 아버지는 그 모습을 보고

"그러게 내가 뭐랬어? 쟤 안 갈 거라고 했잖아. 괜히 간다고 해서 야단을 하고 있어. 지난주에도 늦어서 그분들한테 나까지 실없는 사람

됐잖아? 아유, 참."

"어젯밤에 꼭 간다고 했어요. 좀만 기다려요. 10시 40분에 출발하면 되잖아."

"아유 쟤 안 된대두? 암튼 빨리 준비해. 차 막히면 제시간에 도착 못해."

아버지 목소리가 톤이 올라간다. 집 분위기가 순식간에 긴장되어 옆에 있는 강아지조차 불안해진다.

"어서 나와. 너 때문에 항상 집 분위기가 이게 뭐냐. 쉬는 날마다."

"아 씨, 가면 될 거 아녀요? 왜 소리를 질러요?"

겨우 옷을 입고 나온 경태. 그러나 화가 난 아버지는 이미 출발한 뒤였다. 시간은 이미 10시 45분이다.

매사에 이런 일이 빈번하다. 부모는 아들이 좀 더 협조적이었으면 좋겠다. 적극적으로 부모 의견에 관심을 기울이면 좋은 경험이나 기회를 얼마든지 마련해 줄 텐데 말이다. 아들은 말로 표현도 안 하고 심드렁하니 들을 때가 많다. 최근 일본 애니에 빠져 캐릭터에 빙의 된 듯 딴 세상에 사는 듯하다. 그러니 온 가족이 모처럼 쉬어야 할 주말이나 일요일 가족이 함께 지내는 시간이 스트레스다. 아들이 조금만 부모 뜻에 맞춰주면 좋으련만.

경태의 경우 부모의 말을 이유 없이 안 듣고 자기 일로 책임감을 느끼고 있지 않다.

"정말 가고 싶냐?"고 물어보고 선택할 기회를 주었어야 했다. 경태는 안 가고 싶은 마음이 절반이었을 것이다. 결정을 못 하고 있는 상태로 시간만 보내고 있다. 결정하고 판단을 내려야 한다. 결국, 부모 탓에 못 갔다고 생떼를 부릴 수도 있다. 엄마가 소리 질러 기분 나빠서 가기 싫어졌다고 할 수도 있다. 빌미를 주지 말아야 한다. 부모에게도 주말은 소중한 휴식의 시간이다. 아들의 스케줄과 페이스에 말려들지 않도록 늘 전략을 짜고 여유 있게 대비하고 있어 보자.

참을 수 있는 한계점이 10시 20분이었다. 거기서 3분 더 참다가 10시 23분에 조용하고 단호한 목소리로 이야기하려고 대비한다. 그런 동안 아마 10시 22분에 경태가 내려왔을 지도 모른다. 그런데 이미 10시 20분에 엄마가 악을 쓰며 경태를 비난했기에 기분을 망쳤다. 끌려가는 것처럼 가기는 싫다. 이런 상황은 경태에게 부정적인 학습을 하게 한다. '어쨌든 부모는 나에게 맞추는 존재이고 나는 최대한 나 하고픈 대로 해야겠다. 안 그래도 놀 시간이 부족하니 기회 있을 때마다 게임이든 애니든 하며 쉬어야겠다.'라고 생각하게 된다.

부모도 화를 내며 말하는 습관이 생기면 곤란하다. 건강에도 물론 안 좋지만, 자칫 가족이 협력하는 시스템이 무너지게 된다. 그래도 경태 아버지가 냉정하게 판단하고 결단을 내린 점이 좋다. 만약에 아버지까지 같이 합세해서 경태를 야단치면 경태에게 상처가 되고 반발심을 일으켰을 것이다. 그래서 참을 수 있을 때까지 참다가 3분만 더 참기를 권해 본다. 아들도 자기 나름대로 결정하지 못해서 재는 중이니까. 그리고 대부분은 아들이 미적대더라도 할 일을 하고 나면 기분이 가벼워지고 다음 과제를 수행할 동기를 훨씬 잘 찾고, 의욕이 생긴다. 그러므로 될수록 좋은 계획은 실행해가도록 사려 깊게 도와주자. 그 방법을 제안해 본다.

첫째, 아들에게 상황을 인식시킨다.

둘째, 할 건지 말 건지, 선택하게 하고, 그 행동에 대한 보상을 일러준다.

셋째, 아들이 행동에 옮길 때까지 최대한 기다리고, 그보다 3분 더 기다
린다.

나의 두 아들을 키우면서도 그런 일들이 잦았다. 대부분 내가 못 참고 화를 내고 비난하고 해서 아들이 공부하러 가거나 외부 행사에 참여하는 일을 결국 못하게 되었다. 그리고 엄마의 이미지만 나빠졌다. '소리치는 엄마, 다그치는 엄마, 조곤조곤 따지는 엄마, 여유 없는 엄마'의 이미지로 굳어갔다. 그러다 너무 힘들어서 포기하기도 하고 기다릴 때 아예 기대치를 없앴다. '3분만 더 참자. 더 참아야 하느니라.'하고 되뇌었다. 그러니까 조금씩 참을 수 있었다. 그 후 점점 상황이 완화되었다. '인내는 쓰나 열매는 달다.'라는 말이 괜히 있는 게 아니었다.

중학교에서 한 학급에 30여 명 되는 학생들과 수업을 할 때도 인내심을 가지고 지켜봐야 할 친구들이 있다. 대부분 남녀 공학이므로 남학생은 15명 내외이다.

"○○야, 책을 왜 안 펴니? 노트는?"

"책 없어요."

쳐다보지도 않고 주머니에 손을 넣은 채로 툭 던지듯 대답한다.

"사물함에 책 두고 다니잖니? 가서 가져와."

"잃어버렸는데요."

"그럼 수업 시작 전에 빌려 오기라도 했어야지."

"친구 없어요. 책 없어도 돼요."

이쯤 되면 판단을 해야 한다. '따끔하게 지적을 한다? 경고한다? 그래도 말 안 들으면 앞에 나와 서 있으라고 한다?' 그런데 이미 몇몇 학생들이 짜증이 난 표정으로 집중을 방해하는 ○○의 얼굴을 쳐다본다. 우등생은 시계를 쳐다보고 선생님을 한번 흘깃 쳐다본다. 수업 시간에 너무 많이 실랑이한다고 표시하는 듯하다. 시험 2주 전이라 진도 내기 바쁘고 집중적으로 가르칠 내용이 많다.

이렇듯 한 시간 두 시간 수업을 하다 보면 ○○와 실랑이하는 시간이 힘들고 교사는 지쳐간다. 어떨 때 남학생이 자고 있으면 깨우는 일도 자상하게 기분 안 나쁘게 해야 한다. 이런 남학생은 아이들이 집중하는 영상물을 가지고 수업해도 안 본다. 이미 생각이 저 안드로메다로 가 있는 것이다. "선생님이 포기하세요."하고 말하는 듯하다. 그러나 포기한 낌새를 채는 순간 다음 수업 시간부터는 아예 엎드려 잠을 잘 것이다. 그리고 치외법권을 누리는 자처럼 자기 마음대로 수업 시간에 참여 안 하고 지낼 것이다.

이런 경우는 참 머리가 복잡해진다. 그 남학생을 별도의 수업으로 지도할 수 없는 상황인데 다른 학생들은 '그렇게 선생님이 포기하는 학생도 있구나.' 하고 따라 하는 친구들이 생겨난다. '따끔하게 지도하는 편이 낫겠지?' 하고 불러서 설득해도 어렵다. '아니, 어차피 안 들을 건데 공부하는 애들이라도 잘 설득해서 끌고 갈까?'

그러나 실은 그런 남학생조차도 선생님이 자기를 포기하지 않고 끝까지 노력하는지를 보고 있다. 잠을 자고는 있지만 다 파악하고 듣고 있다. 예를 들면, 만약 선생님이

"너 지금 상태가 공부에 영 마음이 없나 보다. 이거 내 아들이 미치게 좋아하던 만화인데 한번 볼래? 너만 허락해줄게. 국어 시간에 봐도 돼. 그런데 나중에 시험 범위는 꼭 프린트로 공부해야 해."

"……."

"알아들었어?"

"이딴 거 필요 없어요."

"그래? 나도 그딴 거 이제 필요 없으니까. 버리든가 말든가 너 알아서 해. 그래도 난 너한테 선물한 거다."

"……."

"그리고 뭐 도움 될 일 있으면 나한테 와. 혹 생각나면."

"일 없어요."

이렇듯이 그 학생을 포기 안 하고 관심을 표시하면 시간이 지나서 얼었던 태도에 균열이 생기면서 달라지는 경우가 많다. 관심과 사랑을 많이 받고 자란 친구들보다 이런 친구들이 더 변화의 가능성이 크다. 그리고 여학생보다 남학생들이 변화의 폭이 크다. 완전히 반전을 선사하는 기적들이 종종 생긴다.

아들을 키울 때 인내심을 기를 수밖에 없다. 어쩌면 부모가 참아준 만큼 아들이 자라는지도 모른다.

툭하면
화부터 내는 아들

- 분노 조절

L 군은 어렸을 때부터 수석을 놓치지 않고 학원의 스케줄이 빡빡해도 소화했으며 새벽 2시가 넘도록 과제는 꼭 해가는 학생이었다. 부모의 교육열은 학교 수준을 넘어 전국 단위로 아들의 실력을 확인하는 정도였다. 그런데 그 학생이 한번은 교실 쓰레기통을 발로 차서 박살을 내 버렸다. 화가 나서라는 것이다. 학생이 반성하는 점을 기록했다가 학부모님께 연락했다.

"한번 오셔야겠어요. 아이가 분노 조절이 잘 안 되는 것 같아요. 걸핏하면 장난이라고 지나가는 친구를 치고 그래요. 아드님 주먹이 세서 장난이라도 맞은 친구는 괴롭다고들 해요."

"꼭 가야 하나요?"

"네. 오셔서 말씀 나누시는 게 좋을 것 같습니다."

"남에게 피해를 준 것도 아니잖아요?"

"교실 비품을 망가뜨렸어요. 쓰레기통은 자기 물건이 아니죠."

"그거 사드리면 되잖아요."

결국, 그 학부모는 학교에 상담하러 오시지 않았다. 졸업 후 세월이 흐른 뒤 제자들이 하는 말에 의하면 의대로 진학해 수련과정을 밟고 있다고 한다. 순간 나는 맡은 청소구역을 청소하지 않고 화를 내며 쓰레기통을 차던 그 모습이 떠올랐다. 지금 환자를 치료하는 의사로서 온정을 베풀고 있을까. 잘 성숙했기를 바랐다.

심리학자의 말에 의하면 감성 지능은 섬세하게 느끼는 것만이 아니라 자기만족을 늦추는 힘과 소통하는 능력을 뜻한다. 남학생들은 본래 자기가 해야 할 일을 먼저 하기 싫어하는 경향이 있다. 일을 먼저 하고 즐기는 건 나중에 하는 습관이 배도록 훈육하는 일이 학습능력을 키우고 선행학습을 하는 일보다 훨씬 더 중요하고 효과도 평생 간다. 마음을 차분하게 분노와 감정을 조절할 수 있어야 학습을 스스로 해 나갈 수 있기 때문이다.

먼저 부모가 분노를 잘 조절하는 법을 보여야 한다. 사실 아들이 어렸을 때부터 그런 훈련이 되어 있어야 했다. 대개 남학생이 분노 조절을 잘 못 하는 경우는 부모 탓일 경우가 많다. 조상들은 부모의 자질을 갖추기 위해 생활 속에서 몸소 실천했다. 실학자 성호 이익은 이런 말을 했다. "부모 노릇의 요체는 무조건 호의호식하게 하는 것이 아니라 사랑으로 조심스레 품어주는 데 있다." 늘 조심스럽게 행동하라는 뜻이다.

퇴계 이황은 자식들의 언행에서 잘못이 눈에 띄면 야단치는 법 없이 거듭해서 잘 조용히 타이르고 훈계했다. 잘못을 스스로 깨닫게 하려 했고 집안에선 큰소리 나는 법이 없었고 안팎이 화목했다고 한다. 자식들에게 꼭 하고 싶은 말이 있으면 잔소리 대신 편지를 썼다고 한다. 아들과 직접 대면하여 말로 하면 부모의 감정이 앞서 절제를 잃을 수도 있다. 편지가 훨씬 호소력이 있었을 듯하다. 생각해보면 이황 같은 대학자의 자제이면 말 안 해도 잘 했을 것 같은데 이처럼 아버지로서 늘 아들에게 관심을 두고 신경 썼다고 한다.

아들을 키우면서 부모가 직접 공부를 가르치다 보면 아들이 금방 이해를 못 하거나 문제 푸는 데 자꾸 실수해서 야단치는 경우가 생긴다. 아들을 잘 가르치려는 부모 마음이 지나쳐 화를 낼 때가 있다. 중이 제 머리 못 깎는다고 제 자식 가르치기는 더 힘들다. 나도 아들이 어렸을 때 가르치다가 답답한 나머지 아들 책상을 막대로 내리쳐서 책상 유리가 깨진 적이 있다. 급히 유리가게에 연락해서 교체했다. 아저씨가 책상에 새 유리를 깔아주시는 동안 좀 겸연쩍어서

"제가 맘을 잘 다스렸어야 했는데 부끄럽네요."

그러자 아저씨는

"아유, 자식 가르치시다 그러셨는데요. 뭘. 언제든지 연락만 주십시오. 금방 오겠습니다. 우리 같은 사람도 그래야 먹고 살죠. 말도 마세요. 이 동네에 유리 교체하는 집 많아요."

하시는 것이다. 유머 있게 말씀하셨지만 따라 웃을 수만도 없는 얘기였다. 그런 경우 학습 효과는 전혀 없고 아들과 사이만 나빠졌다. 어떤 이유에서든 부모가 화를 내는 이유를 아들은 잘 받아들이지 않는다. 마음으로 받아들일 준비가 안 되어 있기 때문이다. 부모에 대한 믿음이 없는 상태에서는 어떤 말도 행동도 소용없게 된다.

중학교 1학년 남학생들을 맡다 보면 아이들의 체구는 과거에 비해 무척 커졌고 어른 같지만 하는 행동은 어린아이처럼 마구 화를 내고 생고집을 피우는 경우가 많다. 때로는 자기 뜻대로 안 될 경우 지도하는 선생

님의 팔을 물어뜯기도 한다. 의자를 집어 던지고 반 친구들 앞에서 담임 선생님을 향해 욕설을 날려 아수라장을 만들기도 한다. 과거에는 환경이 안 좋고 마음에 울화가 있는 남학생들이 화를 내고 문제를 일으켰는데 최근 들어 전혀 예상하지 않았던 남학생이 제 분노를 못 이기는 경우가 많아졌다.

학교에서 여러 위원회를 통해 학생들을 지도하지만 교칙에 의한 지도는 형식적이고 일시적인 효과만 거둘 때가 많다. 처벌보다 학생을 이해하고 용서했을 때 변화를 가져온 예를 들어 본다.

B 군은 평소 학급 일도 잘 돕고 친구들과 잘 어울려 다니면서 씩씩하게 생활하는 학생이었다. 같은 학교 다니다 졸업한 그의 형은 모범생으로 이미 소문나 있어서 선생님들도 B 군에 대한 기대가 컸다. 그런데 B 군은 자기 뜻에 안 맞으면 소리지르고 물건을 내던지는 습성이 있었다. 담임 선생님이 상담할 때도 자신에게 불리하거나 마음에 안 드는 점이 있으면 의자를 던지고 선생님께 폭언을 했다. 담임 선생님이 분노 조절에 문제가 있는 B의 성격을 알고 부모와 의논했지만, 부모님은 문제를 인식하지 못했다.

어느 날 종례 시간에 B는 자기 마음에 들지 않는다고 큰 소리로 소란을 피우다 말리는 담임 선생님께 욕설을 서슴지 않았다. 반 전체 앞에서 욕설을 들은 선생님의 상처는 이만저만이 아니었다. 교권침해로 선도위원회가 열렸다. 그 자리에서 학생의 행동을 바로잡는 길은 '환경을 바꿔 보자, 전학을 보내자'라고 결론이 났다. B 군의 부모도 평소 담임 선생님이 얼마나 애썼는지 알고 계셨기에 결정에 따르기로 했다. 그런데 다음 날 아침, B 군 담임 선생님이 B 군을 전학 보내지 않고 자기가 계속 지도해보겠다는 것이다.

이유를 물어보니 아무리 생각해도 자신이 돌보지 못한 B 군을 다른 학교에서 제대로 지도할 수 있겠느냐고 말했다. B 군을 용서하고 욕설은 안 들은 걸로 하겠다는 선생님의 마음에 먹먹해졌다. 얼마나 상처가 컸는지 곁에서 지켜보았기에 선생님의 결정이 남다른 결단으로 보였다.

그 후 B 군은 더 큰 문제 없이 무사히 한 학년을 마치고 상급학년으로 진급했다. 1학년 때 담임 선생님이 2학년 때는 B 군의 교과 시간에만 들어가는데 수업 시간에 공손하게 차분히 공부한다고 했다. 가끔 복도에서 마주치면 B 군은 선도위원회에 같이 들어가 있었던 내게도 깍듯이 인사했다. 마치 담임 선생님뿐만 아니라 위원회 위원인 나도 그를 용서해준 것처럼 여기는 듯했다. 복도에서 웃기도 하고 친구들과 밝게 돌아다니는 B 군은 어른을 신뢰할 수 있다는 한 가닥 희망을 발견했는지도 모른다.

학교에서는 여러 교과 선생님들이 있기에 남학생들을 판단하는 관점을 다양하게 들을 수 있다. 난폭한 남학생도 교과 시간에 글쓰기나 책 읽기를 잘 수행하고 어떤 면은 우수한 점이 있다. 위원회에서는 여러 선생님이 다각도로 학생을 바라보는 점들을 고려한다. 한 학생이 학생부 선생님이 부당하게 지도한다고 선생님의 팔을 물어뜯고 반항했다. 그 학생은 교과 시간에 노트 필기를 잘하고 글쓰기에서 감정을 섬세하게 표현해 칭찬받은 적이 있었다. 그런 얘기는 일부러 공개적인 석상에서 해 준다. 여러 사람이 알도록 해서 결정을 내리는데 한 번 더 참고할 수 있도록 한다. 그 학생의 부모님이 일단 대안학교로 데려가겠다고 해서 보냈다. 정서적인 안정과 치유가 먼저라고 부모님이 판단하셨기 때문이다. 그리고 몇 개월 후 다시 학교로 오겠다고 해서 다음 학년으로 진급했다. 상급학년이 된 후 교내에서 마주치면 눈을 맞추고 인사한다. 말은 서로 하지 않았지만, 그동안 많이 성숙해졌음을 금방 눈치챌 수 있었다. 사랑을 많이 받지 못한 친구들은 선생님에게 가까이 다가와 이야기하지 못한다. 그럴 때 선생님이 그 마음을 먼저 알고 다가가는 게 중요하다. 한 사람의 힘으로는 남학생들의 분노 조절 능력이라든가 감정 조절 능력을 키워주기 어렵다. 교사, 학부모가 협력하며 도와주는 방식으로 남학생들을 인도하는 게 좋다.

남학생은 욕구를 조절할 수 있도록 하는 교육이 필요하다. 가장 좋은 방법이 예술 활동, 문화 활동처럼 정서적인 안정과 아름다움에 눈뜨게 하는 기회를 많이 주는 것이다. 남학생일수록 특히 더 음악, 미술, 문학 등에 집중적으로 접하도록 해야 한다. 스포츠 활동은 대부분 남학생들이 원래 좋아하므로 감성적인 부분의 활동을 의도적으로 권유하는 게 좋다.

신경정신과 의사의 말에 의하면 중3 정도면 자기가 화난 내용을 단호한 목소리 정도로 표현할 수 있어야 한다고 한다. 분노 조절을 그 정도로 할 수 있어야 한다니 아마 대다수의 아들 부모들은 놀랄 것이다. 제대로 분노를 표현하지도 못하면서 자기 자신에게 해가 될 일을 하게 된다면 아들의 장래는 위태롭다.

남학생들은 보통 감정을 말보다 행동으로 풀어나가려 한다. 남학생이 마음을 차분하게 해서 우발적으로라도 폭력을 행사하지 않도록 한다. 차근차근 말로 표현하도록 여유 있게 기다리며 들어주는 사람이 필요하다.

지금 대부분 선호하는 아파트형 주택 구조는 부모가 자식 앞에서 모든 것을 적나라하게 드러낼 수밖에 없다. 사랑채, 안채, 부엌, 뒤란, 헛간 등 구별된 공간으로 구성된 전통 가옥이 아니기에 부모의 행동은 전화하는 모습까지 아들에게 그대로 전수된다. 참 부모 노릇하기 어려운 가옥형태이다. 아들 앞에서 행동으로 보여주는 부모의 뒷모습이 분노 조절과 감정 조절의 모델이 될 것이다.

최근에 리더십 전문가들은 욕구 조절 능력을 키우는 셀프리더십을 강조한다. 자기 자신의 모습을 인식하고 자기를 관리하는 능력이 리더십의 50% 이상이라고 한다. 남학생이 그때그때 감정을 표현하게끔 도와주는 일이 중요하다. 남학생일수록 감정을 다양하게 표현할 수 있게 기분을 차분히 말해 보도록 한다. 남학생들은 대부분 "괜찮아요." "별일 없어요." 하고 넘어가지만, 내면에 큰 두려움과 분노가 자리하고 있을지도 모른다. 아들 교육에서 너무 늦은 때라는 건 없다. 아들은 마음먹으면 변화도 빠르다.

아들의 학습 능력을 염려하기 이전에 마음을 차분하게 하도록 돕는 일이 먼저다.

분노 조절, 욕구 조절 능력을 키우는 활동을 제시해 본다.
첫째, 자주 서로 칭찬해 주는 또래 집단과 어울리는 활동을 한다.
둘째, 래프팅, 산악 등반, 태권도 등 두려움을 없애고 담력을 키우는 활동을 한다.

셋째, 게임이나 스포츠 등 경쟁을 통해 페어플레이를 배울 수 있게 한다.

넷째, 아들이 분노하고 있는 상황에서는 대응하지 않고 차분해질 때까지 기다린다.

다섯째, 아들의 말을 경청한다. 일하다가도 아들이 말하면 일단 듣고 공감해 준다.

무조건 O.K
기간을 두고
일단 지지해 보라

– 자신감

아들을 키우는 데 가장 큰 고민은 어느 정도까지 허용하고 어디까지 한계를 둘 것인지에 대한 기준이다. 일단 부모가 명확한 가이드라인과 데드라인을 제시해 두어야 아들도 혼란스럽지 않다. 어떨 때는 부모가 'O.K', 'NO', '파울Foul', '패스' 등을 외치는 심판관 같다. 사실 아들 본인이 가장 힘들다.

그런데 부모와 선생님, 사회에서는 자꾸 문제점을 지적하고 옳은 길로 가야 한다고 강요한다. 곁에서 긍정해주고 지지해주는 사람이 없는 듯하다. 누구한테 이 답답함을 의논하지? 바로 그때 가정에서 의논 상대를 발견한다면 그 아들은 성공의 첫 열쇠를 쥐는 것이다. 아들이 타고난 모습 그대로 인정해주면 자녀 교육 성공의 첫걸음을 떼는 것이다.

나의 두 아들을 공부가 과열된 대치동 지역에서 키우다 보니 아무리 잘해도 학교에서 칭찬받기 어려웠다. 학교에 가면 너무나 뛰어난 학생(특히 여학생)들이 많았기에 자신감을 갖기 어려워 스트레스가 많아 집에서 그 부담을 안게 되었다.

힘들어하는 아들을 보고 더 힘들어진 마음에 '어디로 가서 답답함을 풀까' 궁리하다 신경정신과에 가서 상담을 받아보았다. 당시에는 상담전문가나 심리치료사를 만나기가 어려웠고 어디로 가야 할지 정보도 없었다. 의사 선생님은 한동안 얘기를 들어주기만 했다. 그리고 앞으로 일정기간 무슨 일을 해도 무조건 받아주면 어떻겠냐고 제안했다. 깜짝 놀라 물었다.

"게임만 계속해도 받아줘요?" / "네."

"샤워를 20분이 넘게 해도요?" / "네."

"새벽까지 친구와 통화하고 잠을 안 자도요?" / "네."

"8시까지 학교 가야 하는데 7시 50분에도 안 일어나도요?"

/ "네."

"그러다 성적이 확 떨어져도요?" / "네."

"집에 안 들어와도요?" / "네."

그러면서 그 의사 선생님은 한 가지만 당부하였다.

"그러다 만약에 받아들일 수 없을 정도로 부모의 권위를 무시하는 언행을 하면 죽기 아니면 살기로 아들의 기세를 꺾으세요."라고 했다.

해결책이라고 하면 해결책이고 어찌 보면 소용없을 듯한 비법을 안고 집으로 왔다. 그 후 그대로 실천했다. 약 보름이 지나자 아들들이 좀 이상하다는 듯이 내 눈치를 보았다. 엄마가 변한 것이다. 그래도 모른 척했다. 무조건 "응, 그래", "그러든지", "그것도 좋겠다.", "네 생각이 일리가 있구나."라고 대답했다. 속에선 부글부글 끓어도 꾹 누르고 태연한 척 말했다. 평소 요구하고 명령하던 것을 점점 줄였다.

몇 개월이 지나자 아들들은 자기들에게 필요한 일을 선택해서 했고 아들들과 씨름하는 일도 줄어들었다.

　세월이 흐른 후에 그 신경정신과 선생님의 의도를 알게 되었다. 무슨 일을 해도 지지해 주는 집, 무엇을 해도 알아서 할 수 있는 자유를 허락하는 집, 그 집이 아들이 세상으로 나가는 '희망의 베이스캠프'가 될 것이기에 그런 처방을 내렸다는 것을.

　그리고 이런 얘기들을 당시 학교의 동료들과 자주 나누었다. 그들 역시 그대로 했더니 자녀들에게 많은 도움이 되었다고 한다. 원하는 대학에 진학했음은 물론 부모 자식의 관계도 좋아졌다는 소식들을 후에 접하게 되어 보람되었다.

　그렇다고 아들이 도둑질했는데 'O.K'라고 할 수는 없다. 어부가 대어를 잡으려면 그물망을 성글게 해서 작은 물고기들은 그냥 빠져나가게 해 정말 큰 물고기를 낚는 것처럼 작은 일에 구애되지 말자는 것이다. 어떤 상황에도 아들 편을 들어주는 가정이 있다면 아들은 점차 남의 시선을 의식하지 않고 진정 자신이 원하는 게 무엇인지 생각하게 된다. 그리고 성찰의 결과 자신에게 가장 맞는 일을 가장 어울리는 방법으로 해 나간다. 그 길을 가는 데 훼방꾼이 없으므로 탄탄대로를 가게 될 것이다.

　어떤 엄마는 놀기 좋아하는 중학생 아들때문에 속상해하다가 한번은 빈둥거리느니 마트에 가서 치즈를 사 오라고 심부름을 보냈다. 그랬더니 유통기한을 확인하고 가격도 회사별로 비교해서 알맞게 사 와서 칭찬했다. 그 뒤로 마트 가는 일에 재미를 붙여 시장 갈 일이 없느냐고 자주 물어왔다고 한다. 점차 치즈뿐만이 아니라 다른 물건을 살 때도 유통기한이며 성분표시며 가격 및 칼로리까지 비교하고 더 나아가 마트마다 가격이 어떻게 다르고 어떤 장점이 있고 어느 마트는 공산품이 싸고 어느 마트는 야채가 좋고까지 꿰게 되었다. 그 아들은 후에 경영학과에 가서 마케팅방법이나 시장 조사에 흥미를 갖고 공부하고 있다.

학교에서 학급 아이들이 모두 서로 잘 맞기는 어렵다. 각각 개성이 다른 친구들이 모여 같은 선생님과 동일한 수업을 하기에 난처할 때가 있다. 그런데 몇몇 남학생은 자신감 없이 행동하니 또래 친구들에게 인정받지 못하고 무시당하기 일쑤다. 그럴 때 담임 선생님이나 또 교과 선생님들은 전체 학생 앞에서 칭찬하고 인정하는 말로 자주 지지해 준다. 심부름을 일부러 시키고 나서 "잘했다." 칭찬하고, 숙제한 내용 중에서 아주 작은 점이라도 발견해서 긍정적으로 다수 앞에서 칭찬한다.

평소 와이셔츠 단추 한 개는 떨어져 있고 옷은 거뭇거뭇하고 몸집이 왜소하고 굼떠서 친구가 별로 없는 남학생이 있었다. 한번은 국어 수업 중 자신의 미래에 대한 모습을 써 보자고 했는데 그 과제도 아주 짤막하게 삐뚤빼뚤 두서없이 써냈다. 그런데 그 내용에 이런 말이 있었다. "나는 앞으로 재단이랑 재봉 일을 잘 배워서 우리 엄마를 도와 함께 일을 할 것이다. 엄마는 무지 옷을 잘 뺀다(만드신다)."라는 내용이었다. 어머니를 존중할 뿐 아니라 어머니의 일에 대해 긍지를 지니고 있었다. 그리고 '앞으로 어머니와 함께 일하고 싶다.'라는 내용이 어머니에 대한 사랑을 담고 있었다. 반 친구들에게 그런 감상평을 해 주었다. 아주 훌륭한 마음을 지니고 있다고 했다. 꼭 유명한 디자이너가 되기 바란다는 말도 덧붙였다. 사실 그 남학생은 세 살 때 아버지를 여의고 어머니, 할머니와 지내 왔다. 그래서 그 글이 더 애틋했다. 그 후 그 남학생은 무리 없이 밝게 일 년을 지냈다.

선생님의 지지를 받는 학생은 다른 친구들이 무시하지 못한다. 만약 반대의 경우라면 상상만 해도 아찔하다. 아무리 좋은 학생이라도 계속 비난과 지적을 받으면 학교에서 잘 지내기 어렵다. 자신감도 없어지고 성격이 어두워진다.

아들에게 "넌 네가 하고 싶은 일을 잘 해낼 거야."라는 말을 다양하게 표현해 준다. 걸음걸이가 느리면 신중한 거고, 책상에 오래 앉아 있으면 탐구심이 대단한 거고, 잠시도 가만히 있지 못하면 활동적이고 아이디어가 넘치는 거고, 키가 크면 장군감이고, 키가 작으면 아주 지혜로운 리틀 나폴레옹이고, 여자 친구들이 잘 따르면 아들 성격이 좋고 멋진 거고, 여학생들이 안 좋아하면 아직 너의 멋진 모습을 알아줄 만큼 보는 눈이 없는 거고……. 그리고 모든 사람에게 좋은 말을 들을 필요는 없다고 다독여준다.

아들의 방식을 인정해 주면 어떻게든 하고픈 일을 해낼 것이다. 실수하면서 다시 시작하고 또 실패하면서 배울 수 있을 것이다.

아프리카의 어느 부족은 부족 사람 중 잘못된 행동을 한 이가 있으면 동네 사람들이 그 사람을 데리고 동네 광장에 빙 둘러앉는다고 한다. 그리고 그 사람의 좋은 점을 돌아가면서 계속 얘기한다고 한다. 끝없이 이어지는 '지지의 말'에 그 사람의 영혼이 치유되고 다시 본래의 착한 모습으로 돌아간다고 한다.

4세기에 서양 최고의 현자로 꼽히며 '고백록'을 쓴 성 아우렐리우스 아우구스티누스의 어머니 모니카는 끊임없이 아들을 믿고 기다렸다. 아우구스티누스는 서른 이후에 어머니의 눈물의 기도에 보답하듯이 방탕한 세월을 끝냈다. 그때까지 그는 도둑질, 육체적 쾌락을 좇는 타락, 노예와의 동거 등 온갖 추악한 행동으로 어머니를 힘들게 했다. 모니카는 아우구스티누스가 어떤 행동을 하든지 항상 아들이 돌아올 것을 믿었다고 한다. 그리고 어디든지 함께 가서 아들이 회심하기를 바랐다고 한다. 그 시절 서른이면 요즘에는 중년에 해당하는 나이이다. 모니카야말로 아들을 키우는 어머니의 마음이 어떠해야 하는지 보여주는 끈기의 끝판왕이다.

이해하기 힘든 아들의 행동, 무조건 'O.K'로 지지해 자신감을 키우는 방법을 써 본다.

첫째, 의심하지 말고, 일단 믿는다.

둘째, 한번 'O.K'는 끝까지 'O.K'! 일관성이 중요하다.

셋째, 아들과 누가 옳은가 따지지 말고, 힘겨루기하지 말고 공감해준다.

넷째, '멋진 사람', '재미있는 사람', '성공하는 사람', '남을 돕는 사람', '실력 있는 사람' 등 아들이 지켜가고픈 큰 방향 한 가지를 항상 공유한다.

아들의
마음을 여는
대화법
- 원활한 의사 소통

십 대 아들이 말수가 적어지고 무슨 생각을 하고 있는지 도통 표현을 안할 때 부모 속은 타들어 간다. 이 시기는 아들이 소년기를 마감하고 청년기로 진입하려는 시기이므로 부모는 차분히 변화를 예상하고 대비하는 태도가 필요하다.

어떤 점에선 부모와 자식 간에 더 성숙한 관계로 이어질 좋은 기회이다. 아들과 소통이 잘 되기까지 산통이 필요하지만, 부모가 잘 이끌어주면 아들은 몇 배로 보답할 것이다.

아들에게는 단호하고 낮은 톤으로 이야기한다. 그리고 눈을 똑바로 바라보고 가까이 가서 직접 이야기한다. 어떤 경우라도 나약한 모습을 보이면 안 된다. 자기 생각에 확신을 하고 말한다. 일단 끝까지 들어준다. 경청하되 잘 듣고 있다는 모습을 보디랭귀지같은 행동으로 보여준다.

아들은 민감한 시기를 지나고 있으므로 대화하기 전에 좋을 때를 봐

가며 이야기한다. 아무 때나 불쑥 말하지 않고 아들이 심리적으로 편안할 때까지 기다린다. 아들이 편안해 하는 장소에서 말한다. 간식이나 다른 먹거리가 곁들여지면 대화가 더 잘 된다. 흔히 아들은 '먼 친척' 대하듯이 대화하면 좋다고 한다. 언제나 한발 뒤에 물러서서 침착하게 응대한다. 아들들만 키운 선배들의 조언이다. 내가 낳은 자식이라고 함부로 편하게 대해서는 곤란하다는 말이다.

부모는 아들이 극단적으로 반응하는 부분까지 코너로 몰고 가지 말아야 한다. 아들의 행동을 패륜아나 문제아처럼 이야기하지 말라. 만약 아들이 극단적인 행동이나 그런 시도를 할 때는 "무조건 내가 잘못했다."라고 먼저 말하면서 즉시 말린다. 아들은 화가 나면 이성적인 판단으로 이야기하지 못한다. 흥분하면 아들은 귀가 잘 안 들린다. 이럴 때 자식을 가르치겠다고 훈계조로 말하는 경우가 가장 어리석은 부모다. 강압적으로 명령하거나 비난하면 아들은 극단적인 행동을 할 우려가 있으며, 몇 초 이내에 큰 일이 날 수도 있다. 공격적인 말은 십 대 아들의 방어 본능에 불을 지른다.

10여 년 전 수업 시간에 있었던 일이다. 한 남학생이 공부를 안 하고 나무 책상 위에 무엇을 새기고 있었다. 가까이 가서 보니 학생이 깜짝 놀랐다. 선생님이 다가오는지도 모르고 있었던 모양이다. 책상을 가리는 학생에게 손을 치우라고 하고 보니 이런 내용이었다.
'국어 No 섹시, 영어 No 섹시, 과학 No 섹시, 음악 ?, 기술가정 섹시……' 중학교에 여선생님이 많다 보니 품평을 한 모양이었다. 선생 이

름도 없고 그냥 과목 이름이 선생이다. 이럴 때 선생은 대수롭지 않게 학생 어깨를 툭 치며,

"얘, 말할 필요도 없는 사실을 굳이 힘들게 쓰고 있니? 이거 영어 문법에 맞나? 안 맞는 것 같은데?" 하고 지나간다. 학급 친구들은 다 박장대소를 한다. 그 학생 얼굴에는 부끄럼 반, 안도감 반인 듯 멋쩍은 웃음이 나오다 만다.

학교에서 남학생들과 대화할 때 철칙이 있다. 제1원칙은 '그들이 어떤 말을 해도 당황하지 않는다.'이다. 특히 여선생님의 경우는 더 유의한다. 남학교에서 근무하는 여선생님들은 남학생과 대화하는 데 익숙해진다. 높은 톤으로 쉴 새 없이 지저귀는 말투는 삼가게 된다. 일단 톤을 낮추고 나직하게, 말도 짧게, 강하게, 명확하게 한다. 예를 들어본다.

십 대 남학생들은 욕설이 일상용어인 경우가 많다. 선생님들에 대해서도 욕은 물론이고 함부로 부르는 경우가 많다. 남학생은 특히 여선생님들을 대할 때 센 척하느라 경계를 넘는 언행을 할 때가 있다. 한번은 동료 선생님이 자기가 겪은 얘기를 했다.

그녀는 수업 시작 전에 미리 해당 교실에 들어가 수업준비를 하고 있었다. 교탁에서 컴퓨터를 작동시키고 수업자료를 준비하고 있는데 어떤 남학생이 뒷문을 통해 들어오면서

"야, 다음 시간 뭐야?, 과학?, 누구야?" / "○○○ 샘"

친구가 이미 선생님이 와 계신 교탁 있는 곳을 쳐다보며 조심스럽게 대답한다. 그런데 그 남학생은 물색 모르고,

"그래?, ○○이란 ✕이 어떤 ✕이냐?"라고 말했다. 그 선생님은 듣고 있기가 불편하고 화가 날 법도 했지만 '저 철딱서니 없는 애송이를

어쩌랴?' 싶어서,

"○○이란 ×, 여기 있는데? 누가 나 찾니? 뭐 힘든 일 있어?" 하고 말했다.

그 학생은 고개를 숙이고 교실 밖으로 뛰쳐나갔다. 그 날 수업 시간 내내 그 학생은 얼굴을 들지 못했다. 선생님은 나중에 자기에게 욕한 그 학생을 교무실로 불러서 이렇게 충고했다고 한다.

"얘, 너 다섯 살 난 여동생 있지? 네 엄마가 너한테 우산 갖다 주실 때 여동생을 학교에 데리고 오셨더라. 네 여동생한테 누가 그런 말을 한다고 생각해 봐. 기분이 어떻겠어?"

"……." / "네가 나한테 그런 말을 하는 걸 네 여동생이 우연히 봤다고 생각해 봐. 널 어떻게 보겠니?" / "앞으로 조심하자?, 응?"

지금 같으면 교권침해에 해당할 수도 있는 일화인데 그 당시 선생님이 남학생을 이해하고 단순한 일로 넘겨 해결한 것이다.

1960년대 어느 소설가는 학창 시절에 문제가 있어 학생부에 걸린 적이 있었다고 한다. 아마 그 속에 담배를 피우는 문제도 있었던 모양이다. 아버님께서 학교에 불려 오셔서 이런저런 지도를 받으시고 돌아가시며 아들에게 조용히 이렇게 말씀하셨다고 한다.

"너, 담배 좀 줄여."

담배 피우지 말라든지, 학교에서 부모 망신을 시켰다고 화풀이를 하든지 하는 아버님이 아니셨다. 이 일화를 읽고 역시 훌륭한 아들 뒤에는 아들을 존중하는 부모가 있다는 진리를 깨달았다.

부모 속이 상해도 아들에 대한 비난은 금물이다. 아들이 빠져나갈 여유를 두고 말하라. 그래야 아들도 반성할 여지가 있다.

십 대 남학생이 과묵한 점은 자연스러운 현상이다. 독립하려는 욕구가 말 수를 줄이는 원인이다. 그런 남학생 아들이 부모와 대화하고 싶어하는 순간이 있다. 그 타임을 놓치지 않도록 아들이 표현하는 걸 늘 잘 응대해 준다. 부모가 아들의 의사를 존중하고 긍정적으로 받아준다. 의견을 자주 묻고 중요한 선택과 결정은 반드시 아들과 함께 한 자리에서 한다.

때로 아들과 화젯거리가 없으면 부모의 실수를 예로 들어 재미있게 이야기한다. 이제 어른으로 진입하려는 아들은 부모가 완전하지 않은 인간이라는 사실을 알고 있다. 솔직히 부모 자신의 어린 십 대 시절을 이야기한다. 절대 미화하거나 과장해서 모범생이었다는 식으로 말하면 곤란하다. 영화 '완득이'에 나오는 완득이와 동주 선생의 대화 모습이 대표적이다. 선생과 제자가 툭툭 던지듯이 서로 할 말을 다 한다. 때로 욕설과 비방도 불사한다. 영화 속의 동주 선생은 권위를 내려놓고 고교생들과 함께하며 친구처럼 대한다. 제자가 마음의 문을 열 때까지 그렇게 두드린다.

아들과 대화하는 특별한 어법은 없다. 아들이 부모 말을 잘 듣고 이해했느냐가 중요하다. 아들이 부모의 뜻을 이해하도록 하는 방법을 고민하는 게 먼저다. 십 대 아들은 비밀이 많다. 일부러 알려고 하지 않는 게 소통이 잘되는 비결이다. 혹 구구절절 교훈적인 말을 해 놓고 부모 뜻을 잘 전했다고 생각하고 있지는 않은지 돌이켜 보자.

반전을 노려라. 아들이 예상하는 화제는 아예 꺼내지 않는다. 공부, 성적, 대학, 진학, 직업 등의 화제 대신 아들을 어른처럼 대한다. 때로

삼촌, 사촌 등 친척들과 호프집에 가서 얘기할 때 데려간다. 부모가 아들을 가졌을 때 에피소드 등을 얘기해 주라. '할아버지가 너를 처음 목욕시켜주실 때, 이름 지을 때, 돌잔치 때 무엇을 잡았는지 등.' 그리고 "건강하게만 착하게만 자라다오." 정도로 마음 편하게 말한다. 사실은 부모 가슴에 가장 큰 걱정이 '내 아들이 공부를 제대로 할까. 장래에 사람 구실을 제대로 할까.'이지만 아들에게 그런 내색을 하면 역효과다. 말 안 해도 아들은 부모가 무엇을 원하는지 안다.

'내가 알던 우리 부모 맞아?' 할 정도로 새로운 이미지를 구축하라. 시간이 좀 걸리더라도 아들이 마음을 열 때까지 기다린다. 그런 후에라야 대화가 진정으로 오갈 수 있다. 많은 가정에서 이 시기에 이런 과정이 부족해서 20대, 30대, 아니 오랫동안 부모와 자식 간에 대화다운 대화를 하지 못하고 살아간다.

'설해목'이라는 법정 스님의 수필이 오래도록 잊히지 않는다. 그 단단하고 오랜 세월을 꿋꿋이 버텨 온 아름드리 나뭇가지들이 밤사이 사뿐사뿐 내리는 눈의 무게를 이기지 못해 툭툭 부러진다. 그래서 '설해목(雪害木)'이다. 그 소리를 승방에서 가만히 들으면서 수필을 써 내려갔을 법정 스님의 모습을 상상해 본다. 부드러운 눈이 하염없이 내리고 또 내려 그 강직한 나무를 부러뜨린다. 자식도 그런 마음으로 대해 보면 어떨까. 아들의 눈에서 눈 비늘이 벗겨질 것이다. 그리고 부모의 새로운 모습을 바라볼 것이다. 어디 아들뿐일까. 학교에서 문제아라고 하는 친구들도 그렇게 어른의 기다림과 온정으로 변화된다.

지난봄 남녁의 선암사에 들렀다. 매화꽃이 지고 숲속 나무들은 열매를 키우는 시절이었다. 저녁에 템플스테이 책임을 맡고 계신 등명 스님과의 차담을 여러 방문객과 나누었다. 그때 등명 스님의 말씀이 인상적이었다.

"가끔 뭐 문제아라고 학교에서 또는 부모가 맡기고 가는 애들도 있어요. 우리는 그냥 아무것도 안 해요. 때 되면 밥 주고, 며칠 퉁퉁 부어 다니는 애를 봐도 그냥 둬요. 가끔 방에서 한나절 안 나오거나 기척이 없으면 '아이한테 과일이나 좀 갖다 줘 봐라.'하곤 또 그냥 지내요. 그러다 시간이 지나면 어느새 스님들 주위를 괜히 어슬렁거리기도 하고, 일하는 옆에 뽀짝 다가와서 '뭐 하세요?' 그러고 말을 걸어와요. 그러다 같이 나무를 패기도 하고 편백나무 숲에 가거나 밭에도 나가고 하는 거죠. 그렇게 있다가 훌훌 털고 돌아가요. 아무 문제가 없어요. 하하."

아들에게는 두괄식으로 이야기하라. 남학생은 청각보다 시각에 영향을 많이 받는다. 시각적인 메시지를 활용한다. 문자나 쪽지를 사용하고, 최대한 간단히 쓴다. 아들이 시답잖게 대답해도 그러려니 한다. 때로 아들 세대가 쓰는 표현을 쓴다. '콜, ㅇㅇ, ㅇㅋ' 등 용어나 이모티콘을 알아본다. 아들의 기분에 일일이 반응하지 않고, 특별한 사유가 없는 한 허용한다. 다른 사람과 세상에 대한 관심을 갖게 하고, 잘한 일은 폭풍 칭찬한다.

아들과 소통이 잘되도록 대화할 때 주의할 점을 제시해 본다.

첫째, No라고 말할 수 있게 하라. 자유롭게 말할 수 있도록 허용하는 분위기 속에서 거절이나 비판도 수용한다. 그러면 사회에 나가 자신의 의사를 분명히 표현하는 사람으로 성장할 수 있을 것이다.

둘째, 돌려 말하기는 아들에게 잘 안 통한다. 직접 핵심적인 의견을 말하고 그 다음 다른 이유나 배경을 말하라. 묘사적이고 은유적인 말은 아들을 비꼬는 것으로 오해를 살 수 있다. 아들은 일상에서 복잡하고 긴말을 잘 안 듣기 때문에 명확하게 주제를 이야기하라.

셋째, 가끔 말로 하라. 행동으로 보여주는 게 가장 좋다. '말 안 하면 중은 간다.'라는 말은 철칙이다. 잔소리는 삼간다. 아들의 잠재력을 끌어내리려면 잔소리를 하면 된다.

넷째, 아들은 음식을 좋아하므로, 후각을 자극하라. 의미 있는 맛, 의미 있는 체험으로 소통하라.

다섯째, 아들이 좋아하는 화제를 찾아라. 게임, 애니메이션, 운동 등 아들이 좋아하는 분야에 관해 공부하고 대화에 활용한다.

여섯째, 아이 메시지 I Message를 활용하라. 아들이 말을 하지 않을 때 부모의 하루를 먼저 이야기하거나 다른 대상에 대한 기분을 이야기하며 대화를 이끈다.

일곱째, 남과 비교하는 말은 하지 않는다. 비교하면 아들 그릇이 작아진다.

게임에 빠진
아들
- 스마트폰 중독

월요일부터 금요일까지 공부하고 토, 일요일은 쉬는 주 5 일제 시행이 되기 전인 2010년에 학생과 학부모 대상으로 주 5 일제에 관한 찬반 의견을 물었다. 놀랍게도 주5일제를 반대하는 학생·학부모들이 꽤 많았다. 학생들에게 물어보니

"어차피 토요일에 쉬지 못할걸요? 아침부터 특별반을 편성해서 종일 학원에 가야 할지도 몰라요."

또 예상 밖으로 부모님들 의견은

"아들이 집에서 공부하고 운동하며 지내는 게 아니라 종일 스마트폰이나 컴퓨터 게임을 할 건데 걱정이죠. 우리 집은 토요일에도 (부모가) 일하러 가야 하는데 아들이 혼자 종일 집에서 뭐 하겠어요?"

"폭력물, 음란물에 노출되어 있어 늘 걱정이에요."

"학교에서 토요일에 특별프로그램을 많이 만들어서 학생들이 다양한 활동을 하도록 했으면 좋겠어요."라고 답했다.

학교에서 아이들을 맡아주는 시간이 부모로서는 가장 안심이 되는 시간이라고 한다. 적어도 그 시간만큼은 아이들이 다른 일 안 하고 공부할 거 아니냐고 한다. 방학이 부모에게는 오히려 힘든 시간이 되어버렸다. 고등학교에 가면 학생들 스스로 대학 입학에 대한 분명한 목표가 있기 때문에 방황하는 정도가 덜해진다.

간혹 뒤늦게 사춘기가 와서 고등학교 1~2학년을 갈등 속에서 보내는 아들도 있다. 중학교에 아들을 보내고 있는 학부모들은 우스갯말로 중학교 다닐 때 사춘기 방황을 끝내는 편이 장기적으로 낫다고 자조적으로 얘기한다. 그렇지만 중학생이라고 해서 방황하는 걸 정당화할 수는 없다. 시기마다 해내야 할 과제가 있는 법이다.

십 대는 트위터, 페이스북, 인스타그램 등 온갖 미디어에 친숙하다.

큰아들이 중학교 2학년 때 스마트폰이 나오기 전이어서 핸드폰을 처음 사주었는데 성적이 최악으로 떨어졌다. 충격을 받아 그다음에 다시 회복하긴 했으나 핸드폰 사용 전으로 복귀하기는 어려웠다. 그러나 고등학교, 대학교에 진학하면서 스스로 해야 할 일들이 많아지고 사회적으로 맺는 인간관계가 다양해지면서 자기 스스로 조절해 갔다.

부모는 강제적으로 손을 쓸 수 없다. 아들은 성장해가면서 사회적으로 이뤄야 할 과업이 코앞에 닥치므로 성장기에 힘들었던 자제력 부족에서는 어느 정도 벗어나게 된다. 여전히 여가 시간에 게임과 미디어 속의 여러 콘텐츠를 즐기기는 하지만 먼저 해야 할 일에 집중할 힘이 생기게 된다.

학교 수업 시 미디어에 중독이 된 남학생들은 실제 수업 시간에 보여주는 학습 영상에는 집중하지 못한다는 사실을 발견하곤 했다. 스마트폰 등 미디어에 좋은 정보가 얼마나 많은가. 스마트하게 사용하면 되는데 남학생들은 자극적인 콘텐츠에 익숙해 정작 생각하고 정보를 선택 비교하는 지적 활동에는 이 기기를 잘 활용하지 못한다.

스마트폰 관련 연구에서도 스마트폰에 의존할수록 불안, 우울함이 높게 나왔고 어깨 통증 호소가 많았다. 또한, 부적응, 일탈, 강박, 집착과 동조성, 모방성, 충동성, 사회적 고립감에도 영향을 준다고 한다.

미디어를 접하더라도 비평하는 능력을 지니고 자신의 여가에 활용하는 목적으로 보내는 시간은 의미 있다. 그러나 다른 현실적인 일들에 흥미를 못 느껴 가상의 세계로 도피하는 경우는 남학생의 삶 자체에 심각한 위협이 되므로 치료가 필요하다.

부모 세대에는 자랄 때 만화방, 바둑 교실인 기원, 무협지 빌려 읽는 일, 자정까지 TV 시청, 조금 더 지나서는 닌텐도, 비디오, 컴퓨터 게임 문제 등으로 당시 부모와 씨름을 많이 했다. 그러나 스마트폰과는 그 위험성이 비교 불가다. 스마트폰은 24시간 손안에 있기에 일상생활이 불가능하고 자기 생각을 할 수 있는 사고 기능마저 마비시킬 수 있다. 실제 가상 세계를 현실 세계로 착각하게 하며 많은 탈선과 비행의 원인이 온라인 사이트에서 비롯되고 있다.

2014년 방송통신심의위원회의 인터넷 폭력 관련 심의에 걸린 폭력적이고 잔인한 인터넷 콘텐츠는 416건이었다. 2016년에는 1,606건으로 늘어났다. 2년 사이에 4배나 급증한 것이다. 현실 세계가 갈수록 각박하고 황당한 사건으로 점철되고 있는데 가상의 세계인 온라인 세상은 그보다 훨씬 가공할 변화를 보이고 위험해지고 있다. 2016년 삼성서울병원

연구진의 조사 결과 18세 이상 성인도 5%가 스마트폰 중독 경험이 있다고 답했다. 그중 스마트폰 과의존 실태는 만 10~19세 청소년 10명 중 3명(30.6%)이 스마트폰으로 인한 내성, 일상생활 장애를 겪는 것으로 나타났다.

이렇듯 부모들이 가장 염려하고, 가정에서 가장 많은 마찰을 빚는 부분이 아마 스마트폰 사용 문제일 것이다. 특히 중학생 부모들은

"차라리 멍때리는 시간을 보내면 좋죠. 쉬기라도 하니까요. 이건 쉴 틈이 없으니 건강도 공부도 다 망가지네요."

"스마트폰을 뺏자니 피시방으로 갈 텐데 피시방에 출입하면 걱정이 더 늘 거예요. 학교도 안 가고 반항은 더 세질 건 불 보듯 뻔하죠."라고 걱정한다.

빌 게이츠는 마이크로소프트사를 만들어 PC를 보급하여 정보혁명에 선두를 달린 사람이다. 그런데 정작 자신의 자녀가 어린 시절에 하루 30분 이상 컴퓨터를 하지 못하게 했다고 한다. 숙제 및 운동 등 꼭 해야 할 일을 먼저 하게 한 것이다.

영화배우 브루스 윌리스는 폭력적인 상업영화에 많이 출연한 배우이다. 그러나 자녀가 일정 나이가 되기 전에 자신이 출연한 영화를 보지 못하도록 했다고 한다. 부모의 학력이 높을수록 삶의 수준이 높을수록 자녀의 일과에 대한 관심과 감독이 철저하다.

소득이 낮은 가정, 생계를 위해 자녀를 돌보기 어려운 가정에서는 무방비상태로 남학생의 여가 시간이 지나가고 있다. 특히 방과 후 가정에서 홀로 방치된 남학생이 스스로 자신을 통제하기란 거의 불가능하다.

학교나 지역사회의 다양한 프로그램을 알아보고 일과표를 짜고 사람들과 직접 접촉하는 기회를 갖도록 해야 한다. 이처럼 오프라인 활동을 늘리고 반드시 해야 하는 일상적인 활동 시간을 늘리는 수밖에 없다.

2000년 이후 인터넷 활용이 일반화되면서 각급 학교에서 ICT 자료를 사용하도록 장려했고 인터넷을 활용한 교육이 선진교육으로 인정되는 듯한 분위기가 생겼다. 하지만 2010년대 이후 분위기가 달라졌다. 학생들이 스마트폰을 너나없이 휴대해서 이로 인한 문제가 발생하기 시작했다. 수업 중 책상 속에서 손만 움직이며 스마트폰을 사용할 때 교사가 발견 못 하는 경우가 생긴다. 또한, 힘센 학생이 약한 학생의 핸드폰을 뺏어 데이터를 사용하는 경우도 있다.

지금까지 많은 학교에서는 아침에 등교하면 스마트폰을 걷어 담임교사가 관리하고 하교 시 학생에게 돌려주었다(일부는 학생 인권 침해라는 이유로 스마트폰 걷기를 반대하는 경우도 있지만). 학교 수업에 방해되고 공부 시간 외에 쉬는 시간이나 점심시간에 스마트폰으로 게임을 하는 학생들이 태반이어서 학습 시 집중력에 방해되기 때문이다. 스마트폰 기기에서 나오는 전자파는 학생들의 머리를 탁하게 한다. 학교 수업 시간에 수업에 집중 못 하고 엎드려 자는 학생 중 상당수가 집에서 게임을 밤새도록 하고 온 경우이다.

최근 초·중등학교에서 스마트폰 등 소지품의 학내 압수를 못 하게 하는 지침을 만드는 시도가 있는데 학부모와 교사로서는 우려가 있는 방침일 수 있다. 가정에서는 일정 시간 인터넷을 못 하게 공유기를 끄는 등의 노력을 하고 있다.

학생의 인권을 존중하되 올바른 스마트폰 사용법에 대한 지도가 병행되어야 한다.

스마트폰 때문에 남학생의 일상생활이 다 망가졌다. 스마트폰 중독에 이른 남학생들은 정보의 과다로 코르티솔이라는 스트레스 유발 호르몬이 분비되어 공부에 집중 못 하고 성적도 떨어져 자신감을 잃게 된다.

미국의 심리학자 마이클 거리언에 의하면 게임 업체나 영화 제작자, 장난감 게임 디자이너들은 남학생의 심리와 뇌에 대해 명확히 연구하고 이를 산업에 반영한다고 한다. 자신들의 청소년 고객에 대해 부모보다 더 잘 알고 있다. 즉, 스마트폰 등 게임에 몰입하는 이유 중 하나는 게임이 남학생의 뇌의 특징인 권력 시스템과 위계질서에 대한 본능적인 끌림 등을 잘 활용하고 있기 때문이다. 비디오 게임 등에는 남성 심리에 대한 지식이 반영되어 있다. 공간 인지 능력, 테스토스테론의 위력 등을 자신들의 산업에 활용하고 있다.

가정에서는 이런 점들을 현실 세계에서 체험하도록 대처할 필요가 있다. 아들이 친구나 사촌, 부모와 직접 게임하거나, 운동으로 승부를 내기하거나, 정복 욕구를 자극하는 놀이들을 생각해 보자.

스마트폰으로 하는 일이 아니라도 아들이 흥미 있어 하는 여러 가지에 관심을 가지고 자극해 준다. 애니를 좋아하면 코믹콘(Comic Convention의 약자로, 만화, 영화, 드라마, 게임, 토이, 피규어, 애니메이션, 코스플레이 등 문화 전반 콘텐츠를 폭넓게 다루는 세계적인 팝 컬처 페스티벌)에 데려간다.

영화 중에서 친구들과 함께 감상할 내용을 골라 관람한다. 운동을 좋아하는 남학생의 특성을 살려내는 게임을 하는 것도 좋은 방법이다. 이런 일들을 다양하게 하다 보면 스마트폰도 좋지만, 실제 삶 속에서도 재미있는 일이 많다는 사실을 깨닫게 된다. 미디어를 통해 얻는 결과는 가짜 성취이다. 실제 현실에서 자신의 인생에 도움이 되는 일에 성취를 경험할 수 있도록 고민해야 한다.

스마트폰 사용법에 대한 지도 방침을 몇 가지 제안해 본다.

'일단 밖으로!'가 대명제이다. 가상 세계의 가짜 성취에 젖어 있는 남학생 아들을 실제 현실 속의 현장으로 데려온다.

첫째, 스마트폰 사용에 대한 규칙을 가족이 정한다. 하루 1시간, 시험 기간 시작 전 2주일은 부모에게 맡기기, 밤 12시 이후에는 사용 안 하기 등. 그러나 강압적인 통제와 금지는 역효과를 가져온다.

둘째, 스마트폰 등 미디어에 빠지는 시간에 뇌가 제대로 발달하지 못하고 정서적 능력뿐만 아니라 학업 성적에도 영향을 미친다는 사실을 일러주라. 스마트폰을 하면서 쉰다고 하는 아이들 말은 사실이 아니다. 뇌는 스마트폰을 하는 사이에 쉴 수가 없다. 뇌의 전두엽 부분에 이상이 생기고 집중력이 현저히 떨어진다. 한참 스마트폰을 하고 다시 공부에 집중하기 힘든 이유이다.

셋째, 다양한 사람과 교제할 기회를 만들어주라. 친구와 만남, 자발적인 일, 독서와 산책, 스포츠 활동, 예술 활동에 더 많은 시간을 보내게 하라.

넷째, 수면 시간을 확보하라. 침실에 스마트폰을 들고 가지 못하게 한다. 집안일, 심부름, 친구나 친척 방문, 함께 요리하기 등 활동을 다양하게 계획해서 실천한다.

다섯째, 디지털 디톡스Digital Detox를 실천한다. SNS와 다양한 알림 기능을 꺼 놓는다. 온라인 접속 시간을 측정해서 통제하는 연습을 한다. IT 기업인 구글조차 디지털 디톡스 캠프를 운영하고 캐나다에서는 '디지털 디톡스 주간' 캠페인을 하고 있다.

학교 폭력과
왕따를 예방하라
- 자존감 높이기

아침나절 골목 어귀엔 익숙한 풍경들이 펼쳐진다. 마로니에 나무가 서 있는 골목길을 아들과 아버지가 걷고 있다. 넥타이를 맨 아버지는 두어 걸음 앞에서 큰길로 접어드는 모퉁이를 향해 서두른다. 그 뒤를 초등생으로 보이는 아들이 신발주머니를 흔들며 내키지 않은 걸음으로 따라가고 있다. 종종거리며 따라가면 어느새 더 멀어지는 아버지, 더 잰걸음으로 걸어가는 아들의 모습. 일상에서 아침 등굣길은 그처럼 신성하다. 비가 오나 눈이 오나 학교와 직장으로 향하는 그 걸음들.

골목마다 펼쳐지는 그 모습을 보면 학교에서 학생들을 맞이할 때 더 진한 감동과 경건함이 있어야 할 것 같다. 십 대의 남학생은 아버지를 뒤따라 등교하지 않아도 되고 자기 나름대로 학교에서 제 위치를 찾고 미래에 대한 기대를 하고 스스로 길을 찾는다. 아들은 잘하고 있을까. 마음이 편해야 공부가 잘 될 텐데 학교에서 안정된 마음으로 지내고 있을까.

부모의 마음은 학교가 안전하고 즐겁게 지내는 공간이기를 바란다. 그러나 학교 폭력과 왕따 문제 등 부모를 불안하게 하는 문제는 늘 잠재

되어 있다. 각 가정에서 천금보다 귀하게 키운 남학생이 학교에서 아무 두려움과 불편함이 없이 다녀야 하는데 뉴스와 사회면의 기사들을 보노라면 철렁 가슴이 내려앉는다.

유네스코가 18개국 청소년 10만 명을 대상으로 설문한 결과, 응답자의 3분의 2가 학교 폭력을 경험했다고 답했다. 수치상으로 보면 학교 폭력은 꾸준한 감소세를 나타내고 있다. 교육부 '학교 폭력 실태 조사'에 따르면 2017년 전국 초 · 중 · 고등학교 학교 폭력 피해자는 3만 7,000명으로 2012년(17만 2,000명)과 비교해 78.5% 줄었다. 그러나 폭력의 유형은 다양해져서 언어폭력이 34.1%로 가장 많고 이어 집단 따돌림 16.6%, 스토킹 12.3%, 신체 폭행 11.7% 순이었다.

학생이 학교에서 건강하고 의욕적으로 자기 꿈을 향한 준비에 매진할 비결은 없을까. 폭력과 왕따 등 불안함에서 지키기 위해선 어떻게 해야 할까. 학교 폭력과 왕따 문제는 전국의 어느 학교나 두려워하는 불씨이다.

학교에서는 폭력과 왕따 등을 방지하기 위해 많은 노력을 한다. 교사들도 수업 못지않게 생활지도에 에너지를 쏟는다. 기초생활습관을 지키도록 하고 상담을 강화하고 있다. 외부의 협조로 학생 대상 교육을 연중 실시하고 있다. 그런데 이런 공식적인 폭력 예방 교육보다 학교에서 약자의 처지에 있는 학생들을 철저하게 보호하고 지지하는 태도가 더 중요하다.

학생들이 친구들의 어려운 점, 약한 점, 부족한 점을 아우르고 함께 하는 공부를 해야 폭력 등의 문제를 예방할 수 있다. 급우들끼리 단결이 잘되는 학급에서는 학생들이 소속감을 갖고 무엇이든 함께 하기 때문에 나쁜 습관, 약자를 괴롭히는 비열한 행동들을 친구들이 허용하거나 간과하지 않는다.

이렇듯 학생 스스로가 자기를 지키기 위한 힘을 지니고 있을 때 안전망이 더 확고해진다. 그러니 내 아들이 학교에서 친구들을 잘 이해하고 배려도 받으며 서로 돕는 일에 적극적인지, 나만 알고 사는 이기적인 면이 있는지 생각해 보아야 한다.

과거에는 피해 학생이 뭔가 약하고 적응 문제를 겪고 있을 때 왕따 문제가 발생하는 경우가 많았다. 그러나 최근에는 SNS의 발달로 이유 없이 집단으로 한 학생을 고립시키거나 매도하는 정서적 폭력이 많아졌다. 여학생들은 관계중심으로 인간관계를 맺기에 왕따 문제가 빈번하게 일어난다. 같은 학급 내에서도 중심이 되는 무리가 있고 핵심 인물인 여학생이 있어 주변 친구들이 그 여학생을 중심으로 관계를 형성한다. 거기에 끼지 못하는 여학생은 때로 왕따에 시달릴 때가 있다.

남학생은 학급 내에서 힘이 약한 경우, 지적으로 더디게 발달하는 경우, 소심해서 남의 말을 거절하지 못하는 성격인 경우, 운동을 싫어하거나 잘 못 하는 경우, 뭔가 허전해 보이거나 외로워 보이는 경우 괴롭힘의 대상이 될 수 있다. 또 학교 내뿐만 아니라 SNS를 통해 24시간 학생을 괴롭히는 사안으로 확대되는 사례가 빈번해졌다. SNS를 올바로 사용하도록 하고 SNS상 힘든 위협을 받는 경우 반드시 증거를 가장 먼저 확보해 두도록 일러두어야 한다.

물리적인 괴롭힘도 심각하지만, 스마트폰 등 사이버 공간에서 벌어지는 괴롭힘과 폭력, 왕따 등이 더욱 심한 문제를 초래한 경우가 많아지고 있다. 점점 교사와 학부모의 관리범위를 벗어난 일들이 있어 각별한 예방이 필요하다.

안전하고 즐겁게 학교생활하는 남학생의 특징을 살펴보면 어떻게 학교폭력이나 왕따를 예방할 수 있는지 알 수 있다.

첫째, 활기찬 학교생활을 하는 남학생들은 자신감에 차 있다. 약자를 보호하는 의리가 있다.

둘째, 친구를 차별하지 않아 또래 친구들의 지지를 받고 있고 학교 활동에 적극적으로 참여해서 교사들에게 인정을 받는다.

셋째, 동아리 활동, 방송부원, 축제 활동, 체육대회, 영재수업, 학교 교지편집 등 한 가지 이상 흥미 있는 일을 맡고 있다.

넷째, 학업에도 열심이지만 운동이나 놀이 등에도 즐겁게 참여한다.

다섯째, 가정에서 전폭적인 지지를 받고 있다. 학생과 부모 모두 질문(문제해결)하는 데 적극적이다.

여섯째, 자존감이 높아 웬만한 비판이나 소문에 흔들리지 않는다. 자기 자신에 대한 한결같은 믿음이 있다.

가정에서 사랑을 받고 자란 남학생들은 또래의 압박으로부터 자신을 지킬 수 있다. 자신을 인정해 주는 환경에서 자랐기에 자신감이 강하고 적절하게 도움을 구하는 행동도 자연스럽게 한다. 뭣보다 학교에서 자기를 지지해주는 집단이 있고 가정에서도 인정해 주면 자신감이 상승해서 웬만한 외부압력에도 자신을 보호하고 지킨다.

학교생활, 가정생활에서 행복하게 지내는 첫 번째 비결은 '자존감'을 갖는 일이라고 할 수 있다. 자존감 연구로 유명한 학자 나다니엘 브랜든은 사람이 자존감을 지닐 때 스트레스가 감소하고 자기 능력과 가치를 믿게 된다고 한다. 이들은 쉽사리 타인에 의해 자신을 과소평가하거나 불안해지지 않으며 외부의 압력으로부터 자신을 잘 보호할 줄 안다.

폭력과 왕따 문제의 피해를 당하지 않는 것도 중요하지만 그런 행동을 남에게 하지 않는 것은 더 중요하다. 타인에 대한 존중과 배려를 익히도록 일상적인 행동을 가르쳐야 한다.

흔히 아동 학대 등 폭력을 당해 본 경험이 있는 학생이 타인에게 폭력을 행사한다. 때로는 폭력의 피해자가 가해자로 되는 경우도 있다. 이들은 자존감이 낮아서 자기 미래가 어떻게 되든 상관없다는 태도를 보인다. 우선 자신의 힘을 과시하고 타인의 행동에 민감하게 반응하며 방어하려 한다. 남학생의 경우 여성 혐오와 같은 성적 편견이 있는 경우도 심각하다.

만약 남학생이 폭력의 피해를 당했다면 가해자로부터 분리해야 한다. 환경을 바꾸거나 상대방과 차단하는 대책이 필요하다. 두려운 존재가 학교에 있다는 사실 만으로도 그 환경에선 학업을 계속하기 어렵다.

그런데 남학생은 학교에서 힘든 일이 있어도 집에서 잘 얘기하지 않는 경향이 있어서 부모는 아들의 학교 교우관계나 선생님과의 관계 등에 늘 관심을 두고 지켜보아야 한다. 학교 폭력은 대개 은밀하게 발생하는 만큼 주변 사람들의 각별한 관심이 필요하다. 집에서 갑자기 태도가 거칠어졌다거나 일상적으로 하던 일을 안 하고 새로운 친구들과 어울려 다닌다거나 하는 변화를 간과해서는 안 된다. 수면시간과 건강 상태 특히 몸무게가 정상으로 유지되고 있는 지도 체크해야 할 사항이다.

남학생들은 새벽에도 또래끼리 연락을 주고받으며 많은 일이 일어난다. 때로 새벽에 아들이 무엇을 하는지 살펴본다. 잠자는 시간과 식사시간을 확인한다. 아들이 고통받고 있다면 상황을 있는 그대로 냉정히 파악하고 대처방안을 마련해야 한다. 고통을 인정해주어야 한다. 아들에게 "왜 그것도 못 이기느냐?, 왜 그런 일로 고통스러워하느냐?"라고 묻는 것은 상황을 악화시킨다.

자존감이 낮은 남학생의 경우 폭력이나 왕따 등 학교 부적응문제로 힘들 가능성이 크다. 자존감이 낮을 우려가 있는 남학생의 특성을 알아본다.

첫째, 성장 과정에서 사랑받지 못한 외로운 환경인 경우가 많다.

둘째, 학교생활의 목적을 찾지 못하고 유대감을 가질만한 집단에 소속되어 있지 않고 고립되어 있다.

셋째, 작은 일에도 불안해하거나 학교에 나오는 것을 두려워한다.

넷째, 충분히 이겨 낼 수 있는 과제인데도 달성하려고 시도하지 않는다.

다섯째, 학교의 각종 활동에 거의 참여하지 않는다. 책임지는 일을 싫어한다.

여섯째, 작은 비난과 소문에도 힘들어하고 타인의 탓으로 돌린다.

일곱째, 표정이 어둡고 잘 웃지 않는다. 활동적이지 않으며 또래와 운동하거나 놀기를 싫어한다.

그러면 자존감이 높은 남학생으로 키우려면 어떻게 해야 할까. 아들이 어떤 상황에도 자신을 긍정하고 낙관적인 해결 방법을 지니게 하려면 다음과 같은 점에 유의하면 좋다.

첫째, 일단 자기 자신을 있는 그대로 볼 수 있어야 한다. 현실을 직시할 수 있어야 한다.

둘째, 아들의 감정을 존중하라. 특히 부모가 약자에 대한 책임감과 배려를 실천한다.

셋째, 아들에게 삶의 가장 근본적인 책임인 밥벌이의 중요성을 알게 하라. 소중한 것을 자신이 지키지 않으면 타인이 자기 영역을 침범한다.

넷째, 아들이 잘한 일을 실제 근거를 들어 칭찬한다. 칭찬은 성취감을 높여주며, 실력은 자신감을 키워준다.

다섯째, 아들이 주장을 말할 수 있게 한다. 아들의 의견을 존중하고 용기 있게 표현하도록 장려한다.

여섯째, 아들의 실수를 포용하고 죄책감에 얽매이지 않도록 한다.

부모보다
친구가 최고인
아들
- 또래 집단의 중요성

오전 9시, 학교에 간 아들의 방을 보고 한숨 쉬는 엄마, 등교하는 자녀들을 뒤로하고 직장에 간 부모들의 가슴은 한차례 회오리바람이 지나간 듯하다. 후우! 하고 심호흡을 하게 된다.

등교는 매일 치러지는 행사이다. 행사라는 표현이 적절할지 모르나 그만큼 만만치 않은 일이다. '사랑은 책임이다.'는 말을 누가 했던가. 부모가 된 후 한순간도 책임에서 자유로울 수 없다. 그렇다고 부모 된 걸 후회하는 사람은 없을 것이다. 그런데 하루의 시작을 좋게 지내지 못하고 아들이 훌쩍 등교한 뒤 부모 마음은 안 좋을 때가 많다. '괜히 밥 좀 더 먹으려다가 싸웠네. 내가 좀 참을걸.' 혹은 '정말 용서할 수 없어. 어떻게 저 애가 저렇게 변했지?', '상담센터에 데리고 가 볼까?' 등 걱정과 답답함이 이루 말할 수 없을 것이다.

그러나 아들은 학교에 도착하자마자 친구들을 보는 순간 활기를 되찾고 있을 것이다. 혹 학교에 가서 담임 선생님이나 상담전문가와 상담이라도 하러 가면 대부분 이렇게 답할 것이다. "아드님은 정상이에요. 잘 크고 있으니 염려 마세요."

대부분 학교에서 일과 중 첫 번째로 아침 자습시간이 있다. 등교하고 약 10~20분 정도 담임과 하루 일과에 대해 이야기하고 또 학생들은 수업을 준비하는 시간이다. 이때 학생들을 관찰해 보면 등교 후 친구들을 만난 순간 생기가 돌고 하루 동안 해야 할 일들이나 과제 확인 등으로 바쁘다. 집에서 있었던 일로 마음 무거워하거나 멍하니 있는 학생은 드물다. 그러니 부모들은 걱정을 내려놓아도 된다.

아들에게 가장 영향력 있는 사람은 권력자도, 유명 스타도 아니며 바로 또래 집단이다. 십 대 남학생이 보이는 행동은 또래 집단의 영향이 크다. 십 대 남학생에게는 어떤 경우 부모보다 또래 친구가 더 중요하다. 가족 행사에 잘 안 가려 하고 여행에도 안 따라가려 하는 남학생이 친구들과 하는 일에는 적극적으로 준비하고 참여한다. 학교에서 가는 수련회나 동아리 엠티 등에는 무슨 일이 있어도 가려 하고 이것저것 신경 쓰고 고대한다. 또래가 머리를 자르면 함께 자르고 옷을 사면 같이 사려고 한다. 가방도 괜히 새로 장만한다. 그런데 부모의 요청에는 냉랭하다.

"저 빼고 가세요."

이런 말을 아들한테 들으면 부모는 어깨에 힘이 빠질 것이다.

"친척들 다 모이는데 왜 안가? 잠깐이면 되는데, 식사도 하고."

"안 가고 싶어서요."

이런 현상은 남학생 아들이 자신의 사회적 관계를 쌓느라 거기에 온통 관심이 쏠려 있기 때문이다. 이럴 경우에는 아들이 그런 모임에 가지 않아도 허락해주는 것이 좋다. 이성과 늦게까지 있는 약속이 아니면 또래와 만나는 것을 허락하는 게 좋다.

아주 중요한 모임이어서 꼭 아들이 같이 가야 한다면 미리 아들과 얘기하고 왜 참석해야 하는지 부드럽게 말해 두어야 한다. 그런 결정을 할 때 부모 의견을 일방적으로 주장하기보다 아들의 의견을 존중하면서 미리 마음의 준비를 하도록 여유를 둔다.

가장 최악은 억지로 데려가는 것이다. 그러면 아들의 반감이 커지고 부모의 순수한 목적도 퇴색되어 관계가 나빠진다.

십 대 남학생이 부모와 함께 하는 일보다 친구들과 더 잘 어울리는 이유는 부모를 거부하는 것이 아니다. 그들은 가족의 범주를 넘어선 사회적 관계를 형성하고 싶어 한다. 그리고 사회적인 관계를 유지하는 법을 배움으로써 성장한다. 선한 영향을 끼칠 수 있는 또래 집단에 속하게 하면 된다. 아니 내 아들이 선한 영향을 끼치는 또래 친구가 되면 더 좋다.

어느 정도 성장하면 다시 가족의 소중함을 느끼고 자발적으로 참여한다. 친척들 모임이나 가족들의 중요한 기념일에 참석하기 시작하면 십 대 아들의 사춘기가 어느 정도 끝나가고 있다고 보면 좋을 듯하다.

아들을 겉모습보다 30% 정도 좋게 바라보면 실제 모습에 가까워진다.

부모는 걱정 때문에 지레 염려하고 조바심내면서 다그친다. 그런 부모의 언행이 아들의 성격을 더 예민하게 한다. 십 대 아들과 매일 맞대고 그 성장 과정을 갈등 속에서 지켜보는 부모의 마음을 무엇에 비교할 수 있을까. 아들은 모른다. 자신은 자연스럽게 성장하고 있기 때문에. 이 갈등은 주로 아들의 독립 욕구에서 비롯되는데 정신적인 면에선 감정적인 독립과 사회적인 독립, 지적인 독립으로 나누어 살펴볼 수 있다.

미국의 청소년 전문가 스타인버그와 레빈은 "부모 자식 간의 십 대 시절 대결은 중학교 2, 3학년에서 절정에 이르다가 점점 하강한다."라고 했다. 발달 단계에서 부딪히는 여러 문제를 미리 대비하고 전략적으로 대응하는 지혜가 중요하다. 그렇게 함으로써 부모의 정신건강과 가정의 안온함을 지킬 수 있다. 아들과 얘기하다 소리지르면 가족 모두 순조롭게 일상을 영위하지 못하는 갖가지 갈등을 겪게 된다. 이를 예방하고 항상 긍정적인 방법으로 대응하기 위해서 어떤 노력을 해야 할까.

부모가 하기 쉬운 가장 큰 실수는 아들이 어른으로 성장하는 과정에서 부모에게서 독립하고자 시도하는 행동을 부모의 사랑이 더 이상 필요 없어서 하는 행동으로 오인하는 점이다. 아침 시간은 특히 각 가정에서 긴장하며 각각 일터와 학교로 향할 준비를 하는 시간이다. 가족이 서로 협력해서 일과를 시작하는데 십 대 남학생 아들은 불평할 때가 많다. 불평이 너무 많아서도 문제지만 아무 말도 안 하고 며칠씩 지내는 경우는 더 답답하다. 특히 남학생은 그의 감정과 생각을 드러내려 하지 않는다. 부모는 그런 모습을 자연스럽게 인정해 주면 된다.

"굳이 말해 주지 않아도 돼. 나중에 말하고 싶을 때 해."라고 한발 물러서 준다.

중요한 결정을 아들 스스로 내리려 할 것이다. 남학생들은 보통 어린애처럼 자신을 사랑한다는 표현을 하는 부모의 행동을 쑥스러워한다. 학교에 차로 데리고 가 주려 해도 거절하고 옷을 사다 주는 일도 거절하고 숙제하는 데 도와줄까 해도 거절할 것이다. 이는 남학생이 독립적인 어른으로 성장하기 위해 그러는 것이지 부모와 거리를 두려고 하는 행동이 아니다.

다만 "만약 도움이 필요하면 말해라. 도와줄게."라고 말해두면 된다. 그런 말들은 일석이조이다. 아들에게 '내가 너를 사랑하고 있고 관심을 두고 있다.'라는 메시지를 전하면서 필요할 때는 도와줄 준비가 되어 있다는 든든한 의지가 되는 말을 표현하고 있기 때문이다.

특히 남학생은 중학생이 되면 엄마나 아빠가 안아주는 걸 꺼리는 경우가 있다. 더더구나 볼을 비비거나 꼬집는 등 귀엽다는 표시를 하면 짜증을 확 내는 수가 있다. 이는 그들이 어른처럼 행동하고 싶고 한편으로는 어린애처럼 사랑받고 싶은 두 가지 마음 탓이다.

십 대 남학생에게는 칭찬할 때도 조심해야 한다. 무조건 어린아이에게 하듯이 칭찬하는 것은 역효과를 가져온다. 남학생이 무엇이든 책임감 있게 완수했을 때 칭찬해주면 좋다.

아들 주위의 친구들을 잘 관찰하고 관심을 두고 바라보라. '맹모삼천지교'라는 말이 있다. 아들에게 좋은 환경을 마련하기 위해 세 번이나 이사하면서 교육을 한 맹자의 어머니 얘기다. 이는 오늘날에도 여전히 유효한 교육의 명언이다. 그런데 꼭 이사를 가야만이 환경이 바뀌는 것은 아니다. 물리적인 환경도 중요하지만, 아들 주변에 어떤 친구들이 있는지 주목해 보라. 근묵자흑 근주자적이다. '친구를 보면 그 사람을 안다.'라고 했다. 아들의 교우관계는 가장 중요하다. 부모보다 그들의 영향이 더 크기 때문이다.

선한 일, 양심적인 일은 전염이 잘 안 되지만 죄는 잘 퍼진다. 학교에서도 마찬가지다. 한 번 어떤 불미스러운 일이 생기면 학생들의 행동이 달라진다. '그 정도의 행동을 학생이 할 수 있는 거구나.' 하면서 잘못을 닮아가는 면이 있다. 그래서 학교에서는 매해 학교 규정을 다시 검토하고 수정한다. 학교의 모든 활동은 규정에 따라 이뤄지므로 학생들의 도덕적이고 윤리적인 행동도 거기에 준하여 평가된다. 학교마다 약간씩 차이가 있을 수 있다.

등교하기 전에 집에서 벌어졌던 대화나 일들을 다시 떠올려 보자. 만약 아침에 남학생 아들과 등교 시간에 여러 갈등과 마찰이 있었다면 돌이켜 보라.

– 아들이 감정적으로 독립하고 싶어서 한 행동이었는데 부모가 강요한 것은 아닌가?
– 아들이 사회적인 관계를 이제 친구들을 통해 배우고 그들과 돈독하게 지내려고 하는데 부모는 가족에게 서운하게 행동했다고 하지 않았는가?
– 십 대 아들은 자기 나름대로 좋아하는 음악, 옷, 책 등을 고르고 누리고 싶어 하는데 어른의 취향으로 아들에게 지적한 것은 아닌가?
– 아들은 지적으로 부모에게서 독립하기 위해 그들의 생각, 공부의 방향, 종교적인 선택 등을 자유롭게 선택하고 탐색하려는데 부모가 잔소리하지는 않았는가?
– 아들이 어린애처럼 취급하는 부모의 행동이 싫어서 거절했는데 부모는 아들이 더 이상 부모를 존중하지 않는다고 확대해석한 것은 아닌가?

아들은 여전히 부모를 의지하고 사랑하고 있다. 일시적으로 십 대 시절에 어른이 되는 발달과업을 완수하기 위해 고군분투하고 싶어 하는 아들에게 자유를 주자. 그들이 손을 내밀 때만 도와주고, 그들이 물어올 때만 답해 주자.

뭐든 다 해주는 친절한 부모님은 나중에 나이 들어서도 아들에게 영원히 친절하게 응해주어야 한다. 그럴 각오가 되어 있는 부모라면 계속 아들의 손발이 되어주면 된다. 아들에게 독립하는 기회를 주고 부모도 책임에서 서서히 벗어나는 연습을 해야 한다.

'자살 징후'와
가정에서의 대응법
– 자살 예방

십 대 청소년의 자살문제는 해마다 심각하게 받아들여지는 비극이다. 15세에서 24세까지 청년의 사망원인 중 세 번째에 해당할 정도로 심각하다. 사회가 발달할수록 자살률은 늘어났다. 십 대 아들은 부모와 갈등이 있을 때, 인간관계가 힘들어질 때 자살을 생각한다. 여학생보다 4배나 높은 자살률을 보인다. 보통 자살문제를 쉬쉬하고 해결이나 예방에 대한 논의를 공개적으로 잘 하지 않는다. 그러나 청소년의 건강한 삶을 위해서 반드시 예방법에 대한 인식이 필요하다.

어린 시절보다 청소년기에 자살 위험이 큰 이유는 이들이 엄청난 성장기에 사회적 성숙, 지적 성숙을 해내야 하고 기대에 맞게 적합한 행동을 익혀야 하는 압박감을 느끼기 때문이다. 특히 주위의 기대가 큰 경우 더 위험하다. 기대에 부응하지 못하는 절망감은 자신이 쓸모없다는 생각으로 비약하기 때문이다.

청소년은 그들의 고민을 어느 누구에게 말해도 해결되지 않을 때 탈출구로 자살을 선택할 위험이 있다. 슬픔이 원인이라기보다 고민을 해결할 방법이 없어서 자살을 선택한다는 것은 안타까운 점이다.

청소년은 힘들 때 도움을 요청하는 사인을 보낸다. 단 한 사람만이라도 그를 이해해 주는 사람이 있다면 극단적인 선택을 하지 않는다고 한다. 또 자살 이전에 자해를 하는 경우가 많다. 부모는 작은 변화라도 자녀의 건강과 생명에 관한 문제는 심각하게 검토할 필요가 있다.

예견된 상황을 알고 부모가 개입하면 극단적인 선택을 미연에 방지할 수 있다. 학교에서도 매년 정서행동특성검사를 해서 우울감이나 정서적인 문제 등을 알아보고 각 가정에 결과를 보내고 있다.

알렌은 청소년 자살을 예견해 예방할 수 있는 요인을 제시했다. 정신적인 불안, 스트레스가 일반적인 원인인데 자살자의 95%가 정신적인 문제를 지니고 있었다. 자주 발견되는 원인은 다음과 같다.

- 가족의 문제가 십 대 청소년에게 가장 고민되는 부분이다. 이혼, 경제적인 어려움이나 변화, 지나치게 완고한 부모의 통제, 가족 중 알코올 중독자 등이 존재하는 경우
- 또래 친구들로부터 고립되는 상황, 친한 친구가 한 명도 없는 외로움
- 자존감이 낮은 경우, 여자 친구와 헤어진 충격, 성적이 떨어지는 상황, 친한 친구의 상실
- 주변의 아는 사람이 자살할 경우 자살이 허용되는 행동인 것으로 오인함
- 잦은 이사로 주변 사람들과 인간관계를 꾸준히 유지하지 못하는 경우
- 드물게는 성의 문제로 고민하는 경우

- 가족 중 우울증이나 자살의 가족력이 있는 경우
- 육체적 학대, 감정적 학대, 성적 학대가 있는 경우
- 어려움이 있을 때 도와줄 네트워크가 형성되지 않은 경우, 부모와 또래의 관계 부족

심리적인 치료가 필요한 경우는 청소년 우울증 증상이 대표적인데 이는 조기에 발견하면 약간의 도움만으로도 치료할 수 있기 때문에 부모의 관찰과 판단이 중요하다.

흔히 여학생이 남학생보다 연약하고 우울증에 걸릴 확률이 높다고 생각한다. 그러나 현실은 남학생이 고통과 억울함, 분노를 더 많이 나타내며 자살위험률이 높다. 남학생의 상처받은 마음은 늦기 전에 풀어주려고 노력해야 한다. 상처가 내면화되면 남학생은 자신을 학대하거나 우울증을 앓게 된다. 남학생의 복장이나 일상의 스케줄에 변동이 생긴 경우는 왜 그런지 파악해본다. 새 친구를 사귀었거나 학교에서 무슨 일이 있는 경우이다.

어떤 문제가 일어나기 전에 보이는 패턴이나 징조를 떠올려 보라. 그리고 적어보라. 부모는 기억해야 한다. 남학생들도 부모의 기대를 충족시키고 싶어 한다. 끝없이 격려하고 격려하라.

남학생들은 자신을 제약하는 환경과 억압에 취약하다. 부모와 학교의 기대에 부응하지 못하는 남학생은 경쟁을 두려워하고 미리 포기한다. 자신의 모습을 받아들이지 못하고 벗어날 방법을 찾다가 그릇된 방법으로 여러 중독에 빠지거나 자살한다.

남학생들은 각기 다른 개성을 지니고 있다. 개인의 고유한 특성을 존중해 주어야 한다. 남자들은 전통적으로 사회에서 강하고 책임감 있게 행동해야 한다는 무언의 압박감을 받는다. 남자라고 해서 강한 척할 필요는 없다. 괜찮다고 있는 그대로의 모습을 인정해 준다.

부모가 눈여겨 보아야 할 위험 징조들은 다음과 같다.

첫째, 아들이 약을 먹을 때 취하는 모든 약 처방에 대해 알고 있어야 한다.

둘째, 평소와 달리 대화를 하고 싶어 하거나 극도로 고민이 있는 사람의 얘기를 하는 경우

셋째, '죽어버리겠다.', '차라리 죽는 게 나아.', '콱 떨어져 버릴까?' 하는 말을 내뱉을 때

넷째, '사는 게 의미가 없다. 왜 사는지 모르겠다.'라는 우울 증세를 보이는 말을 할 때

다섯째, 무기력한 모습이 장기간 보일 때, 더 이상 집에 안 올 거야', '사라져 버릴 거야.' 등의 말을 할 때

여섯째, 아끼던 물건을 친구들이나 형제에게 나눠줄 때

일곱째, 좋아하던 활동을 그만두거나 가장 좋아하는 물건을 잃었을 때

여덟째, 위험을 수반하는 행동에 관련되었을 때

아홉째, 학교생활과 운동 등에 흥미를 완전히 잃었을 때

이 외에도 죽어버림으로써 사람들한테 자신의 감정을 알리고 싶다고 할 때, 그런 말을 단순하게 하는 말로 알아듣지 말고 심각하게 받아들여야 한다. 관찰하고 경청할 부분은 친구와 다투고 상심할 때 크면서 지나

가는 일 정도로 안도하기보다 아들의 말을 진지하게 듣고 해결 방안을 생각해 본다.

상대방의 부모나 학교 선생님과 상담해 보는 것도 필요하다. 어른에게는 별일 아닌 것도 자녀에게는 큰 압박감이 될 수도 있기 때문이다. 부모와 이야기하기를 꺼릴 때는 다른 친척이나 운동 코치, 상담전문가, 의사 등 주변에 당부한다.

우울감은 남성의 5~12%가 한 번쯤 겪는다고 한다. 십 대에 우울감은 자칫 극단적인 행동으로 나타날 수 있다. 폭식을 하거나 반대로 음식을 거부하는 경우, 성적이 떨어져 잠을 못 자는 경우, 부정적인 생각을 계속 호소하는 경우 치료를 받게 하는 것이 좋다. 이를 방치하면 낫는 게 아니고 점점 상태가 나빠질 수 있기 때문이다.

평소 십 대 우울증 증상에 대해 일상적으로 이야기한다. 그리고 아들이 어떻게 느끼고 생각하는지 또 자신의 상태를 대수롭지 않게 여기는지 관찰한다. 대부분 십 대 아들은 도움이 필요 없다는 투로 이야기할 것이다. 하지만 뭔가 힘들어할 경우 경험 삼아 한번 상담을 받아보자고 제안해 본다. 부모가 아들에 대한 관심보다 다른 일에 쫓길 때 일상생활을 유지하고 있으나 시간이 흐를수록 아들의 정신건강은 계속 어둡게 될 수 있다. 평소 아들이 친한 친구 가정과 네트워크를 유지한다. 친척 중 아들과 속을 터놓을 수 있는 연장자가 있으면 좋다.

청소년 우울증은 성장 과정에서 나타날 수 있는 현상으로 이런 치료는 적절한 시기에 이뤄지면 일시적인 과정으로 쉽게 고칠 수 있다.

K 군은 성격이 온순하고 성실한 학생이었다. 부모와 관계도 좋았고

겉으로 아무 문제 없이 학교에 잘 다니고 있었다. 그런데 어느 날부터 방에서 전혀 나오지 않고 외부와 관계를 끊었다. 방안에서 어떤 일을 하고 있는지 알 수 없었다. 학교에 출석을 하고 있었으나 시간이 지날수록 등교를 하지 않고 동네 근처의 게임방에서 시간을 보내는 일이 생겼다. K군의 어머니는 이를 알게 되자 침착하게 집에 들어와 있어도 된다고 말했다. 아들은 어머니의 허락을 받고 집에서 하고픈 대로 지냈다. 어머니는 일단 이런 증상을 정신과 의사 선생님과 상의했다. 의사 선생님은 우울증 처방을 내리고 일시적인 우울감이니 걱정할 것 없다고 했다.

K군은 적기에 치료를 받은 덕분에 그 후 학교에 적응을 잘하고 그런 일이 있었는지조차 기억하지 못할 정도로 활력을 되찾았다. 어머니의 지혜로운 대처가 아들을 심각한 문제가 생기기 전에 구한 것이다.

이처럼 부모의 대처방식은 중요하다. 남학생은 우울감이 있으면 작은 질책에도 비관하고 부모에게 걱정 끼치지 않으려고 말하지 않고 고민하다가 그릇된 선택을 한다. 아니면 자신의 의사를 존중하지 않는 부모와 세상을 향한 분노를 극단적인 방법으로 표출한다.

부모는 어떤 경우에도 남학생 아들의 치료에 가장 큰 영향을 미치는 존재이므로 의사나 심리치료사의 도움을 적극적으로 받을 수 있게 한다. 가정에서 아들에게 필요한 영양이 충족되도록 하고 편안한 수면과 규칙적인 운동을 권장한다. 부모와 함께할 수 있다면 더 좋을 것이다.

항상 아들에게 아들의 존재 자체가 큰 기쁨이라고 말해 준다. 긍정적인 언어로 지지해 준다. 오글거리는 말인 듯하지만 의외로 아들들은 사랑의 표현을 기억하고 의지한다.

생명이 얼마나 소중한지에 대해 적절한 예화를 들려준다. 아우슈비츠 수용소에서 끝까지 희망의 메시지를 찾았던 빅터 프랭클 박사의 이야기 등을 알려 주면 좋을 것이다. 죽음의 현장에서도 그는 '생과 사의 선택은 자기 자신에게 있으며 이는 누구도 빼앗을 수 없는 소중한 자유라는 사실'을 깨달았다. 세상의 어느 누구도 귀한 생명을 앗아갈 권리는 없다.

자기 스스로 포기하지 않는다면 삶은 지속되고 환경은 좋아질 것이다. 이런 예화를 들려줄 수 있는 나이도 십 대 시절이기에 가능하고 치유도 쉽다. 아들은 급속히 성장하기 때문에 하루 10분이라도 아들과 좋은 대화를 나누거나 함께 하는 시간을 가진다.

절대 '내 아들이 어떻게 이런 우울감을 가질 수 있지?'하고 실망하지 않도록 한다. 아들이 의도적으로 이런 행동을 하는 것도 아니고 스스로 통제하기 어려운 부분이므로 긍정적인 말로 여유 있게 대한다. 부모가 참는 만큼 아들은 강하게 이겨나갈 힘을 얻는다.

'컴퓨터만 없었다면, 스마트폰만 없었다면' 속으로 수없이 외쳤다.!!

우리 집에서는 아들들에게 핸드폰을 중학교 들어가서야 사주었다. 컴퓨터 사용을 매우 강력하게 제약했다. 아들이 둘이었기 때문에 서로 컴퓨터 게임을 한다고 다투는 때가 많아서 더 힘들었다.

처음에는 주말에만 한두 시간씩 허용하는 식으로 매우 제한했다. 시험 끝난 주는 맘껏 하게 해 주기도 하고 일일이 일지를 써서 언제 몇 시간 했다는 걸 기록으로 남기기도 했다. 그리고 비번을 걸어놓고 안전모드로 아예 켤 수 없게 했는데 알고 보니 본체를 분해해서 비번을 풀어 사용하고 있었다. 맞벌이 가정이라 오후 세 시 이후에 부모가 집에 없으니 손방이었다. 맞벌이 가정이라고 다른 가정에서도 자기 자식을 부모 없는 빈집에 안 보낸다는 풍조여서 주로 아들 혼자 집에 있을 때가 많았다. 공부가 재미있으면 스마트폰도 컴퓨터도 문제 될 게 없다. 맘껏 즐기면서 자기 공부도 해 가면 좋다. 그런 가정에서는 이해 못 할 일이다. 그러나 우리 집에서 아들들이 게임을 좋아해서 결국 출근할 때 컴퓨터 모니터를 보자기에 싸 들고 다녔다. 큰아들이 고3 때까지 모니터를 싸 들고 다녔는데 집에서 게임을 못 하니 아마 PC방에 다녔을 거라고 짐작한다.

그리고 독서실에서 공부하도록 했다. 집에서 안 되는 공부라면 독서실에 가서 집중할 수 있게 했다. 그런데 독서실도 인터넷 검색용으로 복도에 컴퓨터를 비치해 놓아 언젠가 독서실비를 내려 가보니 아들이 독서실 복도에서 컴퓨터를 사용하고 있는 게 아닌가. 정말 마음에 공부할 뜻이 없으면 어떤 수단으로도 노는 걸 막을 수 없다는 사실을 깨달았다. 이럴 때 아쉬운 게 아빠의 역할이다. 아버지와 아들이 대화하면서 서로

통하면 훨씬 문제 해결이 수월했을 텐데, 늘 남편은 바깥일에 바빴다. 남편은 아들들이 사춘기에 들어서서 반항하고 게임에 빠지고 하니까 아들들 대하기를 꺼렸다. 아들들을 보면 화나니까 마주칠 기회를 만들지 않으려고 주말마다 산으로 향하는 남편이 참 섭섭할 때가 많았다. 당시만 해도 '아빠의 무관심, 엄마의 정보력, 할아버지의 경제력'이 자녀 교육의 필수조건이라는 농담이 유행이었다.

지금 돌이켜보면 그때 완강하게 컴퓨터 사용을 제한한 일은 잘한 것 같다. 아들들이 어렸을 적 자발성을 키워주지 못하고 늘 바쁜 이유로 여유 없이 키운 탓에 스스로 자제하고 목표를 세울 때까지 기다려주지 못했다. 아들들의 의견을 묻고 선택하게 하고 자제하는 훈련을 하고 함께 놀아주지 못한 후폭풍이 그렇게 거셀 줄 몰랐다. '언젠가 자기 진로를 걱정하고 공부에 전념할 때가 오겠지.' 하며 인고의 세월을 보냈다.

한번 믿어보는 수밖에 없었다. 가족여행 한번 못하고 시간이 흘렀다.

두 아들 입에서 놀랍게도 "공부해야겠다."라는 말이 나왔을 때는 고등학교 2학년 2학기 무렵이었다. 그 후 집중적으로 공부에 몰입해서 둘 다 재수 안 하고 원하는 대학에 갔다. 가끔 지금 중·고등학교 때 더 열심히 할 걸 하고 후회하지 않느냐고 물어본다. 그런데 자기들은 게임에 그렇게 많이 빠지지 않았기 때문에 다행이었다고 한다. 사춘기를 심하게 겪지 않아서인 것 같다고 말한다. 자식들은 자기들이 부모에게 어떻게 대했는지 잊어버리는 듯하다. 부모 눈에는 자식이 밤낮 컴퓨터와 스마트폰만 하는 것 같았는데 자식은 자기가 할 일을 해 가고 있다고 판단한다.

코칭 Tip

컴퓨터 게임이나 스마트폰 사용은 아들의 정신적인 문제입니다. 자녀와 스마트폰 사용 시간을 구체적으로 정하거나 부모님과 약속을 통하여 사용 시간을 조절한다든지 하여 다른 활동을 할 수 있도록 도와주세요. 스마트폰 중독이 심할 경우 전문가를 찾아가 도움을 받아보는 것도 좋습니다.

Part 4

소년에서 남자로
성장하는 과정

일주일 단위로
규칙적인 생활을 한다
(7·7·7 법칙)
– 습관 형성

이른 봄 숲속에 가면 빗방울 듣는 소리가 속살거리듯 난다. '비가 오나?' 하고 가만 들어보면 새싹이 땅속에서 낙엽을 밀고 올라오는 소리다. 단단한 땅을 뚫고 솟아나는 생명의 합창이다. 연이어 소리 내는 그 규칙성에 놀라고 경이로운 생명력에 마음이 푸르러지는 듯하다. 한순간도 쉬지 않고 굳은 땅을 헤집고 돋아나는 새싹의 힘을 보면 우리의 십 대 아들들은 하루하루 얼마나 놀라운 성장을 하고 있을까 생각하게 된다.

누구나 좋은 습관은 인생의 밑그림이라는 사실을 알기 때문에 많은 가정에서 자녀의 행동과 생활에 간섭하는 경향이 있다. 그러나 사춘기의 남학생들은 부모의 뜻대로 행동하지 않는 게 일반적인 특징이다. 남학생이 십 대에 이르면 어찌 된 일인지 이제껏 지켜 온 가정의 여러 가지 규칙이 무너진다. 남학생은 예상과 기대에 어긋나는 행동을 일삼는다. 그들은 일관되게 즉흥적이며 들떠 있고 어디로 튈지 모르는 공처럼 행동한다. 꽉 짜인 학교의 틀 안에 묶여 꼼짝 않고 공부만 했던 산업사회의 교육방식이 지금 남학생에게는 힘을 잃은 지 오래다. 그래서 부모는 아들

교육에 더 힘이 든다. 아들의 개성에 맞는 교육방법을 찾느라 방황하는 학부모가 많다.

새싹처럼 십 대 남학생의 삶도 쑥쑥 인생의 청춘을 향해 돋아나고 있다. 부모의 눈에는 전혀 새로운 모습으로 변하는 아들이 애벌레에서 나비로 탄생하는 것처럼 보일지도 모른다. 그러나 그들이 저절로 성장하는 것은 아니다. 매일 반복되는 일상의 규칙을 잘 지키고, 꾸준히 부모와 학교 그리고 이웃이 남학생 아들과 함께 해 줘야 아들은 멋진 성인 남자로 태어난다.

남학생의 삶을 건강하게 하는 첫 번째 비결은 좋은 습관을 지니는 일일 것이다. 초등학교 고학년 때부터 계획적으로 생활을 일주일 단위로 구분해 우선순위를 정해 놓고 좋은 습관을 들여가야 한다. 만약 사춘기가 절정에 이르러서야 '규칙을 정한다.', '일주일 생활 계획을 세운다.' 하며 아들을 다잡으려면 이미 늦은 감이 있다. 지금부터라도 부모가 한번 정한 규칙을 지키도록 일관된 행동을 한다. 실천하기 쉬운 규칙부터 세워 대담하게 지켜나간다. 한번 말한 것은 끝까지 지키는 부모의 리더십을 보여준다.

부모는 아들에게 좋은 환경을 만들어 주기 위해 열심히 일하고 노력한다. 좋은 환경이 갖추어지면 아들은 더욱 기쁘게 공부하고 성장하여 부모보다 더 훌륭한 삶을 살 수 있다고 기대한다. 그런데 그렇게 생각대로 잘 안 된다. 뭣보다 아들이 고학년이 되어 커가면서 부모의 관심은 온통 학력에 집중되기 시작하는데, 정작 남학생에게 필요한 것은 자아독립과 책임의식의 발달이다. 먹는 것, 자는 것, 집안일, 공부, 운동 등 바람직한 행동을 습관으로 몸에 익힌 남학생은 경쟁력이 있고 자신의 재능을 활짝 꽃피운다. 남학생이 온전한 사회인으로 성장해 한 가정의 가장이 되어 책임감 있는 성인 남자로 자라기 위해서는 좋은 습관을 지녀야 함은 기본이다.

가족치유 상담전문가인 정태기 박사는 부모들에게 "부모부터 작은 거라도 꾸준하게 해보라. 마음이 큰 사람, 생각이 큰 사람이 되면 세상에서도 크게 성공한다. 한 살부터 일곱 살까지가 중요하다. 어릴 때 몸에 밴 것은 안 하려고 해도 하게 된다. 또 이 나이에 자녀가 있으면 그 앞에서 절대로 싸우지 마라. 이렇게 7년 동안 키우면 이 아이들이 40대가 됐을 때 대통령도 나올 수 있다. 마음이 큰 사람이 돼야 한다."고 말했다.

일곱 살은 한참 전에 지났지만, 지금부터라도 아들 교육에 기본을 다시 세워보자. 먼저 규칙적인 생활을 통해 습관을 만들어가기 위한 계획을 세우고 실천해 가도록 노력한다.

또 정태기 박사는 한 강연에서 "인간이 습관을 정착시키는 데는 '3주'가 걸린다."라고 했다. 이를 7·7·7 법칙으로 이름 지어본다.

새롭게 변화하기로 결단하고 실천하기 시작하는 첫 주, 이 시기가 비장하게 가장 실행이 잘 된다. 두 번째 주에는 습관으로 연습이 되는 기간인데 흔히 '몸에 붙는다.'라는 표현을 쓴다. 두 번째 주에는 보통 마음속에 유혹이 있지만 잘 이겨내고 실천하는 단계이다.

가장 위험한 순간은 약 보름이 지난 시기이다. '내가 이렇게까지 변하다니, 나한테 이런 면이 있다니' 하면서 뿌듯한 마음이 들고 여유도 생긴다. 그래서 '반나절만 놀다 할까?' 하고 다른 이벤트에 마음이 뺏긴다. 대부분 사람들은 이 두 번째 주에 무너진다고 한다. 만약 세 번째 주까지 결심한 대로 성공한다면 습관이 내면화되기 시작해서 변화의 가능성이 아주 커진다고 볼 수 있다. 그리고 습관형성계획은 가능한 아들이 주도적으로 수립하여 실천하고 가족은 최대한 지원한다.

일단 한번 성공한 경험이 생기면 그다음에 다른 목표도 어렵지 않게 세우고 실천할 수 있다. 아들에게 일상의 규칙을 소중히 여기며 변화하는 경험을 하도록 해 보자. 아들도 규칙을 지키는 편이 좋고 편하다는 사실을 깨달으면 잘하게 된다. 이렇게 실천하는 마음의 근육이 생기면 육개월, 일 년 등의 목표를 세워 앞으로 나아가는 탄력이 붙게 된다.

십 대 남학생이 행복한 삶을 살기 위해서는 어떤 규칙이 필요할까. 어떻게 한 주일의 시간표를 디자인할까. 일단 일주일 동안 꼭 해야 할 일을 먼저 써 본 다음에 여가 시간에 게임이나 스마트폰 등 미디어 사용을 허락한다. 우선순위를 생각해 일주일 계획에 적게 한다. 청소년기에 일상이 흐트러지는 것은 가족 상호 간에 필수적인 공동규칙에 대한 협의가 없기 때문이다. 즉, 그의 생활계획을 가족이 함께 실천하며 지원해 준다.

연구에 의하면 규율이 있는 가정의 아이들이 그렇지 않은 가정의 아이보다 매일 2시간 적게 미디어에 노출된다고 한다. 보통 가정에서 TV 보는 시간을 살펴보면 심야 시간은 자녀들이 본다. 부모는 주중보다는 주말 저녁이나 일요일 저녁에 주로 본다. 학업에 바쁜 자녀나 수험생은 이런 시간이 별로 없고 스마트폰으로 짬짬이 보는 경향이 있다.

이렇게 가족의 스케줄을 살펴보면서 꼭 필수적으로 해야 할 일들을 간추려 본다. 너무 거창하고 달성하기 어려운 내용보다 실천하기 쉬운 것들을 써 본다. '주 3회 운동하기, 공부는 몇 시부터 몇 시까지 매일 하기, 잠자는 시간 지키기, 아침 식사는 꼭 하기' 등이 그 예이다. 이런 일주일 계획표에는 반드시 미디어 사용 시간, 귀가 시간을 정해 놓아야 한다. 이성 교제의 규칙도 정한다. 특히 성인이 되기 전까지 귀가 시간, 데이트 시간 등을 꼭 미리 정해 규칙을 어기지 않도록 한다. 규칙은 가족의 협의에 따라 수정 가능하다. 그리고 성인이 되면 아들이 전적으로 자신의 자유를 얻을 수 있다.

평소 부모 역할의 모델로 존경하는 지인 가정의 예를 들어본다. 그 가정에서는 새해가 되면 가족이 모여 그해의 목표를 나누고 실천하고, 연말에 그 결과에 관해 이야기한다고 한다. 근 10년 이상 그렇게 해가니까 어느새 가풍으로 정착되어 이제는 손자도 그렇게 양육해 나갈 계획이라고 한다.

두 아들이 성장기에 한때 키보다 몸무게가 급격히 늘어 과다체중일 때가 있었다. 요즘에는 몸무게가 많이 나가는 걸 다 싫어해서 고민을 많이 하는 걸 곁에서 지켜보았다. 공부에는 심각하게 고민을 안 하더니 몸무게 늘어나는 것은 아주 걱정해서 계획부터 실천 방안까지 주의 깊게 실행해 가는 것을 보았다. 운동을 매일 꾸준히 하고 먹는 것마다 칼로리를 확인하며 조절한 다음, 집에 간단한 운동기구까지 사서 자투리 시간에 열심히 아령도 들고 체조를 했다. 아들이 몸무게를 20㎏이나 줄이는 것을 지켜보며 '아, 자기들이 스스로 하려면 저렇게 하는 것을……. 걱정 안 해도 되겠구나.' 하는 믿음이 생겼다.

그 후 아들들은 성적이 흡족하지 않아 공부해야겠다는 위기감을 느꼈을 때 플래너부터 사용했다. 부모가 일부러 강조한 것은 아닌데 스스로 그렇게 했다. 특히 고등학교에 올라가서는 플래너의 효용을 알고 기록하고 점검하였다. 지금도 목표가 서면 플래너를 준비하고 계획을 세운다. 아마 중학교 때 몸무게 줄인 경험이 작용하지 않았나 짐작해 본다.

부모의 평소 습관이 아들이 규칙적인 생활을 하는 데 모델이 될 수 있다. 영화 '빌리 엘리어트'는 영국의 탄광촌에 사는 소년 빌리의 성장일기이다. 일찍 엄마가 돌아가시고 형과 아버지와 함께 살아가며 발레리노의 꿈을 키워가는 내용이다. 빌리는 엄마가 보고 싶을 때마다 엄마의 묘지에 가서 꽃을 꽂아 놓는다. 그리고 늘 엄마를 그리워한다.

기억에 남는 장면은 빌리가 냉장고에서 마실 것을 꺼내 입에 대고 마시다가 생전에 엄마가 "컵에 따라 마셔야지!"라고 말한 것을 떠올리며 얼른 엄마 말대로 하는 부분이었다. '부모는 죽어서도 자식을 가르치는구나!' 하는 생각이 들었다.

좋은 습관은 한번 몸에 배면 평생 가고 살아가는 경쟁력의 밑천이 된다. 십 대 아들에게 안 좋은 습관이 생기면 처음에는 고민하다가 어느새 일상이 되어 자연스럽게 받아들이게 된다. 아들의 장래에 안 좋은 영향을 끼칠 수 있는 점들은 아예 시작을 못 하도록 한다.

이를테면 부모님께 알리지 않고 친구 집에서 자는 일이 있다고 하자. 처음에는 남의 집에서 자는 일이 익숙지 않고 부모 허락을 안 받고 집에 들어오지 않은 점에 죄책감을 느끼지만 아무 제재 없이 반복되면 집에 안 들어오는 것에 대해 어떤 제재 기제가 없어지고 만다. 불행히도 바늘도둑이 소도둑 되듯 더욱 바람직하지 못한 습관을 지닐 위험이 있다.

아들에게 좋은 습관이 정착되도록 노력할 점을 제시해 본다.

첫째, 단순한 규칙부터 세워 지켜나가는 습관을 기른다.

둘째, 아들의 행동과 습관을 지켜보며 알맞은 타이밍에 적절한 방법으로 도와준다.

셋째, 가정은 내부의 규칙을 공유하면서 가족 구성원이 다 협조하도록 분위기를 만든다.

넷째, 부모의 의견이 서로 일치해야 효과적이다. 규칙을 지키는 방법도 일치해야 하고 부모부터 정직하게 지켜야 한다.

다섯째, 하루쯤 아무 계획 없는 날을 만들어 아들이 자유롭게 시간을 활용할 수 있게 해 본다.

여섯째, 아들의 정서적 안정을 위해 영성을 키워 줄 내용(명상이나 사색, 종교 활동 등)을 포함한다.

사교육 일번지
대치동 키즈의 명암

– 자발성

맞벌이하면서 자녀를 키우느라 직장 근처로 이사를 수차례 다녔다. 2000년대 초 강남지역으로 발령이 나서 사교육 일번지로 불리는 강남구 대치동에서 십 수년간 살았다. 아들들을 초등학교 고학년부터 대학 시절까지 그곳에서 키웠는데 처음 이사 가서 동료에게 들은 말이 기억난다.

"어떻게 겁도 없이 그 동네로 이사하셨어요? ○○ 중학교가 얼마나 대단한데요? 난 거기 보낼 엄두가 안 나서 다른 동네로 갔어요."

"대치동에 오면 겁이 없는 거예요? 몰랐죠."

불안감을 가지고 아들들을 인근 초등학교 중학교로 보냈다. 아니나 다를까 생각보다 훨씬 대단한 학생들이 많았다. 그러나 우직하게 하던 대로 집에서 숙제하고 학교 수업을 꼬박꼬박 열심히 듣고 하니 성적으로 울 지경은 아니었으나 아들들의 자신감이 많이 떨어지는 듯했다. 어려운 목표에 도전하려고 하지 않았다. 성취욕이 퇴색되어 가는 듯해서 안타까웠다.

당시 '사교육 일번지'라고 대치동에 관한 기사들이 넘쳤다. 대학 입시 열풍에 대치동에 밀집되어 성행하고 있는 학원이 핵심이슈가 되었다. 대학입시에는 최상의 환경이라는 것이다.

대학입시에 필요한 공부만을 생각한다면 대치동은 편리한 점이 있다. 사교육 시장이 가깝고 공부를 열심히 한 또래 친구들이 많다. 꼭 이 지역에 살지 않더라도 대치동의 학원에 다니는 학생이 많다. 방학이나 주말에는 지방에서까지 원정을 온다고 한다. 그런데 꼭 그런 환경에 데려다 놓아야 아들이 성공하는 걸까. 아니 아들이 행복하게 될까.

아들들의 초등학교 시절, 2년간 미국 생활의 공백을 보충할 겸 학원에 등록하려 입학시험(흔히 레벨 테스트라고 한다)을 보았다. 미국 초등학교에서 우수하다고 칭찬받곤 하던 아들들의 실력이 대치동에서는 중간 언저리라고 했다. 아들들이 기가 죽었다. 대치동 학원에 가면 누구나 일단 기가 죽고, 자신감을 잃는다. 예전에 프로젝트를 주면 어떻게든 해 내려고 궁리하던 모습이 점점 사라져갔다. 주어진 숙제하기도 매우 바빴다. 쉴 틈이 없었다. 과제의 양이 많아서 힘들어하는 것 같아 학원에 가서 과제를 줄여달라고 요구하면 과제집착력이 우수해야만 아이가 입시에 성공한다고 꼭 해내야 한다고 했다.

문제는 학원 다니는 과목마다 과제를 그렇게 많이 내주니 아들들은 거의 쉬는 시간이 없이 공부만 해야 하는 상황에 부딪혔다. 어쩌다 결과가 좋으면 경시대회에 내보내자고 해서 일요일에도 경시대회를 쫓아다녔다. 경시대회를 치르는 장소에 가보면 선거철에 연설하는 장소처럼 차들이 **빽빽**했다. 결국, 두 아들은 중학교 2학년부터 학원에 안 가겠다고 독립선언을 하기에 이르렀다. 그 후 아들이 사교육을 받을지 말지는 아들들 마음대로 하라고 맡겼다.

자발성이 갖춰져 있지 않으면 아들은 늘 시키는 공부만 피동적으로 하다가 싫증을 내게 되고 게임이나 다른 소일거리에 빠지게 된다. 결국, 부모로서는 집에서 게임하는 걸 보느니 학원에 가 있으면 안심이 되니까 보내려고 하는 형국이 된다. 학교나 학원에 있어야 마음이 편한 것이다. 그러니 시간과 돈을 들이고도 효과를 보기 어렵다.

학교에서 학생들을 수련회에 데리고 가면 보통 마지막 날 저녁 캠프파이어를 한다. 모닥불에 둘러앉아 학생들에게 '부모님께 감사하는 마음을 갖자.'라고 가르치며 '그동안 얼마나 부모님 속을 썩였는지 친구들에게는 얼마나 잘못된 마음으로 오해를 했는지' 등 교훈적인 말을 한다. 그러면 거의 모든 학생이 훌쩍훌쩍 울기 시작한다. 지켜보는 선생님들이 "부모님 돌아가셨니? 왜 그렇게 울어?" 해도 계속 운다. 그러면 선생들은 감동한다. '이렇게 착한 아이들을 그동안 몰랐네. 내가 너무한 일은 없나?' 하고 반성까지 하면서.

그런데, 캠프파이어 행사가 끝나고 숙소로 돌아가자마자 학생들은 언제 그랬냐는 듯이 와자지껄 폭풍 수다에, 장난에 시간 가는 줄 모르고 논다. 그래서 선생님들은 다시 생각한다. '우리가 아이들을 가르칠 때 조심해야겠구나. 아이들은 인도하는 대로 곧이곧대로 따른다. 믿을 수 없을 정도로.' 학생들은 이처럼 부모님들이 생각한 것보다 훨씬 순수하고 될 수록 힘닿는 데까지 어른들의 기대에 부응하려고 노력한다.

대학입시문제도 그런 것 아닐까. 마치 뜨거운 쇳물을 주물 틀에 넣었다가 식혜 모양대로 물건을 만들 듯이 아들들의 고유 성정에 맞게 키우는 게 아니라 주어진 시스템에 넣고 아들들을 혹사시키고 있는 것은 아닐까. 결국, 아들이 각자 타고난 적성에 맞게 방향을 안내해 주는 역할이 어른들 몫이다.

아들들이 스스로 삶을 선택하고 결단한 점에 대해 지지해 주면 될 것 같다. 항상 스스로 마음에서 우러나오는 결정을 하도록 격려하면 좋겠다. 남학생들은 자신이 믿고 존경하는 대상을 위해서는 기꺼이 희생하는 경향을 보인다. 강남 외의 지역에 근무할 때 뛰어난 남학생들을 많이 봐 왔기 때문에 결코 사교육이 절대적인 힘을 가진 것은 아니라는 점을 확신했다. 굳이 비결이라고 하면 꾸준히 목표를 향해 나아갔다는 평범한 진리이다. 다만 아들에게 적합한 방향으로 노력하도록 곁에서 끝까지 살펴보고 도와주는 일은 필요하다.

J 군은 강남지역이 아닌 지역에서 초·중학교를 다녔다. J 군의 아버지는 그 당시 잠시 직장에서 물러나 있는 형편이었다. 어머니가 일을 나가고 아버지는 쉬는 동안 아들이 학교에서 돌아오면 하루 서너 시간씩 자기주도학습을 하도록 도와주었다. 아버지는 곁에 있기만 했다. 두 아들의 성적은 쑥쑥 올라갔다. 큰아들의 고등학교 입학을 앞둔 어느 날, 아버지가 형제를 앉혀 놓고 말했다.

"지금 우리 집 사정이 별로 넉넉지는 않지만, 너희들이 원하면 이 집을 팔고 강남지역의 학교로 갈 수 있도록 해 보겠다. 너희가 공부를 웬만큼 하니까 공부 잘하는 아이들이 많은 곳으로 가서 경쟁하면 대학입시에 좋지 않을까?"

그런데 아들들의 대답이 의외였다.

"아버지, 저희가 잘 해 볼게요. 그냥 여기서 살아요. 집은 팔지 마세요."라고 대답했다. 두 아들은 그렇게 자기 스스로 목표를 세우고 성실히 공부하는 습관을 통해 둘 다 S대에 입학했다. 지금은 큰아들은 국내 대기업에 다니고 있고 동생은 스탠퍼드대에서 학업을 계속하고 있다.

P 군은 학교는 물론 학원가에서 유명한 학생이었다. 워낙 성실하고 공부에 대한 책임감이 있어서 부모가 짜 놓은 스케줄대로 다 소화했다. 수행평가는 물론 각종 시험에도 거의 완벽하게 준비하기 때문에 실패하는 법이 없었다. 성격이 좋아서 친구 관계도 원만했다. 강남권에서 가장 우수한 성적으로 법대에 진학했다. 그런데 사법고시에는 어찌 된 일인지 쉽사리 합격하지 못했다. 지금 로스쿨에서 법 공부를 계속하고 있다. 항상 평온해 보이고 부모와 관계가 좋다.

물론 지금 아들을 키우는 어머니들에게는 위에 해당하지 않은 경우가 대부분이다. 아들이 스케줄 짜 놓은 대로 공부하고 학교생활하고 필요할 때 학원 다니고 하면 무슨 고민이 있겠는가. 아들의 개성이 다 각각인데 거기에 맞는 학교 교육과 학원수업을 쉽사리 발견하기 어려우므로 고민에 고민을 거듭하는 것이다. 결국, 해답은 아들 자신에게 있다.

위의 예에서 공통점을 찾는다면 학생의 자발성이다. 어려서부터 타율적인 지도에 젖어 들어 스스로 공부할 의욕이 꺾인 상태거나 적성이 공부가 아닌 다른 데에 있거나 하는 학생들에게 대치동 사교육 시스템으로 대표되는 입시교육은 정말 힘들다. 오히려 아들에게 있는 좋은 재능의 싹을 키울 기회를 앗아가는 결과만 가져올 수도 있다.

대치동에서 상위 1%에 드는 학생들이 다닌다는 학원 원장은 이런 말을 했다. "어머니들! 아이가 사회성이 발달하면 원하는 대학에 못 갑니다. 대중교통을 이용하거나 친구들과 같이 어디 다니는 거 못하게 하세요. 다른 길로 빠질 기회를 아예 주면 안 됩니다. 늦게까지 학원에 있고 매일 쉬는 시간 없이 공부하는 것을 안쓰럽게 생각하면 안 됩니다. 아침에 못 일어나는 걸 안타깝게 여기지 마세요. 정을 떼세요. 아이를 보통 사람들처럼 사랑하면 지는 겁니다."

이런 정도로 입시 공부만 가르치는 환경에서 학생이 자기의 감정이 어떤지, 세상이 어떻게 변화하는지, 친구들은 어떤 생각을 하고 사는지 공감하는 여유가 있겠는가. 죽도록 공부하여 남들이 부러워하는 대학에 입학하고 좋은 직업을 가졌다고 해서 행복하다고 할 수 있을지 회의가 든다.

많은 부모님이 생각해 볼 점이 하나 있다. 대치동 아이들은 사교육을 많이 받아서 대학을 잘 간다고 여기는 점이다. 그러나 실제는 반드시 그런 것만은 아니다. 입시 결과가 좋은 학생들은 대치동에 살면서 고액학원에 다니지 않았더라도 원하는 대학에 입학했으리라고 확신한다.

한번 입시에 실패하더라도 자신의 목표를 향해 재도전하여 반드시 성취하는 자발성이 강하기 때문이다. 강남지역 고교를 졸업한 아들의 얘기에 의하면 친구들이 원하는 대학에 가지 못해 입시 결과에 씁쓸해하는 경우가 적지 않다고 한다.

가장 염려스러운 경우는 아들이 온순하여 반항도 못 하고 부모가 시키는 대로 공부하다가 점점 불행의 늪으로 빠지는 경우이다. 부모도 아들의 내면을 미처 파악하지도 못한다는 점이 더욱 큰 문제다. 반항을 하지 않기 때문에 아들이 순조롭게 모든 것을 잘 받아들이는 것으로 여긴다. 대학입시에 성공한다 하더라도 마찬가지다. 대학에 입학하면 그다음 부모가 설정해 놓은 목표를 달성해야만 가정의 평화가 유지된다. 대학생인 아들에게 왜 시험공부를 열심히 시작하지 않느냐, 취업 준비를 하지 않느냐고 다그치니 아들이 가출하거나 스스로 생을 마감한 경우도 있다는 안타까운 소식을 접할 때가 더러 있다.

자발성이 부족하면 인생의 어느 단계에서든 한계에 부딪혀 더 나아가기 어렵게 된다. 사교육의 효과에 대해 어느 학부모가 이런 비유를 했다.

"어느 집에서 부모가 아들을 어려서부터 30분 단위로 스케줄을 짜서 관리하고 도와주어 모두가 부러워하는 학벌을 갖게 되었어요. 그런 식으로 부모가 아들을 위해 희생하면 의사도 만들 수 있고 판·검사도 만들 수 있다고 하네요. 문제는 딱 거기까지라는 점이죠. 본격적인 성인의 삶은 단순한 시험이 아니기 때문입니다. 아들이 다 큰 후에도 매 순간 부딪히는 문제를 해결해 주러 부모가 쫓아다닐 것인가 하는 거죠."

소냐 류보머스키는 행복에 관한 연구 전문가이다. 그녀는 인간이 행복한 삶을 사는 요건으로 유전자 영향이 50%, 환경이 10%, 개인이 선택하고 노력하는 점이 40%라고 했다. 사람이 자기 행동과 습관으로 행복해질 가능성이 40%라면 누구나 충분히 행복해질 수 있다는 결론을 얻게 된다. 그녀는 '2013 서울 국제교육포럼'에 참석해 "행복과 시험 결과는 대립 관계가 아닙니다. 더 행복한 아이가 학교 성적도 더 잘 나옵니다.

행복한 학생들이 그렇지 않은 학생들보다 더 생산적이고 건강합니다."라고 말하며 "행복이라는 것 역시 자신이 노력한 만큼 쟁취한다."라고 말했다. 결국, 행복도 자발적으로 추구하고 환경을 탓하지 않고 자기 자신을 믿고 나아가는 사람에게 찾아온다는 것이다. 선택하고 결정해 본 적이 없는 마마보이는 스스로 꿈을 펼치지 못하고 타인이 지정해 주는 삶을 산다. 나이가 들수록 훌륭한 스펙에 맞지 않게 능력 발휘가 안 되고 사회생활에 적응이 힘들다.

환경보다 자발성이다. 아들에게 부족한 것 없이 다 해 주면 모험심도 책임감도 결핍된다. 부모가 늘 자식에게 해 주었기 때문에 어느 날 보면 아들은 부모를 위해 아무것도 하지 않으려 한다. 아들을 그렇게 만든 사람은 바로 부모이다. 아들이 호기심을 가지고 배움에 열정을 갖도록 하자.

먹거리가
아들의 성격을 형성한다
- 건강 챙기기

얼마 전 일제강점기의 징용과 관련된 사진을 보았다. 벽에 '엄마 보고 싶어. 배고파.'라고 쓰여 있었다. 어린 십 대 소년들이 끌려가서 강제노동에 시달리며 생사를 기약할 수 없을 때 엄마를 생각하고 먹을 것을 생각한 점이 마음을 아프게 했다. 엄마의 손맛은 죽어도 잊을 수 없는 사랑인가보다.

학교에서 급식지도를 해 보니 남학생 중에서 평소 수업에 집중하고 학교 활동에 적극적인 학생은 먹는 습관이 차분했다. 급식 질서도 잘 지키고 음식을 골고루 잘 먹고 먹는 태도가 보기 좋았다. 한마디로 복 들어가게 먹었다. 그런 남학생은 급식 봉사도 잘하고 친절하다.

그런데 평소 산만하고 불평이 많으며 자기 맡은 일에 대한 책임감이 부족한 남학생은 밥 먹는 데도 순서를 안 지키고 새치기를 했다. 음식은 편식을 하고 나물 종류나 국은 아예 받지 않고 때로는 급식이 맛없다고 밖에 나가 사 먹고 오겠다고 했다.

여름철이 되면 가정에서 자녀들을 신경 쓰는 모습들이 특히 눈에 띈다. 보리차를 얼려 수건으로 물병에 싸 와서 수시로 마시는 남학생을 보면 가정에서 '아들 건강에 특별히 신경을 쓰시는구나!' 하고 느낀다. 그런 학생들은 대부분 성격도 원만하고 차분하다. 마시는 물 하나에도 차이가 나는 것이다. 청량음료를 사서 매일 마시는 학생, 달고 색소가 들어간 아이스크림이나 빙수를 달고 사는 학생도 있다. 그런 먹거리 습관이 몇십 년이 지나면 분명 건강에 큰 차이가 날 것이다.

성장기 남학생들은 주로 육류를 좋아한다. 칼로리가 많은 햄버거 종류나 치킨, 피자를 아주 많이 선호한다. 집에서도 배달시켜 먹는 경우가 많다. 일단 그런 음식에 익숙해지면 엄마의 손맛이나 다양한 야채의 식감에 대해 둔해진다. 자극적인 맛을 찾게 되고 비만 위험이 생긴다. 이 모든 식습관이 두뇌 발달에 밀접한 관련이 있다는 연구 결과도 있다.

학교 적응이 힘든 아이들은 편식이 심하다. 패스트푸드를 좋아하고 음료수를 좋아한다. 거의 인스턴트 음식 마니아다. 아들을 키우면서 먹거리를 생각하지 않는다면 이상한 일일 것이다. 성장이 제대로 되게 하고 건강을 유지하는 기본 힘은 먹거리이기 때문이다. 그런데 삶의 가장 근본인 먹거리가 위협받고 있다.

아들이 어렸을 때는 신경 써서 먹이고 다양하게 요리하던 부모들도 십 대가 되면 모든 것의 우선순위를 공부에 두기 쉽다. 시간이 바쁘다는 핑계로 차 안에서 먹거나 거리에서 사 먹는 일이 비일비재하다. 절기에 따라 나는 음식을 고루 섭취하면 자연의 햇빛, 바람, 땅의 기운 등이 다 아들의 몸 안으로 들어가 건강한 육체를 만들어간다.

어느 저명인사의 가정에 관한 이야기다. 삼 형제가 장안의 수재로 유명했던 집안이었다. 그 집에 며느리로 들어간 분이 말씀하시기를 그 가정에서는 먹거리를 아주 중요하게 여긴다고 한다. 계절마다 꼭 제철 음식을 먹을 뿐만 아니라 요리 방법을 정성껏 해야 해서 처음 배우기가 몹시 힘이 들었다고 한다. 그분의 말씀을 듣고 그 집안 사람들이 두뇌와 품성이 뛰어난 비결은 그 음식에 있지 않을까 하는 생각을 해 보았다.

그런데 이제 전통을 지켜나가기에는 너무 바쁘고 남녀가 다 사회생활을 하는 시대가 되었으니 끼니마다 정성껏 좋은 재료로 누가 요리를 해낸단 말인가. 이제 가족 모두가 먹거리에 관심을 가지고 요리를 협조해서 해야 하는 시대가 되었다. 아들들에게 좋은 음식을 해서 먹도록 할 뿐만 아니라 요리법을 익혀 어떤 상황에도 자신의 먹거리를 스스로 마련해 먹을 수 있게 키우면 좋을 듯하다.

집에서 아들들이 십 대 사춘기 때 서로 갈등이 증폭되고, 싸우는 것보다 내 일을 찾아서 해야겠다고 생각해서 뒤늦게 대학원에 진학했다. 수업을 마치고 밤늦게 집에 오니 아들들은 자기들이 식사를 챙겨 먹는 때가 많았다. 물론 장보기는 미리 해 놓았는데 시간이 지나자 스스로 요리를 해 먹기 시작했다. 시험이 끝난 날은 친구들을 집에 데려와 먹을 것을 해 주고 놀았다고 하는 얘기를 아들 친구 어머니에게서 듣기도 했다.

지금도 아들들은 시간 여유가 있을 때 요리를 즐겨 스파게티, 카레, 피자 등을 직접 해 먹는다. 그동안 아들이 힘들 때 요리하며 스스로 위안을 찾는 듯해서 요리와 먹거리가 사람을 평온하게 한다는 사실을 알게 되었다.

앞으로 아들들이 살아갈 세상은 남녀의 역할 구분이 거의 없다. 직장에서나 집에서나 서로 도와가며 생활의 여러 문제를 해결해야 한다. 특히 아들은 힘도 좋고 건강하니 요리를 여자보다 더 잘할 수도 있다. 여자들에게 인기 있는 남자가 될 것이다. "너 먹을 것은 네가 해 먹을 수 있어야 한다. 여자들도 가정을 가지고 난 다음에 요리책을 보고 배워 익히는 거야. 너라고 못할 리 없지."라고 평소에 말하곤 한다. 아들들과의 갈등을 완화하려고 시작한 대학원 공부가 의외의 소득을 얻은 셈이다. 물론 강요한 게 아니라서 아들들 스스로 요리를 즐겼을 것이다.

학교에서 인성교육을 해보고자 2010년부터 중학교 1학년 국어 시간을 활용해서 요리 수업을 했다. 일종의 프로젝트 수업인데 어버이날 즈음해서 "그동안 배운 문학작품이나 읽은 책 중에서 하나를 골라 그 주인공들이 해 먹을 만한 음식을 해 보자. 그리고 어버이날 아침에 손수 부모님을 위해 요리를 해 드리자."라고 제안했다. 부모님 소감문도 수행평가에 반영하고 조별 요리 계획부터 보고서도 점수에 반영했다. 본인의 소감문을 포함해 이렇듯 상당히 많은 준비가 필요한 프로젝트였는데 수업할 때마다 학생의 호응도가 좋았다.

사실 교사는 요리 수업 시 불을 사용하는 위험 부담 때문에 망설여지지만, 학생들이 너무 집중해서 하기 때문에 요리 수업이 끝나면 국어 수업의 몰입도는 상당히 향상되고 학생과 학생, 학생과 교사의 관계도 좋아진다.

그리고 그 수업을 하면서 남학생들이 의외로 요리를 잘하고 경험도 많다는 사실을 알게 되었다. 어떤 남학생은 앞치마에 머릿수건을 두르고 프라이팬을 다루는 솜씨가 예사롭지 않았고 준비 도구를 깔끔하게 챙겨

오고 블루스타 불도 잘 다뤘다. 조원들이 너무 좋아하니 자신감이 넘치게 되었다. 먹거리는 주로 자연에서 구할 수 있는 거로 제안했는데 팬 케이크처럼 간단한 걸 해 먹는 조도 있었다. 그 당시 오므라이스를 만든 조에서 제출한 남학생 소감문과 부모님 소감문을 소개해 본다.

1. 학생 소감문

국어 시간 우리 모둠에서는 오므라이스를 만들었다. 김○○, 나, ○○, ○○이가 한 조였는데 나는 야채 썰기를 맡았다. 재료는 당근, 양파 등이었다. 내가 새로 나온 자동 썰기 도구를 가져왔더니 애들이 신기해하였다(촌스럽긴……). 그리고 야채 볶고 밥까지 다 볶은 후 마지막 밥 위에 올릴 계란을 만들었다. 평소에 먹던 얇은 계란을 만들려다가 실패해서 그냥 스크램블드에그를 만들어서 밥 위에 올려 먹었다. 맛은 최고였다. 내가 생각해도 우리 조가 잘한 것 같다. 역시 그 이유는 나(?) 때문이 아닌가 싶다. 어쨌거나 재미있고 보람되었던 요리 수업이었다.

2. 부모님 소감문

지난주부터 ○○는 무엇 때문인지 약간 들떠 있었다. 시험 기간이라 시험 때문에 그런가 했는데 어버이날 아침에서야 그 이유를 알 수 있었다. ○○는 어버이날 직접 아침상을 준비한다는 약속을 엄마에게 하고 준비를 했나 보다.

어버이날 아침, 우리 집 주방에는 키 큰 아이가 무언가를 만들려고 분주하게 움직인다. 무엇이 만들어질지 사뭇 기대하며, 벌써 엄마 아빠를 위해 음식을 하겠다고 나서는 아들을 보면서 흐뭇한 기분과 행복감을 가지게 되었다. 분주하게 움직이며 서툴지만, 성의 있게 차려보려는 아들의 뒷모습이 기특하다.

오늘 메뉴는 오므라이스란다. 얼마나 맛이 있을까 하고 차려 놓은 식탁에 앉아 즐거운 아침 식사를 했다. 계란을 부치지 못했지만, 아빠가 좋아한다고 볶음밥을 고소하게 익혔다. 물론 맛있었다. 그 어떤 음식보다도 어느 때 식사시간보다도 맛있는 즐거웠던 아침 식사시간이었다. 고맙다. 아들! – 어버이날 아침 아빠가

일본 작가 신카이 마코토의 애니메이션에 '언어의 정원'이라는 작품이 있다. 주인공 유키노는 현재 일본의 젊은이를 상징한다. 외톨이에 혼자 살고 사회부적응인 채로 어른이 되었으니 마음은 성숙하지 못한 사람이다. 유키노는 음식 맛을 모른다. 오로지 맥주와 초콜릿 맛만 알고 그것만 먹는다. 그런데 유키노를 좋아하는 타카오를 만나면서 점차 꿈과 희망이 없는 생활에서 치유되기 시작한다. 그 변화가 음식에서도 나타난다. 커피, 녹차, 요리해 먹는 것, 요리해서 주는 것을 알기 시작한다. 그때 만든 음식은 '단 한 사람을 위해 만드는 특별한 것'의 의미가 있다.

음식이 주는 치유의 힘, 소통의 힘을 보여주는 대목이어서 그 상징적인 의미를 생각해 보았다. 가정에서 좋은 재료로 정성껏 해 주는 요리를 아들은 원한다. 그런 아들들의 바람은 집밥에 담긴 엄마의 손맛에 대한 그리움이라고 할 수 있다. 때로는 아빠의 손맛이 될 수도 있겠다.

혹시 가출할 때
갈 수 있는 장소를
마련해 두라
- 마음의 갈등

어느 비 내리는 일요일 오후 현금이 필요해 가까운 인출기 창구에 갔다. 제법 큰 코너여서 가끔 비를 피하는 사람들이 안에서 대기하기도 하는 장소였다. 그곳에 세 부부가 서성거리며 얘기하고 있었다. 부모들의 얼굴은 심각하고 걱정스러운 표정이었다.

언뜻 들리는 말로 보아 아들들이 이틀째 집에 들어오지 않는데 간 곳을 도무지 알 수 없는 처지인 것 같았다. 서로 어떻게 찾아볼까 어디로 연락할까 제법 큰 소리로 얘기했다. 다음 날이 월요일이니 참 난감하고 안타까운 모습이었다.

학교에 있다 보면 가출한 학생들이 1년에 몇 명씩 있다. 대부분 사소한 이유로 부모에게 안 알리고 친구 집에 간 경우가 많다. 밤 12시가 넘어 담임 선생님에게 전화해서 자식 어디 있는지 찾아오라고 하는 부모님도 있다. 단순히 학교에서 염려하는 가출 사건이 아니더라도 가정에서 아들이 이유 없이 집에 안 들어오는 경우가 생길 수 있다.

집을 나가는 일은 아들이 집에서 해결할 수 없는 고민이 있거나 나쁜 유혹에 빠져서 거절하지 못하고 휩쓸리거나 할 때에 주로 생긴다. 단순히 부모에 대한 반항으로 자기 존재감을 보여주려고 '나 없어지면 어떤지 한번 겪어 보시오.'라는 심보로 가출하는 경우도 있으나 그건 드물다. 피노키오 이야기에서 나오듯이 성인이 되지 않은 청소년을 꾀어내는 유혹은 많다. 그 유혹을 이겨내는 과정에서 악의 실체를 몸으로 겪는 모험을 하면서 피노키오는 성장한다.

가정에서 따뜻한 정을 느끼지 못하거나 지지자가 없으면 아들은 집 밖에서 자신의 마음을 이해해 줄 존재를 찾는다. 누군가 자신의 의지가 되어 줄 강한 존재를 찾기도 한다. 그 존재가 때로는 나쁜 유혹의 손이 되기도 하니 늘 부모는 노심초사할 수밖에 없다. 학교에서도 남학생들은 뭔가 멋져 보이는 강한 조직이나 시스템의 구성원이 되기를 마다하지 않는다. 십 대 시절은 자신의 정체성이 확고하게 자리 잡히지 않은 상태에서 분위기와 열광적인 선동에 넘어가기 쉬운 나이이다.

역사적으로 십 대 아들들의 그런 심리를 이용하는 나쁜 세력들이 있었다.

나치 청소년 단체인 히틀러 유겐트가 대표적이다. 독일 작가 귄터그라스는 나치를 비판하는 소설 '양철북'을 썼고 노벨문학상을 받은 작가이다. 후에 그는 어릴 적 히틀러 유겐트 대원이었음이 밝혀졌다. 뒤늦게 자신의 과거를 고백하면서 그는 이렇게 말했다.

"그것은 나의 젊은 날 세상 물정 모르고 한 행동이었습니다. 그때는 히틀러 유겐트 대원이 되는 것이 왜 그리 좋아 보였는지 모르겠습니다.

아마 번쩍이는 휘장과 배지, 그리고 멋들어진 복장 등이 어린 마음에 더 없이 가슴을 설레게 했던 것 같습니다."

세계적인 작가조차도 십 대 시절에 그처럼 광기 어린 선동에 넘어갔다니 놀랍다. 당시 독일의 많은 부모는 아들이 히틀러 유겐트에 가입하는 것을 적극적으로 반대했다. 청소년들의 맹목적인 선택의 위험성을 보여주는 예이다. 또 고전 영화 '사운드 오브 뮤직'에서는 큰딸 리즐의 남자친구 랄프가 미성숙한 십 대 남자의 전형을 보여준다. 랄프는 순수한 청년이었으나 나치의 히틀러 유겐트 단원으로 세뇌되어 여자 친구의 순수한 사랑을 외면하고 나중에 여자 친구의 가족 트라프 대령 일가에게 총을 겨누는 안타까운 변화를 보여준다. 예나 지금이나 그릇된 가치관을 제어할 수 있는 가장 큰 힘은 가정에 있다.

아들이 십 대 시절에 좋은 공동체에 소속되어 활동하면 정신적으로 크게 성숙하는 계기가 되고 리더십을 갖추어 평생 좋은 자산이 된다. 그러나 가정에 대한 애정과 부모에 대한 존경심이 부족한 청소년들은 마음의 공허함을 다른 데서 메꾸려 하고 이는 그릇된 길로 가는 시초가 될 수도 있다.

학교에서 남학생들은 주로 장래 진로를 결정할 때 자기 희망과 부모의 희망이 달라 부모님이 강압적으로 대할 때 집을 나가고 싶어 했다. 그리고 가정의 불화로 마음이 무거워졌을 때, 본인이 심각한 잘못을 저질렀을 때 부모의 용서를 받지 못할 거라고 겁을 먹은 경우에도 가출을 생각한다고 했다. 성적이 너무나 떨어져서 절망한 경우에 집을 나갈 수도 있다.

가정에서 이런저런 갈등으로 아들이 "그러면 나 집 나가 버릴 거야."라고 말한 적이 한 번쯤 있을 것이다. 심지어 "주유소에서 아르바이트하면 돼. 내가 못 살 줄 알고?" 하면서 부모를 놀라게 한다. 그럴 때 "어디한번 나가 봐라. 네가 밥 한 끼라도 어디서 먹을 데나 있나. 부모 고마운줄도 모르고 어디서 그런 말을 해?"라고 말하면 부모 속이야 시원하겠지만 아들은 진짜 '나가라.'는 말로 오인할 수 있다.

십 대 아들은 이성보다 감정이 앞서는 경우가 많으니 어쩌랴. 부모가그들의 마음을 미리 알고 다독일 수밖에 없다. 아들이 그런 말을 할 때차라리 아무 말 안 하고 흥분이 가라앉을 때까지 기다린다. 그리고 기분전환할 거리를 생각해 본다. 아들이 자기 생각을 정리할 여유를 항상 남겨 놓아야 한다. 권위적인 아버지는 "나가!"라고 하면서 윽박지를 수도있다. 물론 아버지의 진심이 아닐 것이다. 그러나 그 말은 아들의 가슴에 평생 상처로 남는다.

부모들이 과거 십 대 시절에 마음의 갈등 문제로 가출을 한 번이라도생각해 본 적이 있었다면 아들도 그런 생각을 지닐 수 있다는 생각을 해보아야 한다. 부모 세대에는 대가족이 함께 지내거나 가족 공동체가 끈끈하게 살아 있어서 자녀들이 갈등을 겪을 때 친척 집에 찾아가곤 했다. 어렸을 때 특별한 이유 없이 큰 집 사촌이 집에 와서 며칠 묵고 가거나한 적이 있었을 것이다.

조카가 집에 오면 큰아버지나 삼촌은 자기 자식보다 더 각별하게 잘대해 주고 마음을 다독여주고 자신들의 어린 시절 이야기나 집안의 과거

내력 등을 이야기하면서 지낸다. 그렇게 며칠 있다 보면 마음이 훈훈해진 조카는 다시 자기 집으로 돌아가고 아마 어른들끼리 얘기가 미리 되어 있어 집 나갔다 온 아들을 부모는 흔연히 받아주셨을 것이다.

그렇게 속이 복잡할 때 큰댁이나 작은댁에 가서 지내고 사촌들과 더불어 지내면 친척들은 한 발짝 물러서서 대해주기 때문에 가출한 아들은 생각을 정리하고 조언을 구할 수 있었다.

그런데 요즘 세상에 사는 아들에게는 그게 어디 쉬운가. 거리가 좀 먼 친척 집에는 제 발로 찾아가지도 못하는 아들이 많을 것이다. 부모가 차로 데리고 다녀서 대중교통을 이용해 본 경험이 없는 학생들도 많이 있다. 지방에는 혼자 찾아가려면 더더욱 낯설고 힘들 것이다. 친구 집에 가서 지내보려 해도 친구들은 또 학원 스케줄이니 뭐니 해서 다 바쁘다. 함께 해 줄 친구도 마땅찮다. 핵가족이 대부분인 시대라서 사촌들의 왕래도 드물다. 그러니 가끔 열 살이 넘은 아들에게 홀로 할머니 댁, 외가댁에 찾아가 보게 한다. 삼촌 댁이나 아빠 친구 댁도 안식처로서 좋은 경험을 줄 수 있다. 안전한 방법으로 경험할 수 있게 돕는다.

학원이나 공부 스케줄에 얽매여 좁은 울타리 안에 살게 하는 것은 아들에게 충분하지 않다. 내적 방황과 갈등을 경험해 몸으로 이겨내는 아들은 더욱 믿음직하게 성장한다.

지금 십 대 아들은 공동체의 역할이 줄어들면서 모든 문제는 각 개인이 해결할 수 있다고 믿는 시대에 살고 있다. 아들의 내면에는 더 큰 세계를 향한 뜨거운 에너지가 있다. 만약 아들이 투정을 부리거나 자기 마음에 들지 않는다고 불평을 일삼다가 철없는 행동을 하면 경험하게 놔두는 게 나을 것이다. 가슴이 철렁하는 경험을 해 보아야 세상의 거센 바람을 부모가 어떻게 막고 보호해왔는지 실감할 수 있을 것이다.

부모는 아들이 그렇게 세상을 경험하기 위해 한 발짝 나아갈 때 부모 대신 좋은 역할을 해 줄 사람이나 공동체를 잘 알아 두면 안전할 것이다.

평소 좋아하는 운동을 하는 장소 또 운동할 때 함께 하는 친구나 선배 등을 부모가 잘 알고 있으면 좋을 것이다. 남학생들은 학교 선생님뿐만 아니라 태권도, 테니스 등 운동 코치, 동아리 선배들, 교회나 성당의 목사님, 신부님 등 다양한 인간관계 속에서 마음을 터놓고 의지할 수 있는 사람이 필요하다.

아들의 이야기를 들어주고 세상에서 갈 곳이 없다고 생각할 만큼 외로울 때 전화 한 통화 할 수 있는 사람이 아들에게 있는지 생각해 보면 좋겠다. 하룻밤 묵으면서 도란도란 얘기할 수 있는 사람이 있는지, 아니면 아들이 다른 친구에게 그런 존재가 될 수 있는지 생각해보자. 타인과 중요한 마음의 변화를 나눌 줄 아는 아들에게는 삶이 훨씬 더 풍요로워질 것이다.

아들은 집 밖의 세상으로 나가 하루 이틀 방황하면서 가정의 소중함을 더 절실하게 느낄 수도 있다. 가정에서 벗어나면 세상이 위험한 곳이며 모험으로 가득 찬 곳이라는 경험을 할 수도 있다. 공동체의 관심과 기대를 받고 자라는 아들은 안전하다.

혼자 집을 나가겠다고 말하는 아들을 대비하는 부모들이 알아두면 좋은 수칙을 다음과 같이 제안해 본다.

첫째, 아들은 절대 낯선 곳으로 혼자 가지는 않는다. 아들 주변에 어떤 친구, 선배들이 있는지 연락처를 파악해 둔다.

둘째, 평소 아들이 의지할 만한 친척들 연락처를 아들에게 알려 둔다. 그리고 친척 집을 찾아갈 수 있도록 교육한다. 부모의 친구 가족과도 관계를 잘 형성해 둔다.

셋째, 아들이 좋아하는 운동이나 취미 활동을 하는 장소를 알아둔다. 피시방이나 노래방 등 친구와 잘 가는 장소들도 파악해 둔다.

넷째, 아들이 혹 집을 나갔다가 들어왔을 때 무조건 따뜻하게 맞아준다.

아들은
무균실에서 키우면
안 된다
– 실패 극복

요즘 십 대 남학생들은 게임이나 미디어를 이용한 소일거리에 심취하고 있다. 과거에는 지금처럼 다양한 콘텐츠를 대하기 어려웠다. 대신에 동네마다 만화방이 있어서 남학생들의 심심한 일상을 달래 주었다. 특히 남학생들은 무협지를 즐겨 읽었는데 그게 수십 권을 읽어도 어느 정도 비슷한 이야기 구조를 지니고 있다.

지금의 드라마가 비슷한 얼개를 지니는 것처럼 무협지 속의 영웅들은 반드시 초년에 엄청난 시련을 겪는다. 그리고 각고의 노력 끝에 스승의 도움을 받아 무림의 고수가 되고 적을 찾아 응징하는 이야기다. 대부분 초년기의 시련을 이기고 강자가 되는 그 쾌감에 독자들은 배경만 바뀌고 주제가 같은 무협지를 읽고 또 읽고 했다.

그런데 연구 결과에 의하면 남학생들의 삶도 영웅의 일대기와 비슷한 점이 많다고 한다. 남학생들을 키울 때 필요한 점이 초기 시련이라는 사실이다. 실패를 거듭하고 이겨내는 훈련이 된 남학생일수록 단단한 어른으로 성장한다니 어릴 적 읽었던 무협지 속 영웅과 다를 게 무언가.

지금 남학생을 키우는 가정의 모습을 들여다보면 영웅을 기르는 게 아니라 애완용 동물을 키우듯 아무 어려움 없이 보호하고 있는 가정이 많다. 한때 공부에만 열중하는 남학생이 고등학생이 되도록 가스 불 한 번 켜 보지 않아 정말 가스 불을 못 켜더라는 우스개 이야기가 있었다.

그뿐인가. 중학교 1학년 남학생들을 데리고 견학 가거나 야외활동을 단체로 가려 하면 일부 남학생들은 지하철을 혼자 타 본 적이 없다고 미리 주저하며 겁을 먹는 경우를 보았다. 기가 찰 노릇이다. 그래서 선생님들은 견학 장소까지 가는 길목마다 책임자를 정해 놓고 지도한다. 출발역에서, 갈아타는 역에서, 도착하는 역과 출구에서 선생님들이 대기하고 있다가 목적지까지 안내한다. 그뿐만 아니라 아예 학생들 조를 짜서 삼삼오오 함께 행동하도록 준비해 둔다.

요즘 학생들이 대부분 그렇게 혼자 해낸 경험이 부족하다. 학교에 입학하면서부터 학교 성적 향상이 가장 우선적인 목적이 되다보니 다른 경험들은 중요하지 않게 여겨 순진하고 무기력한 청년으로 성장할 우려가 있다.

그렇게 자란 남학생일수록 작은 시련에도 쉽게 꺾인다. 대부분 부모는 아들이 실패했을 때 안타까운 마음에 그 원인부터 분석하기 쉽다. 그러나 그보다 아들이 살아가며 실패를 어떻게 극복할지에 집중하며 대화하는 게 좋다. 꼭 성적문제뿐만 아니라 이성 교제나 운동경기, 여러 사람 앞에서 하는 악기연주 등 모든 과정에 실패의 가능성이 존재한다. 이를 극복해가는 과정에서 아들의 힘은 강해지고 역경을 이기는 방법을 터득한다.

K 군은 1996년 중학교 3학년 때 담임을 맡았던 학생이다. 똑똑하고 친구들의 신망이 두터워 반장으로 선출되었다. 학생체벌금지정책이 시행되기 한참 전의 일이다. 어느 날 K 군이 찾아와 반장을 더 이상 못하겠다고 했다. 그만두고 싶다고 하면서 그간의 고충을 이야기했다. 그는 반장이라서 체육 시간이 되면 수업 전에 반 친구들을 정렬해야만 했다. 그런데 친구들 몇 명이 항상 늦게 교실에서 나와 선생님이 오셨을 때 정렬이 잘 되어 있지 않을 때가 있었다.

그러면 체육 선생님은 늦게 온 친구들을 벌하는 게 아니라 반대표가 잘못했다면서 반장을 엎드려뻗쳐를 시키고 때리곤 했다. 그럴 때면 반장이라고 해서 그렇게 매번 벌 받는 것이 이해가 안 되고 부당하게 여겨져 고민이 많았는데 그 정도가 갈수록 심해지니 체육 시간만 되면 학교 오기도 싫다고 했다. K 군의 말을 듣고 보니 그동안 얼마나 답답하고 힘들었을까 하는 생각에 할 말이 없었다. 평소 그의 표정이 어두웠던 이유를 알았다.

그러나 여기서 K 군이 학기 도중에 반장을 그만두면 평생 그에게 안 좋은 기억으로 남을 듯했다. 그래서 고민한 후에 K 군을 불러서 타일러 보았다.

"○○아. 네 마음은 충분히 이해해. 내가 미리 알지 못해 도움이 안 되었구나. 그런데 지금 네가 반장을 그만두면 앞으로 어려운 일이 생길 때마다 회피하게 되지 않을까 염려된다. 나중에 군대 가거나 직장에 다니거나 할 때 이보다 더한 일들을 대할 수 있어. 그때 지금 일을 회상해 본다면 어떤 기분일까. 반대로 지금 이런 어려움에도 불구하고 끝까지 네 임무를 완수한다면 후에 되돌아볼 때 너 자신에게 뿌듯할 거야. '내가 그때 그런 비합리적인 상황도 잘 해결했었지. 해결방법을 찾아보자.'고. 알아보니 그 선생님께서 너에게 개인적인 감정이 있으신 것은 아니고 다른 반도 그렇게 하셔서 문제가 좀 있는 듯해. 내가 체육 선생님께 부탁을 드려보고 또 네가 반장 역할에 스트레스를 받는 상황이니 반장으로서 역할을 부반장과 다른 친구들과 나누어서 하도록 해 보면 어떨까. 그래도 반장을 그만두고 싶다면 잘 생각해 보고 다음 주 월요일에 다시 말해 주라."

K 군은 그다음 주에 반장을 그만둔다는 말을 하지 않고 학년 말까지 반장 임무를 잘 완수했다. 그리고 자신에게 필요한 일들을 잘 찾아서 하고 학업에 정진해서 지금은 국내 굴지의 IT 산업체에서 일하고 있다. 그 후 K 군의 결혼식에서 신랑으로 입장하는 K 군의 의젓한 모습을 보며 그때 어려움을 이겨 낸 일들을 회상했다.

남학생들이 학교 다니면서 K 군처럼 어려움을 겪는 일이 없을 수는 없다. 성장 과정에서 다양한 어려움을 겪으면서 친구 관계나 이성 친구 관계 등 관계의 어려움을 겪기도 하고 가정 형편이 부침이 심해서 어려움을 겪는 경우도 많다.

학업 성적에 관한 고민이 크기는 하지만 부모님이 생각하는 것보다 훨씬 광범위한 어려움에 부딪히고 극복하며 성숙해가고 있다.

최근 몇 년 전 중학교 1학년을 담당했을 때 일이다. Y 군은 어려서부터 축구를 좋아했다. 초등학교 6학년 때 그 재능을 알아본 감독에 의해 스카우트되어 운동을 시작했다. 중학교를 축구부가 있는 학교로 진학해서 기량과 리더십을 인정받으며 연습에 열중하고 공부도 열심히 해서 주변의 신뢰가 컸다.

그런데 학교생활 도중에 교내 폭력사건에 연루되어 그 가해자로 조사를 받게 되었다. 선생님들과 친구들의 걱정이 컸다. Y 군은 다른 친구에게 폭력을 행사할 친구는 절대 아니라고 친구들이 의견들을 제출했다. 축구부 규정상 학교에서 폭력 사안에 연루되거나 행동이 건전하지 못하면 탈퇴해야 하는 상황이었다. 의기소침해진 Y 군은 그 과정에서 축구를 더 하지 못하게 될까 봐 매우 힘들어했다.

다행히 Y 군의 행동이 의도적이 아님이 밝혀져서 축구를 계속할 수 있게 되었다. 그 후 Y 군은 전보다 더욱 성숙해지고 의젓해졌다. 최근에는 신문에 국가대표를 꿈꾸는 꿈나무 축구선수로서 기량을 인정받는 내용이 실리기도 했다. 감독의 말로는 학년이 올라가면서 정신적으로 더욱 성숙해 졌고 스피드와 슈팅 능력 그리고 파워가 대단하다고 한다.

이처럼 학교에서 작은 사건 하나도 남학생의 장래를 좌우할 수 있다. 그때 그 어려움을 딛고 일어나게 해 주는 것은 사람의 힘이다. Y 군도 그런 점을 느꼈는지 경기에 이겼을 때도 "득점왕을 수상해서 기뻤다. 그러나 저 혼자 잘해서만이 아니고 팀원 모두가 도와주었기 때문에 가능한 결과였다."라고 소감을 말할 만큼 성숙해 있었다. 앞으로 국가대표로서 태극마크를 달고 경기에 임할 Y 군의 모습을 기대해 본다.

지금은 좋은 연구결과들이 많이 나와서 과거처럼 IQ로 학생의 모든 것을 판단하지는 않는다. 지적 능력도 중요하겠지만 회복능력이 더 중요하다는 점을 모두 인정하고 있다. 가만히 보면 주변에 살아 있는 모든 것들은 어려움을 딛고 살아가고 있다.

화초 하나를 보더라도 냉해와 햇빛과 벌레들의 침노를 이겨 내야 꽃을 피우고 잎을 틔운다. '변신'이라는 소설을 통해 현대사회의 문제점을 풍자한 소설가 프란츠 카프카는 "모든 죄악의 근원은 조바심과 게으름이다."라고 했다.

아들들이 성장하는 데 가장 큰 걸림돌은 조바심과 게으름이라고 할 수 있다. 모든 걸 들어주는 부모는 자식을 게으르고 나약하게 한다.

2011년도에 같은 학년을 맡았던 동료 선생님이 대화 중에 했던 말이 생각난다. 도덕 과목 선생님이셨는데 학생을 판단할 때 가장 낮은 도덕성을 지닌 것으로 판단하는 경우가 '자기 잘못과 실패를 다른 사람 탓으로 돌리는 학생'이라는 것이다. 그런 학생들은 어려움에 직면했을 때 쉽게 포기하면서 항상 환경 탓, 주변 사람 탓으로 돌리기 때문에 반성의 여지가 없다고 한다. 그리고 자신을 발전시키려 시도하지 않는다고 한다. 그래서 아주 작은 일이라도 책임 맡는 일을 계속 시킨다고 한다. 그렇게 담임으로서 지도하는 모습을 보며 속으로 감탄했던 기억이 난다.

아들들에게는 책임감이 가장 중요한 영양분이다. 책임을 완수해 내는 경험이 그들을 강하게 한다. 설령 책임을 완수하지 못했을지라도 그 실패경험은 다음 걸음을 내딛는데 큰 자극이 된다. 실패한 점에 대해 야단치기보다는 더 잘할 수 있다고 격려하는 일이 중요하다. 실패하는 것은 괜찮다. 포기하지 않는다면 기회는 또 찾아온다. 포기하지 않은 아들에게는 미래를 낙관적으로 보는 태도가 있다. 어떤 문제에 부딪혀도 해결 방법이 있을 거라고 여기고 나아간다.

동양에서는 '소년등과少年登科는 불행'이라는 말로 너무 어린 나이에 과거에 급제해 일찍 성공하는 일을 경계하였다. 남들이 부러워하는 성공의 단맛을 일찍 맛보는 아들은 인생을 만만하게 볼 우려가 있다. 남은 긴 세월 동안 닥칠 어려움이 한둘이 아닐 텐데 너무 빨리 성공하면 더 발전할 기회가 없어지니 불행이라고 했다. 오히려 조상들은 어려움과 불행이 다가왔을 때 이를 슬기롭게 극복할 수 있는 지혜를 구하며 대기만성大器晚成이라는 고사성어를 남겼다. '크게 될 인물은 어려움을 딛고 늦게 성공한다.'라는 뜻이다.

　역경지수를 높이기 위해 가정에서 다음과 같은 점에 유의하면 좋을 것이다.
첫째, 아들을 있는 그대로 바라보고 가정에서 감당할 책임을 맡긴다.
둘째, 아들이 도와달라는 말을 하기 전에는 쉽게 도와주지 않는 원칙을 지킨다.
셋째, 실패했을 때 당황하거나 아쉬워하지 않고 아들과 대화한다. 실패의 원인이 무엇인지, 앞으로 극복하기 위해 할 수 있는 일은 무엇인지에 대해 나눈다.
넷째, 부모의 실패담과 성공담, 혹은 역경을 극복한 위인이나 역사적 사실을 찾아보고 서로 나눈다.
다섯째, 인생에서 포기하지 않는 자에게 기회는 또 찾아온다는 사실을 일러준다.

부모만이 볼 수 있는
아들의 장점에 주목하라
- 재능 찾기

몇 년 전 신문에 크게 난 기사를 보고 깜짝 놀랐다. G 군의 이야기가 실려 있었기 때문이었다. 교육학자인 문용린 박사가 다중지능을 강조하면서 김연아, 박태환 등 영재들을 시리즈로 소개하는 기사였는데 그중에 G 군이 포함되어 있었다. 2004년 G 군이 중학교 2학년 때 담임을 했었다. 그때 평범하게 국어 시간에 앉아 있던 모습이 떠올랐다.

G 군이 고교 2학년 때 모교인 중학교로 나를 찾아와 추천서를 한 장써 달라고 했다. 내용인즉슨 미국에서 열리는 2007 세계 로보페스트대회에 참가한 경험을 살려 미국에 교환학생으로 가는데 추천서가 필요하다고 했다. 이미 2006년에 '로봇월드 2006' 로봇 창작 부문 최우수상인 산업자원부장관상을 받았다고 한다. 추천서의 내용을 고민하다가 평소관찰했던 내용과 G 군 어머니와 상담한 내용 중에서 인상적이었던 점을토대로 썼다. 후에 추천서를 잘 써주셔서 미국 학교에 가게 되었다고 인사 왔던 예의 바른 모습도 기억에 남는다.

G 군은 중3 때 두 발로 걷는 로봇을 만들었다. 초등학교 때부터 과학

상자경시대회에 출전하는 등 자신의 재능을 꾸준히 발전시켰다. 미국 디트로이트에서 열린 로보페스트대회에 나가기 위해 G 군이 만든 롤리포트는 높이 60㎝ 크기로, 좌우로 흔들어도 우뚝 서는 오뚝이와 같았다. 이름도 오뚝이의 영어 '롤리폴리rolypoly'와 '로봇robot'을 합쳐 지었다.

이 로봇은 바퀴, 모터, 프레임, 배터리, 센서, 마스터 보드 등으로 구성돼 있는데, 모두 그가 직접 구해 조립한 것이다. 짬이 나면 청계천을 쏘다니며 부품을 구했다고 한다. "사람에게 도움이 되는 로봇, 일상생활에 스며들 수 있는 로봇을 만들고 싶어요."라고 소원을 말하는 G 군의 모습은 선하고 다부졌다.

G 군의 어머니의 교육방침은 이미 여러 교육서와 기사에 소개되었는데 아이가 좋아하는 일이면 물심양면으로 도와주는 게 옳다는 것이다. 아들이 레고에 관심이 많다는 것을 알고 나서는 의식적으로 레고를 많이 사주었고 무엇보다도 본인이 좋아하고 하고 싶은 것을 해야 발전하고 행복해진다는 교육철학이었다.

그녀는 아들이 난이도가 높은 장난감을 사주면 몇 시간이 걸리더라도 꼭 조립해내는 걸 보고 이를 단순한 장난이나 놀이로 생각하지 않고 그 속에 잠재해 있는 능력을 보았다. 그때부터 아들의 수준에 맞게 관련 서적을 사주고, 주변에서 도움말을 얻어서 호기심을 충족해주려고 노력했다. 그래서 주변에 로봇과 관련한 전문가가 있으면 데려가서 궁금한 것을 물어보게 했다. 그것이 인연이 되어서 그들은 지금까지도 G 군에게 큰 도움을 주고 있다고 했다. 신문기사로 대하는 G 군의 웃는 모습을 보고 뿌듯하고 기특했다. 그리고 G 군 어머니의 현명함에 고개가 숙어진다.

G 군이 타고난 재능보다 더 중요한 점이 부모가 G 군을 대한 태도이다. 아들의 모습에서 천재적인 재능이 있는지 없는지 부모는 알 길이 없다. 다만 아들을 어려서부터 키우고 관찰해 온 부모로서 아들의 능력이나 가능성을 함부로 재단해서는 안 된다는 점이다.

2000년에 미국에서 잠시 거주할 때 이웃에 N 군이 있었다. N 군은 아버지의 직장 관계로 미국 초등학교에 다니고 있었다. 어느 날 N 군의 어머니가 학교에서 있었던 일을 고민스럽게 이야기했다. 미국 학교의 Art 선생님이 N 군의 그림을 보더니 또래보다 감성이 많이 뒤떨어지고 표현능력이 부족해 검사를 받아보라고 한다는 것이었다.

그러나 어머니는 아들이 몰입해서 수학 문제를 풀고 책을 좋아하는 모습을 잘 알고 있었기에 선생님의 충고를 받아들이되 크게 상심하지 않았다. 아들은 여전히 책 읽기와 수학 문제 풀기를 좋아하는 순진하고 건강한 모습이었기 때문이다.

N 군은 어머니의 판단대로 수학을 좋아해 얼마 후에는 세계 수학 올림피아드에서 한국 학생의 명예를 높이는 성과를 올렸다. 아들에 대한 객관적인 평가는 존중하되 아들의 기를 꺾지 않고 격려하는 부모의 태도가 재능 있는 분야에 집중할 수 있는 에너지를 준 것이다.

이런 사례를 보면서 나 스스로 반성하고 아들들에게 미안해질 때가 있다. 외부의 평가에 일희일비하면서 그때마다 잔소리하며 공부를 강조하느라 자유스럽게 뻗어 나갈 길을 차단한 것은 아닌지 돌아보게 된다. 특히 큰아들은 어려서부터 동물을 좋아해서 동물도감을 통째로 외우다

시피 했고 동물원에 가면 온갖 지식을 동원해 일행에게 설명해 주었다. 그런데 상급학교에 진학하면서부터 동물에 관한 얘기를 더 이상 안 하길래 관심이 사그라진 줄로 알았다.

최근 카톡 프로필 사진이 강아지이고 호주에 가서 코알라와 찍은 사진을 크게 액자에 넣어 둔 것을 보고 진로를 잘못 선택했나 하고 속으로 안타까워 한 적이 있다. 동물들의 생리를 잘 알아채서 얘기하는 모습을 보면 그런 생각이 더 크게 든다.

대부분 부모의 마음이 그럴 것이다. G 군이나 N 군처럼 어려서부터 특정 분야에 몰입해 시간 가는 줄 모르고 탐구한다면 고민이 덜하겠지만 평범한 아들들은 저마다 성장 과정에서 이런저런 시행착오를 거쳐 가며 자기 적성과 진로를 찾아간다.

학부모들의 고민을 들어보면 초등학교 때 애니메이션을 워낙 좋아하고 흠뻑 빠져 있기에 그 길에 적성이 있나 보다 하면 중학교 들어와서는 게임에 열중해서 시간 가는 줄 모른다고 한다. 그러다 친구들이 운동하자고 하면 또 날 새는 줄 모르고 새벽까지 농구를 하는 아들을 보면 어느 분야에 재능이 있는지 적성은 문과 쪽인지 이과 쪽인지 판단하기도 모호하다고 한다. 그럴 때는 가만히 아들이 몇 시간이고 행복하게 집중하는 일들을 적어본다.

중학생이 되어도 아직 무엇을 가장 좋아하는지 어떤 분야에 흥미가 있는지 자신도 파악하기 어렵다면 여러 경험을 하도록 제공해 본다. 호기심을 묵살하지 말고 한쪽으로 치우치는 공부를 경계하며 아들이 커 가는 모습을 바라본다. 놀이공원에서 종일 물놀이하는 모습에 심란해하기보다 그렇게 놀면서 집중하며 활동하는 에너지에 주목한다. '아들이 무

슨 일이든 관심 있는 분야를 찾으면 그렇게 몰두하겠구나.' 하고 긍정적
으로 바라보면 어떨까.

지난해 아리랑 TV에서 젊은 국악인들이 출연하는 방송프로그램을 본
적이 있다. '아리랑 오디세이'라는 프로였는데 젊은 국악인 '불세출' 등이
나와 인터뷰하는 모습을 봤다. 그들은 음악을 통해 삶의 희열과 가치를
느끼며 정열적으로 창작과 연주에 몰입하는 행복한 모습이었다. 음악을
통해 인생에 저토록 열정을 쏟고 기쁘게 살아가는 모습을 보며 최근 젊
은이들이 실의에 빠져 산다는 뉴스를 떠올렸다. '그런 대조적인 모습이
어디에서 비롯했을까?'하고 궁금해했다. 그러다 그 국악인들을 인터뷰
한 방송내용 중 한 부분에서 무릎을 쳤다.

그 국악인들 중 상당수가 원래 음악과 가까운 환경에서 자란 게 아니
었다. 그들이 초등학교 때 방과 후 학교에 국악 프로그램이 있었는데 방
과 후에 친구들과 취미 삼아 국악기를 연주했고 열성적인 선생님을 따라
서 지역 경연대회에 나가기도 하고 축제에 나가 공연도 하면서 중학교
때부터 자연스레 악기 연주를 매일 하게 되었다는 것이었다.

관심이 있으니 관련 부문의 책을 보게 되고 전문가를 만나 배우고 또
진로를 그 방향으로 정해 연마하게 되었다는 내용이었다.

아들들의 장점과 천재적인 특징이 나타나지 않아도 운명의 손은 사소
한 데서 아들에게 손을 내밀 수 있다. 다만 그때 부모가 자신들의 욕심과
계획과 다르다고 아들의 앞길을 막으면 크게 재능을 꽃피울 기회가 사라
질지도 모른다.

십 대에 들어서면서부터 입시공부에 내몰려 한 시간 단위로 바삐 움직이는 아들이라면 '언제 자기가 좋아하는 분야가 무엇인지 알 수 있을까' 하고 걱정된다.

중학교에 올라가면 교과목 수가 많아진다. 다행히 선생님들이 다양하게 들어오시기 때문에 아들이 어느 한 분야에선 흥미를 갖게 될 가능성이 커진다. 시험 준비를 할 때 어느 과목부터 공부하는지 살펴보라. 아들은 재미있고 자신 있는 과목부터 공부하는 경향이 있다. 못하는 과목을 억지로 시키려 하기보다 조금이라도 재미있어하는 과목 공부를 더 심도 있게 해서 성과를 올려보게 하면 어떨까.

어떤 과목은 누가 잘한다고 친구들이 먼저 알아보기 시작하고 모르는 것이 있으면 아들에게 물어볼 것이다. 또 성적에 안 들어가는 분야도 친구들은 소상히 파악하고 있다. 누가 힙합은 제일 잘하고 누가 멋을 가장 잘 내고, 이야기는 누가 재밌게 하고, 뛰기는 누가 잘하는지 등. 심판자는 아들의 친구들이다. 부모는 아들이 친구들로부터 어떤 평을 듣고 있는지 관심 있게 살펴볼 필요가 있다.

성격 면이나 지적인 발달 면에서 아들을 관찰하는 사람들은 많다. 그러나 아들의 적성과 흥미를 가장 잘 아는 사람은 부모일 수밖에 없다. 아들이 지닌 장점과 재능이 지금 드러나지 않는다 해도 그 불씨를 잘 간직하자. 적당한 바람이 불어준다면 아들의 재능에 엄청난 화력이 붙을지 누가 알겠는가.

아들의 장점을 보고 재능을 찾는 부모는 다음과 같은 점에 주목한다. 첫째, 아들이 신명 나게 하는 일들을 알고 그 일을 격려한다.

둘째, 아들이 주로 검색하는 사이트와 유튜브 동영상, 좋아하는 프로그램 등에 대해 관심 있게 대화를 나눈다.

셋째, 아들이 좋아하는 사람들은 어떤 일을 하는 사람들인지 알아본다.

넷째, 세 시간 이상 꼼짝 않고 몰입하는 경우는 어떤 일을 할 때인지 관찰한다. 집중하는 모습을 칭찬한다.

한 부모 가정일수록
결핍을 에너지로
전환하는 방법을 찾는다
– 한 부모 가정의 교육

L 군은 2년 전 아버지가 돌아가셨다. 그는 학교생활도 잘하고 학습 태도가 좋아 칭찬받는 학생이었다. 어머니는 직장에 다니기 때문에 학교가 끝나면 학원에 가서 공부하고 주말이면 축구 경기를 하는 팀에서 운동하는 생활을 해 왔다. 그런데 중학교에 가자 축구팀이 해체되고 친구들은 초등학교 때보다 더 많은 학원에 다니며 공부하는 시간을 늘렸다. L 군은 외아들이라 방과 후 가정에서 혼자 있는 시간이 많아졌다. 친구들과 만나려 해도 다들 바쁘다.

점차 외로움을 느끼고 온라인 동호회에 가입했다. 컴퓨터 게임하는 시간이 늘어나고 어머니는 공부에 열중하지 않는 아들이 못마땅해 갈등을 겪는 때가 많아졌다. 학년이 올라가자 아들은 점점 말을 안 하고 가끔 어머니를 향해 심한 말도 한다. 그동안 금기처럼 아버지에 관한 대화는 안 했다. 지금 학교생활에서 특별한 문제는 없지만, 어머니는 아들이 걱정되고 자신의 고민을 털어놓을 데가 마땅찮아 늘 힘들다. 힘든 엄마를 바라보는 L 군은 짜증이 나서 더 엄마에게 심한 말과 행동을 한다.

L 군의 가정은 아버지가 돌아가신 상황에서 아들이 십 대 사춘기를 맞아 갈등과 변화를 겪고 있다. 경제적인 어려움이나 학업의 문제보다 더 큰 문제는 어머니와 아들 사이에 격의 없는 대화가 부족하다는 점이다. L 군과 아버지에 관한 대화를 자주 할 필요가 있다. 아픈 부분이지만 아버지와의 즐거웠던 추억을 이야기하고 아버지가 어떤 분이었는지 아들에게 더 구체적으로 알려 줄 필요가 있다. 그리고 아버지가 아들에게 어떤 삶을 살기를 바랄지 생각해보게 한다. 십 대에 아들은 자신이 본받고 나아갈 성인 남자의 역할모델을 찾고 있기 때문이다. 아들은 사회에서 꼭 필요한 존재가 되어 그 책임을 다할 때 행복한 인생을 살 수 있다. 그래서 아들은 아버지의 존재 또는 아버지의 역할을 대신할 존재가 필요하다.

지금 한국 중학생들의 가정환경은 과거의 전통적인 대가족에서 핵가족으로 그리고 이혼과 재혼으로 인해 다양한 형태의 가정으로 진화하고 있다. 한 부모 가정과 조손 가정이 늘고 있고 부모 중 한 분이 외국인인 경우 및 복합 가정이 있다.

최근에는 국어 교과서에 나오는 문학작품 중 부모의 사랑을 살뜰하게 받는 인물이 등장하는 내용이 나오면 조심스럽다. 지금 학생들이 사는 현실과 안 맞는 경우가 있기 때문이다. 한 부모 가정의 부모는 대부분 직업을 가지고 있거나 시간제로 일하는 경우가 많다. 오랜 전통으로 남학생들은 특히 각 가정에서만 키우는 게 아니라 공동체가 키워 왔다. 그러나 현대에 들어오면서 남학생을 키울 '마을'이 사라져버린 격이어서 아들 키우기가 더 힘들다.

어머니 혼자 자녀를 키우는 경우 아들이 십 대가 되면 어머니의 권위를 무시하는 행동을 할 수도 있다. 이때 아들에게 어떤 행동을 제지할 것인지 기준을 확실히 정해 두어야 한다. 어머니가 대부분 직업이 있기 때문에 몸이 지치고 바빠서 아들과 충분히 대화를 나눌 시간이 부족하게 된다.

이때 아들에게 어머니의 생각대로 하려고 강하게 나가면 반발에 부딪히게 된다. 아들의 감정에 공감하면서 대화하기 적절한 상황을 기다린다. 아들의 마음을 이해해 줄 가까운 친지나 선생님의 도움을 구하는 것도 좋은 방법이다.

현대에는 가정에서 아버지가 안 계실 경우 그 역할을 대체할 남성이 아들 주변에 없다는 점이 문제이다. 과거에는 삼촌이나 이웃 어른 또는 문중 어른들이 어린 아들을 잘 보살피고 도와주었지만, 지금은 아들이 혼자 모든 것을 해결해야 하는 상황이다.

십 대 시절은 어른 남자의 역할을 배우고 또 자신이 독립적으로 책임질 태도를 익혀야 하는 탐색기인데 안내자가 없다.

아버지가 집에 함께 거주하는 경우라도 현대는 아들이 아버지와 함께하는 시간이 절대적으로 부족해 아버지를 잃은 경우와 비슷하게 자라고 있다. '아버지를 가정으로!'라고 사회 전체가 캐치프레이즈를 내걸어야 하는 상황이다.

몇 년 전 담임을 맡았던 반에서 H 군은 유달리 얼굴이 준수하고 깔끔했다. 단정한 매무새가 눈에 띄어 침착하고 꼼꼼할 거라고 생각했다. 그런데 아침 자습시간이 시작된 후에야 학교에 오는 등 지각이 잦았다. 책상에 앉아서도 아무 책도 펼치지 않고 멍하니 앉아 있었다. 기껏 하는 일이 주변 친구들을 콕콕 건들며 말을 걸어 몇 차례 지적했다. 다른 학생들이 아침 시간에 조용히 하루를 계획하고 학습을 준비하는 데 방해될까봐 가만히 말했다.

그런데 번번이 그런 지도에 아랑곳하지 않고 계속 산만하고 무기력한 상태가 계속되었다. 어머니와 상담해 보니 H 군은 7살 이후로 아버지를 만난 적이 없다고 한다. 아버지가 외국에 가 계신 이후로 연락을 하지 않는다고 했다. "아드님은 아버지를 찾을 텐데요." 하니까 어머니는 고개를 끄덕였다.

그 후 몇 달을 지켜보니 아무래도 H 군의 마음이 허전하고 학업에 집중하지 못하는 이유가 아버지에 대한 그리움이 아닐까 생각해서 어머니께 말씀드렸다. 외국에 계신 아버지께 아들이 한번 다녀오게 하는 게 어떠냐고 했다. 그해 여름방학 때 아들은 아버지께 다녀왔고 얼굴이 많이 밝아졌다. 지금은 전화를 자주 하고 있다고 한다.

아들은 특히 십 대 시절에 아버지를 롤 모델로 하는 경우가 많다. 어른 남자의 모습을 보여주는 가장 가까운 성인이 아버지이다. 말은 안 하고 있을지라도 아들에게 아버지의 존재는 매우 소중하다. 아버지가 안 계실 경우 아들의 내면에 상실의 아픔이 크다. 이럴 때 아들에게 삶의 안내자가 되어줄 만한 사람을 찾아보고 보살펴주는 게 좋다.

한데 만약 주변에 그런 사람이 없다면 어떻게 할까. 십 대 아들은 인지 능력이나 상상력이 급속히 발달하는 도중에 있다. 실제 현실에서 만나지 못하는 역할모델과 삶의 안내자를 책이나 영화 등에서 찾아 닮아가려 노력할 수 있다.

어느 가정의 이야기다. 아버지께서 일찍 사고로 돌아가셔서 당시 중학생이었던 막내는 마음에 상실감이 컸다. 다른 형제들은 고등학생, 대학생, 사회인이어서 어느 정도 자기중심을 잡고 정신없이 목표를 향해 갈 길을 가는데 아직 성장기에 있던 막내를 어머니는 홀로 키우셨다. 어려웠던 그 시절 기회 있을 때마다 형제들이 되뇌었던 게 이런 말이었다.

"다산 정약용 선생은 9세에 어머니를 여의었어. 유복자로 태어난 서포 김만중은 홀어머니 윤 씨에게 배웠지. 동양의 현자인 공자 역시 젊은 시절 미천한 신분으로 하찮은 일들까지 배우지 않으면 안 되는 처지에서 일어섰어."라고 밥상머리에서 이야기했다고 한다. 그 집 막내는 지금 "아버지가 살아계셨어도 이보다 더 잘 크긴 어렵지 않을까?"하고 웃으며 즐겁게 살고 있다. 그러고 보니 역사상 훌륭한 인물들은 환경이 넉넉하거나 부모의 뒷받침을 충분히 받은 경우보다 뭔가 결핍된 환경에서 성장한 경우가 많다.

어머니, 아버지 중 한 분이 곁에 안 계신 상황 그 자체가 엄청난 에너지를 줄 수 있다. '간절한 소망'이 바로 그것이다. 내게 없는 그 무엇에 대한 갈망이 아들에게 다부진 결단과 지속적인 도전의 동기가 될 수 있다.

아들은 의지와 기개가 중요하므로 그런 점을 자주 북돋워 주어야 한다. 물질적인 결핍이 아니라 마음의 결핍이 더 무섭다. 일어설 힘마저 앗아가기 때문이다. 결핍이라 여기지 않고 자신의 처지를 있는 그대로 바라보는 겸허함에서 출발한다면 또래 친구보다 훨씬 성숙한 십 대를 보내는 것이다.

학교에서 학생들이 생활하는 모습을 보면 그들이 사는 지혜를 엿볼 수 있다. 어린 나이인데도 그들은 서로 필요한 친구들과 친하게 지낸다. 외로운 아이는 외로운 아이를 알아보고 서로 친해진다. 그 모습을 보면 뭉클해진다. 학습능력이 부족한 아이는 또 자기보다 더 나은 아이를 존중하고 심지어 존경하는 눈빛으로 배우려 한다. 그런 넉넉한 눈빛은 공부 잘하고 똑똑한 학생들에게선 발견하기 어렵다. 친구들이 많지 않고 조용한 학생들은 그들끼리 어울린다.

남학생들이 서로 점심시간에 무리 지어 밥을 먹을 때 함께 모여 있는 모습을 보면 웃음이 나온다. 힘이 세고 남자다운 아이들은 그들끼리, 조용하지만 내실 있게 지내는 아이들은 또 그들끼리 대개 서너 그룹으로 모여 먹는다. 이때 혼자 먹는 아이가 있으면 함께 먹도록 권해본다. 그 친구들은 대부분 외부 견학이나 수련회에 갈 때도 같은 조가 되어 함께 한다.

그리고 남의 부족함과 배울 점을 알아보고 가까이 다가가는 그 학생들이 나중에 성인이 되어 훌륭한 인생을 살지 않을까 하는 생각을 해 본다. 사람은 그렇게 서로 부족한 모습을 보완하며 살게 되어 있는지도 모른다.

영화 '시네마 천국'에 나오는 시골 마을 극장의 영사기사 알프레도는 홀어머니 슬하에서 자라는 토토에게 친구이자 아버지 같은 존재다. 불의의 화재사고로 시력을 잃게 된 알프레도는 그를 구해 준 토토를 친자식처럼 아낀다. 토토에게 인생의 멘토 역할을 한다. 그는 시력을 잃고 오히려 못 보던 것들을 보게 되었다고 말한다. 토토에게는 자신이 꿈꾸는 삶을 살게 하고 싶었던 것일까.

그는 토토에게 인생 전부를 건 모험을 하지 않은 자신을 이야기하며, "떠나라. 이곳은 몹쓸 곳이야. 여기에 사는 동안은 여기가 세계의 중심인 줄 알지. 변하는 건 아무것도 없어. 그러나 2년 정도 떠나 있으면 변한 것을 느끼게 되고 그다지 보고 싶은 사람은 없어지게 되지. 한번 이곳을 뜨면 아주 오래 있다 와야 해. 그러다 귀향을 하면 친구들과 정든 땅을 느낄 수 있어. 지금의 넌 무리야. 넌 나보다도 앞을 못 봐." 하면서 영화에 빠져 사는 토토에게 따끔한 일침을 놓는다.

"인생은 네가 본 영화와 달라. 인생이 훨씬 힘들지. 몸이 무거우면 발자국도 깊단다. 사랑에 빠지면 괴로울 뿐이야. 막다른 골목이니까. 돌아오면 안 된다. 모조리 잊어버려야 해. 편지도 쓰지 마. 향수에 빠져서는 안 돼. 잊어라. 만일 못 참고 돌아오면 널 다시 만나지 않겠어. 알겠지?" 토토는 알프레도의 말대로 고향을 떠나 로마에서 세계적인 영화감독으로 성공한다.

세상에 아름다운 창작물들은 인간의 내면에 있는 결핍의 소산인지도 모른다. 아쉽고 그립기 때문에 갈망하고 성취하려 노력하는 그 과정에서 아들들은 삶의 진실을 마주할 듯하다.

한 부모 가정에서 아들을 건강한 삶의 탐색자로 키우는 방법을 제안해 본다.
첫째, 아들은 많은 보살핌을 필요로 한다. 보호자가 집에 없을 때 아들이 무슨 행동을 하는지 파악하고 있어야 한다. 이에 대해 아들과 자주 대화를 나눈다.

둘째, 아들이 집에 있어야 하는 시간, 외출할 때 가도 되는 장소, 주로 만나는 친구들을 알고 있어야 하며 그들과 필요할 때 연락을 할 수 있을 정도로 관계를 유지한다.

셋째, 아들이 혼자 집에 있을 때 친구들을 집으로 데려오지 않도록 한다. 함께 건전한 활동을 하리라는 확신이 있을 때 허락한다.

넷째, 학교의 도움을 최대한 받도록 한다. 학교의 방과 후 프로그램, 학교에서 추천하는 진로 프로그램 등 다양한 활동에 관심을 두고 아들에게 추천한다.

다섯째, 전문가의 도움을 받는다. 지역사회나 학교 내 상담전문가 등을 통해 아들이 자기관리를 잘할 수 있도록 한다.

아들에게는
공부보다 스포츠가
더 필요하다
- 운동의 중요성

십 대 남학생들은 운동할 때 가장 활기차고 행복해 보인다. 학교 운동장이나 동네 공터에서 땀 흘리며 서로 경쟁해가며 운동할 때 그들의 본 모습에 가장 어울리는 순간을 보는 듯하다. 운동을 잘하는 남학생은 친구들 사이에 인기가 있을 뿐만 아니라 자신감과 에너지가 넘친다. 스트레스를 적절하게 해소하기 때문에 수업 시간에 태도가 바르다.

스포츠는 한 팀에 소속되어 서로 협조하고 상대 팀과 경쟁하는 과정에서 이해심을 향상시킨다. 학교에서 학교 폭력 예방 차원으로 스포츠 활동 시수를 늘리고 체육활동을 연중 실시하는데 특히 남학생들의 호응이 좋다. 짧은 쉬는 시간에도 꼭 운동장에 공을 들고 나가 잠시라도 뛰어논다. 남학생들의 타고난 습성이 그게 맞기 때문이다. 그런데 한때 운동장에 출입하지 않도록 한 적이 있었다.

그 결과 교실과 복도에서 뛰어다니고 각종 놀이기구를 가져와 던지고 서로 몸싸움을 하는 남학생들로 학생지도에 골머리를 앓았다. 남학생들은 운동장에서 맘껏 그들의 에너지와 욕구를 발산할 때 가장 안전하다.

만약 가정이나 학교에서 운동을 전혀 하지 않는 남학생이 있다면 일단 상담해 보아야 한다. 심리적으로 억압적인 부분은 없는지, 사이버 세계에 너무 깊이 빠져 있지는 않은지, 교우관계가 잘 형성되어 있는지 알아보고 적절한 지원이 필요하다. 건전한 몰입에 빠져 있는 경우라면 예외이지만 정상적으로 성장하는 남학생들은 스포츠에 열광적이다.

운동에 재능이 없는 아들도 경기장에 자주 데려가 운동규칙을 설명해 주며 함께 응원하는 관객들의 분위기를 익히도록 한다. 스포츠 관련 경험을 하자는 뜻이다. 가족이 함께 같은 팀을 응원하고 즐거운 시간을 갖는 경험은 아들에게 든든한 애착 관계를 형성해 준다.

자녀 양육에 배려를 많이 하는 가정일수록 아들을 키울 때 규칙적으로 운동을 하도록 하고 있다. 어려서는 다양한 운동을 할 기회를 제공하고 초등학교 다닐 때부터는 동네 운동하는 팀에 들어가서 주말 축구나 농구에 참여하도록 한다. 아버지가 아들과 다양한 체험을 하는 게 가장 좋을 것이다. 많은 학교에서 스포츠의 중요성을 인식해 1인 1기 운동을 장려하고 또 배우도록 하고 있다. 실제 팀을 이루어 경쟁하는 스포츠를 즐기는 남학생들은 사회성이 좋다는 연구결과도 있다.

남학생들에게 글쓰기를 시켜 보면 감성적인 주제로 글을 쓰라 할 때는 당황하다가도 운동경기나 게임 이야기를 써 보라고 하면 아주 자세히 써내곤 한다. 경기 내용의 묘사를 세세하게 잘하는데 재미있는 것은 공간적인 구성으로 나누어 쓰기를 잘하는 점이다. 운동할 때 어느 위치에서 어떤 역할을 맡았는데 적절한 시기에 팀이 잘 응해 주어서 좋은 결과를 냈다는 점을 분명히 인식하고 있었다.

농구대회나 배구대회 등 경기를 할 때 남학생들은 자기 팀을 가족처럼 여긴다. 서로 챙기고 전략을 짜고 상대 팀 상황을 파악하며 리그전을 하는 동안 단합된 모습으로 살아간다. 팀원 중에 몸이 안 좋거나 컨디션 조절이 잘 안 되는 경우엔 기꺼이 돕고 격려한다. 이렇듯 남학생들은 어떤 목표를 향해 나아갈 때 그 임무를 완수하는 과정에서 상대를 동정하고 이해한다.

여학생들이 감정적으로 상대방의 기분을 즉각적으로 잘 파악하는 경향과는 다른 모습이다. 남학생은 소속감이 중요하고 문제를 해결해야 하는 상황을 줬을 때 생기가 돈다. 스포츠가 이런 점에서 매우 좋은 경험이 된다.

남자끼리 협력하는 경험이라면 다 좋을 것이다. 캠핑을 가서 여러 가지 일을 함께한다든지 래프팅하면서 같이 노를 젓는다든지 아버지나 형과 함께 자동차를 점검하고 낚시나 등산을 간다든지 하는 다양한 활동은 아들의 성장에 이정표가 될 만큼 긍정적인 효과를 낸다.

사실 컴퓨터를 할 때도 경쟁하는 게임이 인기이다. 온라인상에서 게임하다 상대방과 실제 전투처럼 흥분하며 소리지르는 모습을 볼 수 있다. 다만 예전에는 말타기, 활쏘기, 달리기 등 실제 움직이며 싸우는 전사처럼 성장했다면 현대에는 방에서 앉은 채로 많은 가상의 싸움에 접하고 있다는 점이 안타깝다.

아들에게 스포츠활동은 세상을 혼자 살아가는 게 아니라 많은 사람이 경쟁하며 임무를 완수하며 살아가는 모습을 체험하게 하니 정신력도 강하게 한다. 흔히 어떤 일을 하든지 근성이 중요하다고 하는데 스포츠는 인내와 자기 조절력과 승부욕이 필요하므로 여러모로 유익하다. 또한, 일주일에 한두 번씩 아버지와 형, 선배와 운동하는 기회가 있다면 다른 사람과 공감하고 배려하는 태도를 저절로 익힐 수 있다.

　나는 두 아들에게 어려서부터 운동을 강조했다. 부모가 운동을 잘하지 못하고 즐기는 성향이 아니어서 더욱 의도적으로 운동할 기회를 마련하고 함께 하려 했다. 특히 2000년대 초, 아들들이 초등학교 시절을 미국에서 지낸 2년 동안 농구, 축구, 수영 등을 할 기회가 많았는데 그 지역사회에 스포츠 자원봉사 시스템이 잘 갖추어진 덕분이었다.

　봄가을에는 축구, 겨울에는 농구를 하는데 커뮤니티마다 스포츠 리그전을 위한 시스템이 갖추어져서 매년 새로운 팀이 구성된다. 한 지역사회에 사는 사람들은 다 자원봉사 자격이 있는데 나이별로 선수(팀)를 모집한다. 자원봉사자들은 주로 부모님과 그 지역의 고등학교 학생들이다. 특히 아버지들은 팀의 코치를 주로 맡고 주중 화요일이나 수요일 밤에 인근 학교 체육관에서 연습게임을 하고 기본기를 닦는다. 토요일이면 동네 학교 운동장과 체육관마다 팀 리그전이 열려 응원 온 가족과 어린 선수들 그리고 코치와 스텝들로 웅성웅성한 모습을 볼 수 있다. 어린 선수들의 형제자매들이 같이 나와 응원하고 잔심부름을 한다. 심지어 동생들은 경기하는 장소 옆에 앉아 자기 숙제를 하곤 한다.

　여러 나라에서 온 어린이들이 한 팀에 소속되어 운동하는 동안 그들은 서로를 잘 알게 되고 각자 특성에 맞게 포지션을 맡아 최선을 다한다. 아버지 코치들은 자기 아들뿐만 아니라 아들과 동년배의 선수들을 정성껏 가르치고 전략을 짠다. 아버지 코치들은 자기 자식의 실력이 뒤지거나 경기에서 실수하거나 하면 화가 날 법도 한데 팀원 모두에게 공평하고 합리적으로 대했다. 기량이 부족한 팀원은 개별 지도를 한다. 한 번도 큰 소리로 가르치는 모습을 본 적이 없다. 그런 아버지의 모습을 보고 자식들은 많은 점을 배울 듯하다.

그렇게 경기를 치르는 동안 서로 협력하는 방법을 자연스럽게 배우게 된다. 어머니들은 주로 응원 담당, 간식 담당, 리그전의 사무적인 일을 맡는다. 초등학교 고학년이나 중학생들은 코치가 주로 고등학교 선배들이다. 고등학생들이 후배인 동네 학생들에게 운동을 가르치고 코치 역할을 하는데 몇 년 동안 꾸준히 봉사한다. '공부는 언제 하나?' 하고 궁금했는데 봉사 활동이 끝나고 밤 11시쯤 집에 들어가서 새벽까지 숙제를 하고 학교에 간다고 한다. 주중에 팀원에게 꼭 전화해서 게임 스케줄을 알려주고 준비물을 확인해 주던 그 고등학생들이 생각난다. 그들은 학원에 굳이 다니지 않아도 스스로 공부할 시간을 쪼개 봉사 활동하고 본인도 운동하면서 성장하고 있었다. 그런 봉사 활동실적이 대학입시에도 도움이 되니 더욱 열심히 하는 모양이었다.

그렇게 여섯 시즌을 스포츠 활동에 적극적으로 참여하니 두 아들은 낯선 나라의 친구들과 친해졌다. 큰아들은 팀의 코치가 미드필더를 주로 맡겨서 언제나 공격수를 해 보나 했는데 아들의 장점을 잘 파악한 코치의 배려였다는 사실을 알게 되었다. 그들이 두 아들의 장점을 파악하고 선수로 환영해 주던 모습은 참 즐거운 기억이다. 벌써 십수 년 전의 일이다.

요즘 우리나라의 각 지역 사회에서도 비슷하게 스포츠 경기 리그를 하는 걸 보았다. 다만 아버지 코치들이 아니라 운동 관련 전문가들이 코치로 도와주는 리그전인데 주로 초등학생들을 대상으로 하고 있다.

중학교에 들어가면서부터 대학입시에 신경을 너무 쓰는 나머지 실제로 운동을 열심히 해야 할 시기에 공부만 강조하는 가정이 늘어나는 점이 아쉽다. 테니스나 야구, 축구, 수영 등 다양한 운동 중에서 아들에게 맞는 운동을 적극적으로 추천해서 하도록 한다. 가끔 동네 중고등학생들이 밤늦도록 학교 운동장에서 축구하거나 농구하는 모습을 본다. 방과 후에 학원에 다니느라고 친구들끼리 시간 맞추기 어려워 그 늦은 시각에 운동하는 듯했다. 남학생들은 몇 시간이고 운동하는 데 싫증을 내지 않는다. 친구들과 운동하면서 많은 고민을 건강하게 해소한다.

청소년기에 진입하면서 아들은 신체적으로 급격한 변화를 겪고 충동적이고 위험한 행동을 할 우려가 있는데 스포츠 활동을 통해 그런 걱정을 예방할 수 있다.

아들은 남에게 자신이 알고 있는 것을 증명할 수 있을 때 공부에 관심을 가진다. 자신의 능력을 발휘하고 인정받는 기회를 많이 얻어야 한다. 새로운 지식을 습득하는 호기심은 남학생들이 학습에 흥미를 느끼는 주요한 동기인데 이런 에너지는 스포츠를 통해 얻을 수 있다. 과제가 주어지고 경쟁을 통해 전략대로 실천해가는 과정을 반복해야 한다. 그러는 동안 아들은 진정 자신이 알아야 할 것들을 어떻게 배워가는지 습득할 수 있을 것이다.

아들이 스포츠를 통해 건강한 십 대 시절을 보내기 위한 제안을 해 본다.

첫째, 아들에게 맞는 운동을 한 가지 이상 꾸준히 하도록 한다. 학원 하나를 줄이더라도 운동은 꼭 하는 원칙을 세운다.

둘째, 가능하면 같은 지역의 친구들과 운동경기를 함께 할 팀을 구성해 참여하도록 한다. 여의치 않을 때는 학교의 각종 스포츠 관련 활동에 적극 참여하도록 권장하고 지원한다.

셋째, 운동경기를 직접 관람하러 가거나 집에서 스포츠 중계를 즐겨 본다. 아들이 좋아하는 운동선수나 팀을 함께 응원한다. 관련 기념품을 구해 준다.

넷째, 부모부터 즐겁게 운동하며 다양한 여가를 즐기는 모습을 보여준다.

아들은
자기만의 동굴이
필요하다
− 자기 공간 찾기

어느 교육방송 프로그램에서 학생들에게 "공부에 가장 방해가 되는 것은 무엇인가?" 하고 물었더니 답은 '부모님'이었다고 한다. 부모님의 잔소리와 명령에 아들은 점점 작아지고 있는지도 모른다. 남학생들은 특히 잔소리를 싫어한다. 아니 소리를 잘 듣지 못한다. 후각, 촉각, 미각이 여학생에 비해 둔하다. 남학생들은 주변의 청각에 무딘 경향이 있어서 소음에 둔감하고 한번 몰입하면 다른 일에 신경을 쓰기 어렵다.

그들은 활발한 신체 활동을 통해 더 잘 배운다. 신체 활동에 충분한 공간을 제공하고 배려해야 한다. 그리고 그 공간에서 좋아하는 도구를 가지고 시간을 보내게 한다면 한참 동안 집중할 것이다. 사춘기 아들은 '나 좀 내버려 두라.'는 소리를 자주 한다. 의도적으로 고립되어 지내려고 할 때가 있다. 아들의 내면에서 원하는 소리는 '저에게 더 많은 공간을 주세요.'일 것이다.

최근 공간과 뇌의 상관관계를 연구하는 신경건축학이라는 낯선 학문이 주목을 받고 있다. 연구에 의하면 인간은 공간에 따라 뇌의 움직임에 영향을 받는다고 한다. 천장이 높은 장소는 창의력을 높인다는 실험 결과도 있으니 신비하다.

소아마비 백신을 발명하고 바이러스와 면역을 연구했던 학자 조너스 솔크는 한때 성 프란체스코 수도원이 있는 아시시Assisi의 마을에 머물렀다. 그곳의 햇빛과 아름다운 풍광으로 직관이 떠올라 소아마비 백신을 발명할 수 있었다. 그는 공간이 지니는 힘을 체험했다. 그리고 아시시의 그 마을처럼 인간의 창의력과 영혼을 고양하는 건축을 만들기로 했다.

그는 당시 세계적인 건축가 루이스 칸에게 요청해 캘리포니아 연안 절벽 위에 '솔크 생명공학연구소'를 건축했다. 태평양 바다가 내려다보이는 언덕 위에 중정을 사이에 두고 대칭인 두 개의 연구공간이 마주 보고 있다.

엄숙한 분위기이면서도 산책로와 수로의 배치가 사색적인 분위기를 연출한다. 두 건물 사이를 텅 비워 놓아 그곳에 햇빛과 물 위에 비친 태양이 시시각각 변화되는 모습을 바라볼 수 있도록 했다. 조너스 솔크는 이처럼 사람은 공간의 영향을 받고 반응한다는 사실을 알고 사람을 위한 건물을 건축했다. 그 연구소에서 노벨상 수상자가 6명이나 나왔는데 결코 우연이 아닌 것 같다.

자기만의 공간에서 홀로 지내는 시간의 중요성을 조상들은 이미 알고 있었다. 현대에 와서 각 가정에서 자녀를 한두 명만 낳기 때문에 지금 아들들은 자기 방을 가지고 있는 경우가 많다. 하지만 옛날에는 모든 식구가 한 방에서 혹은 남자 형제끼리 한방에서 지내는 형편이었다. 그때는 아마 자기가 좋아하는 장소에 가서 자신만의 시간을 보냈을 것이다.

자기만의 비밀장소를 가지면 정서적으로 독립된 감정을 느낄 수 있고 안정감을 지닐 수 있다. 산꼭대기의 바위 아래나, 개울가 웅덩이가 있는 수풀 속이 그런 장소일 수 있겠다. 소나무 숲속에 작은 공터일 수도 있다.

부모 세대에는 어린 시절 다락방에서 많은 시간을 보냈을 것이다. 온갖 잡동사니가 있는 그 좁은 공간에서 하늘을 바라보고 별을 보면서 많은 생각을 하고 독서를 하고 친구와 얘기를 나누었을 것이다.

체로키 인디언의 혈통을 물려받은 작가 포레스트 카터의 자전적인 소설 '내 영혼이 따뜻했던 날들'에 보면 인디언들은 그런 비밀장소들이 지닌 의미를 파악하고 살았다는 얘기가 나온다. 어린 소년은 10살 무렵 자기만의 비밀장소를 발견하고 들떠 그 장소를 심심하면 들른다. 그 얘기를 할머니에게 하니까 할머니는 비로소 말한다. 그 부분을 인용해 본다.

"할머니는 체로키라면 누구나 자기만의 비밀장소를 갖고 있다고 하셨다. 할머니 자신에게도 비밀장소가 있으며, 할아버지에게도 있다. 지금까지 한 번도 물어본 적은 없지만, 할아버지의 비밀장소는 산꼭대기 가는 길 어딘가에 있다는 걸 알고 있다. 할머니 자신이 보기에는 대부분의 사람이 자기만의 비밀장소를 가진 것 같지만 확실하지는 않다. 한 번도 그 문제를 조사해보지는 않았으니까, 하지만 비밀장소는 누구에게나 꼭 필요한 것이라고 할머니는 말씀하셨다. 그 말을 듣자 우연이긴 하지만 나한테도 비밀장소가 있다는 사실이 그럴 수 없이 뿌듯하고 자랑스러웠다."

오늘날 아들들은 어떤 비밀장소를 가지고 있을까. 안타깝게도 선뜻 떠오르지 않는다. 요즘 아들들은 산에 가거나 냇가에 가서 시간을 보낼 일이 많지 않다.

기껏 만화방이나 피시방 정도일까(만화방도 거의 사라지고 있다). 동네 놀이터나 학교 주변의 공터나 뒤뜰에도 CCTV가 지키고 있는 환경에서 아들들은 자라고 있다.

그러므로 어느 정도 성장한 아들이 그 징표로 가장 먼저 하는 말이 "내 방에 들어오지 마세요.", "노크하세요."이다. 아니면 자기 방문을 잠근다. 그럴 때는 서운하게 생각지 않고 그 뜻을 존중해 준다. 외로움을 충분히 누리도록 내버려 둔다.

사생활을 존중받는 아들이 믿음직스럽게 자란다. 가끔 학부모 상담을 할 때 '아들 방이 너무 지저분하고 모든 게 헝클어져 있어 도대체 사람이 사는 방인가 의심스럽다.'라는 말을 듣는다.

보다 못해 아들이 없는 사이에 방을 정돈하고 치워놓기라도 하면 아들은 화를 낸다고 한다. 아들은 자기가 찾는 물건이 어디 있는지 다 파악하고 있는데 엄마가 마음대로 섞어놓았다고 불평이다. 그 속에 좋아하는 음악, 컴퓨터 게임할 때 필요한 물건, 갖가지 매뉴얼, 학습 도구, 좋아하는 여자 아이돌 사진, 캐릭터 그림 등이 섞여 있는데 치웠으니 화가 난다. 엄마로서는 기가 막힐 지경이다. '평소 알아서 잘 치우든가, 누가 어질러 놓고 사라고 했나.'하고 속이 상한다.

그러나 그럴 필요가 없는 수고를 애써 한 어머니가 잘못이다. 아들의 공간은 그대로 놓아둔다. 먼지가 쌓이고 발 디딜 틈이 없어도 아들이 알아서 치우게 둔다. 아들은 스스로 자기 공간을 사용하고 그 장소에서 사색하고, 여러 계획을 세우고, 메모하고, 컴퓨터나 스마트폰으로 친구들과 채팅하면서 자라고 있다. 쓸데없는 데 신경 쓰느라 공부에 집중 안 하는 듯해도 그 모든 생각과 행동이 나중에 공부로 연결이 될 것이다. 부모가 자꾸 아들을 챙기면 앞으로 아들은 어른이 될 기회를 잃게 된다.

가끔 아들이 집안 식구들이 뭐하나 하고 궁금해하며 자기만의 공간에서 나올 때 현실적인 얘기를 한다. 너무 자기만의 공간에서 지내는 아들에게 진로에 관한 가벼운 얘기라든가 선배들 얘기, 친척 얘기 등 현실에서 일어나고 있는 내용을 말해준다.

아들은 현실 세계에서 자기가 할 수 있는 일을 발견하고 내적인 힘을 가질 때까지 계속 모색한다. 자신감을 지니고 현실에서 그 능력을 발휘할 수 있을 때까지 아들이 가꾸는 동굴을 존중한다.

1990년대 후반 C 군은 중학교 3학년 때 담임을 한 학생이다. 몸집이 크고 말수는 적었다. 친구들과 운동도 잘 안 했다. 그저 조용히 무언가를 그리고 있었다. 항상 만화캐릭터를 그리거나 스토리를 구상해서 만화를 그리고는 했다. 제법 잘 그리고 이야기를 흥미 있게 꾸며서 친구들이 재미있어했다. 학교 성적에는 별로 관심이 없었다.

만화를 계속 그리고 싶어 하는데 당시에는 애니메이션 고등학교도 없을 때였다. 고입을 앞두고 "원하는 고등학교에 가려면 공부를 더 열심히 해야 한다."고 하니까 집중적으로 공부를 해서 고교에 무사히 진학해 담임으로서 놀라고 기뻤다.

알고 보니 C 군은 집에 가면 지하실에 엄청난 자기만의 공간이 있고 사방이 만화책으로 싸인 그곳에서 자유롭게 지낸다고 한다. 부모님이 늦둥이로 낳은 자식이라 하고 싶은 대로 놔두는 듯했다. 참 개성적인 학생이었다. 지금 그 방면에서 직업을 찾고 행복하게 살고 있으리라 짐작한다.

앞으로 아들은 한 분야의 전문가가 되어야 한다. 아들은 자기만의 개성이 가장 중요한 시대를 살 것이다. 아들이 가장 편안하게 자신이 좋아하는 일에 몰입할 수 있는 공간을 허락해 주어야 한다. 아무도 건들지 않는 자기만의 공간이 있다는 사실만으로도 아들은 부모가 존중해 준다는 느낌을 받는다.

햇빛이 잘 드는 공간, 부드러운 마감재를 사용한 공간은 사회적 유대감을 느낄 때 나오는 옥시토신이라는 호르몬이 잘 분비되게 한다니 참고하면 어떨까. 정서적 안정에 도움이 될 것이다.

아들은 자기만의 공간이 필요한데 그 방안으로 다음과 같은 점을 제시한다.

첫째, 아들이 좋아하는 공간을 알고 독립된 생활을 할 수 있도록 간섭하지 않는다.

둘째, 홀로 있고 싶어 할 때 충분한 시간을 주되 식사 시간, 수면 시간 등을 꼭 지키도록 원칙을 정한다.

셋째, 자기만의 공간에서 주로 무슨 일을 하는지 관찰해 보면 아들의 진로와 관련된 정보를 얻을 수 있다. 아들과 대화할 때 가끔 어떤 일을 할 때 시간이 잘 가는지 물어본다.

커뮤니티와 네트워크를
잘 활용한다

– 인간관계

최근 많은 어머니들은 깨닫기 시작했다. 아들들을 더 이상 핵가족의 울타리 안에서 엄마의 힘만으로 키우기 어렵다는 사실이다. 어머니들의 지적 능력과 사회적 성공과는 별개로 아들 교육은 위기를 맞고 있다.

아버지가 있는 가정이나 없는 가정이나 아들이 남자어른을 만나 지도받을 시간이 부족한 사회 시스템이 가장 큰 문제이다. 아들을 남자로 키우기 위해 부족 전체의 과제로 알고 협력하여 훈육했던 전통을 주목해 볼 때다.

핵가족을 중심으로 조부모와 친척 등 확대가족 멤버가 아들에게 관심을 갖게 해야 한다. 그리고 아들이 제2의 가족으로서 지역사회의 기관이나 종교단체, 청소년 교육기관을 접하며 다양한 집단의 관심과 보살핌을 받고 자랄 수 있게 해 주어야 한다.

아들은 오랜 세월 동안 사회가 그들에게 요구하는 모습대로 키워져왔고 적응해왔다. 각 부족마다 부족의 운명을 책임질 전사들을 그들 나름의 방식으로 키워왔고 그 전통을 고수했다. 아들의 몸속에는 그런 책임을 맡기에 적절한 습성과 능력이 잠재되어 있다. 그들이 물려받은 뇌의 특성, 호르몬의 역할, 감각적 태도, 언어 습관은 강한 남성으로 성장하고 역할을 다하기에 알맞게 조절되어 있다. 인류초기 공동체에서는 사냥꾼이나 전사로서 남자끼리 협력하는 일이 한 가정의 가장이 되는 것만큼이나 중요했다. 아들이 온전한 성인으로 성장하는 과정에서 불가피하게 가족 이외에 사회의 개입이 중요하다.

독일의 자연주의교육을 예로 들어보자. 베를린 교외 비스코우Beeskow에는 어린이집과 양로원을 결합한 기관이 있다. 여러 세대가 함께 공존하는 그 곳은 '세대 간 대화'라고 불리운다. 그 지역사회는 "한 노인의 죽음은 도서관 하나가 사라지는 것과 같다."고 여기고 노인의 지혜와 경험을 다음 세대에 전수하고, 어린 세대는 노인들의 사랑과 관심을 받으며 성장하는 방법을 고안했다. 중요한 점은 이런 만남은 일상적으로 이루어져야 한다는 점이다.

언젠가 한국을 찾은 세계적인 침팬지 연구가이자 환경운동가인 제인 구달Jane Goodal은 상당히 의미 있는 메시지를 던졌다. "슬픈 일이지요, 엄마가 사회로부터 능력을 인정받고 사회 구성원으로서의 공헌도가 높아질수록 아이들은 피해를 입는다는 사실이 말이에요." 이는 가족을 대체할 사회의 도움이 절실하게 필요하다는 말이다.

아들의 성장에는 가족과 사회가 책임을 져야 한다. 가정의 붕괴로 아들이 자기 길을 가지 못하는 일이 있어서는 안 된다. 각 가정의 아들들이 지역사회와 함께 온전한 남성으로 성장하는 환경이 자리 잡도록 협력해가야 한다. 이미 많은 가족들이 자발적으로 서로 연대하여 아들을 타고

난 모습에 맞게 공동체 안에서 키우고자 노력하고 있다. 그런 가정의 예를 들어 본다.

경태는 아버지가 지방에 근무하는 까닭에 주말에만 가족이 모인다. 어머니는 직장에 다니므로 평일에 혼자 집에 있는 때가 많다. 강아지 두 마리가 있긴 하지만 경태에게 가장 친근한 건 아무래도 컴퓨터와 스마트폰이다. 경태 엄마는 방학이 되자 경태가 여가 시간에 이웃과 함께 할 만한 계획들을 세웠다.

경태 엄마는 경태가 외동이라 고립되어 지내거나 자기만 아는 이기적인 아들로 자라는 걸 걱정해서 두루두루 여러 이웃들과 관계를 맺고 있다. 10분만 걸어가면 동네 친구들이 자주 모이는 K의 집이 있다. 그 곳에서 시험공부도 함께 하고 영화를 같이 본다.

짧은 여름방학 동안 경태는 이웃들과 여러 프로그램에 참여했다. 좋아하는 애니콘텐츠를 맘껏 볼 수 있는 '코미콘 서울'에 다녀왔다. 일산 킨텍스에서 하는 과학창의축전에는 친구 엄마들이 함께 데려가 주었다. 다음 날 친척 따라 물놀이장에 가서 종일 시간가는 줄 모르게 놀았다.

주말 오후, 가까운 동네에 사는 외삼촌이 건너와 바둑을 함께 두는 시간이면 대국하는 모습이 심각해질 정도다. 시간 지나가는 줄 모르고 두뇌싸움을 벌인다. 외삼촌은 가면서

"아, 만만한 상대가 아니네, 함께 대국할 만해."하며 웃는다.

그럴 때면 경태는 스마트폰 할 때보다 더 신나 보인다. 개학날이 되자 개운한 마음으로 스스로 일어나 가벼운 걸음으로 학교에 간다. 그리고 가까이 사시는 할머니께서 매주 한 두 번씩 오셔서 오후 한

때를 지낸다. 한 달에 한 번 정도 경태가 어렸을 적 공동육아에 함께 참여했던 부모들을 주말 저녁에 집으로 초대해 이제 십 대 중반이 된 자녀들의 교육과 성장에 대한 얘기를 나눈다.

방학이 끝나고 개학하면 학생들과 방학 때 지낸 이야기를 하는 시간을 가진다. 국어시간에 말하기 시간을 활용하거나 아침 자습시간이나 학급회의 시간 등 알맞은 때에 서로 경험과 느낌을 나눈다. 요즘 남학생들은 남 앞에서 말하기를 싫어하며 특히 자신의 개인생활에 대한 내용은 더 말하기를 꺼린다. 그럴 때는 쓰기 시간으로 할애해서 작문을 하고 모두 나눌만한 이야기를 선정해 이야기한다.

상당히 많은 학생들이 방학이 되면 친척들과 시간을 보내고 있어 안심이 된다. 어머니가 없는 학생이 시골 고모댁에 가서 일 주일정도 지내다 왔다든가, 아버지가 해외에 장기 출타 중인 학생이 할아버지 댁에 가서 농사일하는 걸 도와드리고 왔다는 얘기를 들으면 그 학생들의 2학기 생활에 걱정이 없다.

그런데 방학 내내 아침부터 저녁까지 학원 특강을 듣느라 쉬지도 못했다든지, 아예 합숙학원에 들어가 선행학습을 해서 특별히 쓸 말이 없다는 학생들도 있다. 그러면 그 학생들의 2학기 생활이 걱정된다. 쉬지 못하고 지친 심신을 학교생활하면서 잘 회복해야 하는데 대부분 그런 경우 학교생활에 의욕이 별로 없기 때문이다.

청소년기는 제2의 탄생기이다. 이 시기의 아들에게 만남의 기회를 갖게 도와주자. 앞으로 살아갈 세상에서 어떤 역할을 맡을지 어떤 사람으로 살아갈지 보여줄 사람들과 연결해 주자. 품앗이처럼 이웃과 공동으로 이런 관심을 나누고 실천하는 관계를 만들어보면 좋겠다.

평소 존경하는 동료 선생님이 있다. 그 선생님은 오랫동안 자녀를 갖고자 했으나 여의치 않아 입양을 했다. 입양한 자식에게 늘 좋은 부모가 되려고 노력하는 모습이 각별하게 다가왔다. 자식이 초등학교 때부터 같은 반 모임 부모와 좋은 관계를 유지해 왔다고 한다. 방학 때마다 그 반 친구 가족들과 여행을 떠난다. 여행 도중에 여러 이야기를 나누고 각 가정에서 고민하는 자녀양육의 문제들을 논의한다. 그리고 돌아와 다시 학기가 시작되고 그 문제들을 서로 지혜를 모아가며 해결해 간다. 이런 친구들에게는 서로의 성적이 중요하지 않다. 경쟁관계가 아니라 공동의 문제를 함께 지고 나아가는 대가족이기 때문이다. 그런 관계 속에서 아들은 건강한 인간관계와 책임을 다하는 부모의 모습을 배울 것이다.

나 또한 아들들을 키울 때 이웃들의 도움을 많이 받았다. 내가 도움을 준 것보다 도움 받은 게 더 많다. 워킹맘이라 늘 직장 근처로 이사를 다녔는데 같은 학교 동료들도 마찬가지 이유로 직장 가까이 사는 경우가 많았다. 직장 동료이자 이웃이며 같은 학교 다니는 자녀의 학부모로서 공동체 안에서 소속감을 느끼며 양육했다.

출퇴근을 함께 하고 아들들은 같은 유치원에 보내고 초등학교 시절에는 방과 후에 동네 이웃집에 같이 보내 오후 시간을 함께 지내도록 했다. 아들이 십 대가 되자 다니는 중학교 고등학교가 달라졌지만 서로 연락을 주고받으며 많은 점을 공유했다.

또 당시 그 동네의 아들들은 '피노키오 아저씨'라는 별명이 붙은 테니스 코치 선생님을 무척 따랐다. 코가 길어서 아이들이 붙인 별명이다. 그 분은 아이들과 운동할 뿐만 아니라 살아온 이야기들을 들려주고 물고기 키우는 법 같은 작은 주제에서부터 자신의 인생신조까지 아들들에게 조곤조곤 이야기해서 남자들의 삶에 어떤 점이 중요한지 느끼게 해 주었다. 아들들은 특히 남성공동체와 긴밀히 연결된 환경에서 자라는 게 좋다. 일정기간 남성공동체 안에서 생활한다면 더욱 좋을 듯하다.

지금은 생활환경이 많이 달라져 아버지들의 모임이 대부분 밖에서 이뤄진다. 집으로 사람들을 초대하는 일이 거의 없다. 부모 세대의 성장환경을 보면 과거에는 아버지가 직장 사람들이나 친구들을 즐겨 집으로 데려와서 자식들은 그 분들에게 많은 이야기와 교훈을 듣고 자랐다. 많은 사람의 관심을 받고 자라므로 자연히 행동이 조심스러워지고 때가 되면 필요한 공부를 했다.

유진벨 재단은 한국에 선교사로 와서 100여 년을 한국 사회에 봉사한 집안이다. 그 가문의 한 사람인 인요한 교수는 이런 말을 했다. "나는 한국인으로 특별귀화를 했다. 어머니가 미국 국적을 포기하지 못하게 해서 '미국인'으로 살아왔지만, 2012년 정부에서 다른 나라 국적에 더해 '한국인' 국적도 추가로 취득할 수 있도록 특별귀화제도를 만들었다. 지금 우리나라에 가장 필요한 것은 '온돌방 문화'의 부활이라고 나는 생각한다. 온돌방에서 어른들께 지식을 배웠고, 도덕을 배웠고, 소통을 배웠다. 어린 시절 순천에서 가족들, 동네 할머니, 할아버지와 함께했던 온돌방 아랫목이 너무도 그립다."

우리의 문화와 정서에 맞게 아들을 키워 내는 방법은 공동체마다 고민해야 할 부분이다. 꼭 함께 살아야 할 필요는 없다. 카톡, 문자, 메일을 자주 주고받는 것만으로도 십 대 아들은 단단한 유대감을 느낄 수 있을 것이다. 지역사회에 따라서 좋은 프로그램으로 학생들의 여가생활을 돕는 경우가 많다. 자원봉사자들이 종교 단체나 기관에서 악기 연주 프로그램, 방과후 학습 프로그램, 영성을 키우는 프로그램 등을 운영하고 있다.

지금 자라는 아들에게 가족과 공동체, 사회의 보살핌과 안내가 있는가? 혹 가족 외에 마주칠 사람들은 학교와 학원 외에 거의 없는 실정이지는 않은가? 만약 부모가 아들의 수학, 과학 실력만 중요하게 생각한다면 곤란하다. 아들의 영혼은 남자로서 책임 있게 성숙할 기회를 잃어가고 있기 때문이다.

아들이 십 대 이후 진지하게 삶을 고민할 때 곁에서 지켜 줄 수 있는 '마을'이 필요하다. 터놓고 의논할 학교선생님, 운동코치 선생님, 교회 전도사님, 성당 신부님, 선배, 친척 등이 안내자 역할을 해 주어 아들이 자기 길을 발견하게 하면 좋을 것이다.

사교육은 꼭 시켜야 하나?

지금 자라는 학생들의 조부모 세대만 해도 자녀 교육이 힘든 이유는 경제적인 여유가 없어서 맘껏 뒷바라지 못한 점이 컸다. 그런데 지금 부모들은 정성껏 양육할 책임뿐만 아니라 각종 정보를 자식들에게 알려 주고 미래를 대비해 주는 교육담당 비서 역할까지 하는 느낌이다.

교사로서 학생들이 학교 시험 준비를 학원에 가서 하는 모습을 보면 참 안타깝다. 학교 시험은 교사가 평소 수업한 내용을 바탕으로 출제하고 평가한다. 같은 교과라도 교사에 따라 가르치는 방식이 많이 다르다. 출제는 교사가 교과단원의 범위 내에서 낸다. 그런데 많은 학생들이 학교에서 배우는 교사가 아닌 학원선생님과 시험 대비 수업을 한다. 스스로 공부하는 습관이 잡혀 있지 않은 학생들이 특히 학원에 의존한다. 오히려 평소 학원에 다니더라도 학교 시험 기간에는 학원을 의지하지 않고 가정에서 홀로 공부하는 습관이 들어야 한다. 사교육은 학생들이 어떤 분야에 특별히 더 공부할 필요가 있을 때 적정한 시기에 시키는 게 바람직하다.

1. 최상위권에 있는 학생들을 살펴보면 사교육의 영향을 거의 받지 않는다. 교과서와 참고서 등 공부할 내용과 자료만 있으면 스스로 공부를 해 낸다. 지적 호기심이 넘친다. 사교육 받으러 갈 시간이 아깝고 그 시간에 자기가 하고 싶은 일을 한다. 그렇게 최상위의 성적을 유지한다.

2. 공부를 잘하고 의욕은 있는데 스스로 헤쳐 나갈 자발성과 에너지가 조금 부족한 친구들은 좋은 사교육의 도움을 받을 수 있다. 성실한 끈기로 노력하면 최상위권과 같은 결과를 얻을 수 있다고 본다. 단 조건이 있다. 학원에서 한 시간 수업하면 집에 와서 혼자 세 시간을 공부해야 효과가 있다. 그러니 정말 공부를 하는 친구들은 사교육

을 많이 받지 않는다. 제대로 공부해야 하는데 물리적으로 도저히 많은 사교육을 소화할 수 없다는 사실을 알기 때문이다.

3. 학원 수업을 잘 이해 못하고 그 시간에 앉아 있다 오는 데 의미를 두는 친구들이 사교육을 많이 받는다. 학원에 많이 다니니까 몸은 힘들고 수업 내용을 이해 못하는데 집에 와서 홀로 공부할 여유시간이 부족하고 하니까 학원에서 학원으로 전전하면서 정신적으로 위안을 삼는다. 그리고 정말 '내가 힘들게 공부하고 있다, 많이 공부하고 있다.'는 착각에 빠지게 된다. 그리고 일부는 부모 몰래 학원을 빼 먹고 그 시간에 다른 데로 가서 시간을 보내고 있다.

나의 아들들은 과목별로 1, 2, 3의 경우가 섞여 있는 경우이다. 그리고 한창 사춘기 시절에 3번의 예처럼 아무 의욕도 의미도 모르는 채 학원 다니다가 점점 공부로부터 멀어지는 기간이 있었다. 고등학교 진학 후 친구들과 의논하며 스스로 선택한 사교육 몇 과목을 진지하게 공부한 점이 대학 입학에 도움되었다. 성실도가 떨어지고 공부를 왜 하는지도 모르는데 자꾸 공부하라고 주변에서 강요해서 하는 경우에는 일단 공부를 접고 마음부터 다시 잡아가도록 해야 한다. 이런 경우가 대다수인데 기본적으로 부모의 강요에 따르는 순종적인 경우라 학원에 안가면 큰 일 나는 줄 알고 다니나 효과는 별로 기대할 수 없다. 아들을 스스로 공부하게 만들어주는 마법사는 존재하지 않는다. 그러니 아들이 삶의 진짜 목표를 찾고 실력을 기르는 데 힘쓰게 할 사람은 부모밖에 없다. 가장 큰 사교육 강사는 부모이다. 배운 내용의 세 배를 홀로 공부하지 않을 바에는 학원은 안 다니는 게 가정경제에도 보탬이 되고 아들의 정신건강에도 도움된다. 아들의 현재 모습을 존중하라. 그리고 분석해보라. 과연 사교육이 필요한 지 어떤 사교육이 좋은지 의논해 보라.

코칭 Tip

사교육이 필요하다고 판단되면 직접 원장이나 강사와 상담하고, 관련된 인터뷰 등은 파일로 기록 · 관리해서 보관해두세요. 후에 대학 입학이나 진로 결정에 많은 도움이 됩니다. 혹시 사교육 단절 기간이 와도 불안해하지 마세요. 아들이 사교육이 필요하다고 스스로 찾도록, 부모에게 도와달라고 할 때까지 기다려주세요.

Part 5

아들 교육은
머리가 아니라
몸으로 하라

여학생보다
언어 능력이 느린 남학생
– 여학생과 다른 남학생

현재의 학교에는 남학생이 배워야 할 이상형이 없다

우리나라 지리를 공부할 때 '동고서저'라는 말을 많이 들었다. 한데 최근에는 뉴스에서 '여고남저'라는 말을 많이 대하게 된다. '여학생 성적이 남학생보다 높다.'라는 의미이다. 각종 입시, 취업, 고시 등에서 여성이 남성보다 훨씬 많이 성취하고 있다. 의과대학에 남학생보다 여학생이 더 많다. 벌써 10여 년 전부터 그런 현상이 뚜렷하고 갈수록 더 심해지고 있다.

교직에 있는 사람으로서 의문이 생긴다. 과거에 그토록 똑똑하고 책임감 강하며 절제 있게 공부에 힘썼던 남학생들은 다 어디로 갔다는 말인가? 학급 임원 역할 뿐만 아니라 동생들에게 아버지 버금가는 형 노릇을 척척 하고, 집안의 기대주로서 어른들의 신뢰를 받던 그 남학생들은 멸종이라도 된 것인가?

1990년대만 해도 국어 수업 시간에 남학교에서 보람된 일들이 많았다. 남학생들이 여학생보다 글쓰기를 못 한다는 편견을 가질 수 없었다. 곧잘 자기 의견을 발표했고 쓰기 수업에서도 열심히 제 의견을 내세웠다. 1990년대 후반 이후 중학교가 대부분 남녀 공학으로 전환되었는데 언제부터인지 남학생들은 수업 중 잠자거나 멀거니 창밖을 보거나 무기력하게 손으로 메모도 안 하고 가만히 앉아있는 경우가 많아졌다.

여학생들은 수업에 적극적이다. 여학생들이 발표는 물론이고 교사의 수업내용을 정확히 듣고 복습하고 하니 시험성적도 좋을 수밖에 없다. 그렇다고 지금의 이 현상을 당연한 듯이 내버려 둘 수는 없다. 여학생, 남학생이 모두 잘 성장해야 사회에도 좋기 때문이다. 20여 년만에 남학생들의 유전형질이 변하기라도 했나? 뭔가 심각한 변화가 남학생의 뇌에서 일어났나? 하는 질문을 하게 된다.

'여고남저' 현상은 세계적인 추세이다. 2006년도 이후 영국의 대학 입학생은 여성이 앞섰고, 미국은 최근 남학생이 대학캠퍼스에서 귀하게 되어 남학생 모시기 캠페인이라도 벌여야 할 형편이라고 한다.

21세기 들어 여성에게 맞는 시대가 왔다. 전통적으로 여성이 억압받고 차별받은 점을 생각하면 환영할 만한 일일지도 모르지만, 남성과 여성이 높고 낮음으로 치우치는 점은 바람직하지 않다. 뭐든 조화로운 게 자연의 섭리에 맞기 때문이다. 그렇다면 남학생들이 공부하는 현실과 교육시스템이 뭔가 그들에게 자연스럽지 못한 원인이 있음이 분명하다.

여성호르몬의 특징은 전체와 부분을 잘 연관 짓게 되어 있다. 쉬는 동안에도 활동하는 여학생의 뇌는 멀티태스킹이 가능하다. 여학생은 다양한 상황을 연관 짓는 데 유리한 두뇌 구조를 지녔다. 드라마를 보면 여성이 다림질하면서 전화하고 눈짓으로 자녀들에게 지시하는 광경을 볼 수 있다. 남성들은 그렇게 하기 힘들다. 여학생은 공감 능력이 뛰어나고 자기감정을 세밀하게 묘사하는 능력이 남학생들보다 뛰어나다.

어린 시절부터 학교에 다니기 시작해서 보통 12년을 학교교육시스템 안에서 사는데 그동안 남학생들은 그들의 롤 모델을 발견하기 어렵다. 학교사회가 여성이 많기 때문이다. 학교에서 여성 교직 종사자가 70%를 넘지 않도록 하는 게 목표인 나라도 있으니 그 현상이 얼마나 심각한지 알 수 있다. 학교에서 성적을 평가하고 학생의 능력을 발견하고 북돋우는 일도 교사가 하니 남학생들은 여학생보다 교사의 이해를 받기가 상대적으로 어렵다.

어떤 아들은 12년 동안 남자담임 선생님을 한 분도 못 만났다고 한다. 여자 선생님들의 표현방식과 사물을 이해하는 방식, 가르치는 방식이 남학생들에게 적합하지 않을 수도 있다. 집에서는 어머니, 학교에서는 여성 교육자들에게 둘러싸여 10여 년을 살고 있는 남학생들은 자신의 정체성을 온전하게 이해받고 수업하며 생활하고 있는지 의문을 가져봐야 한다.

학교 성적 및 대학 입시 등 각종 시험의 평가내용은 주로 언어로 이루어져 있다. 그런데 남학생은 선천적으로 여학생보다 언어 능력이 느리게 발달한다. 표현도 감각적이기보다 추상적이고 논리적인 부분에 강하다.

남학생은 원리를 궁금해하고 여학생은 세부적인 사례를 궁금해한다. 여학생이 제출하는 리포트가 세부적이고 꼼꼼하게 표현되고 예쁘게 마무리되어 있을 가능성이 크다.

중등학교에서는 체육활동의 수행평가는 남자와 여자의 기준을 다르게 해서 매긴다. 여학생이 남학생보다 신체적으로 연약하다는 이유에서이다. 그러나 남학생들의 언어 발달이 여학생보다 더디 발달한다고 해서 수행평가 시에 남학생의 표현능력에 후한 기준을 부여하지는 않는다. 대부분 과목의 수행평가가 언어능력이 우수하면 유리한 내용이고 보면 이는 남학생에게 불리하다. 최근 초·중·고·대학교의 성적평가에서 읽기, 쓰기 능력과 세부적인 서술은 매우 중요하다. 일반적으로 그런 분야는 여학생이 유리하다. 여학생의 두뇌는 남학생에 비해 어휘 사용, 감정 및 감각 기관 관련 어휘 연결 등 언어를 다루는 데 능숙하다. 남학생들은 시각적으로 그들이 쓰고자 하는 주제를 그려 놓고 공간이동 하듯이 한 단락씩 쓰게 하면 잘 쓴다.

국어수행평가 시 여학생들의 글을 읽어보면 상황 묘사에 강하고 스토리의 변화과정을 자세히 기술한다. 남학생은 공간적인 구성을 많이 사용하며 사건의 결과에 대한 자신의 견해와 의견을 잘 서술한다. 사용한 어휘는 여학생이 많고, 생각의 독창성이나 견해를 밝히는 솔직함은 남학생의 글에 힘이 실려 있을 때가 많다. 남학생들은 동기와 목표가 확실하면 적극적으로 글쓰기에 돌입한다. 그때까지 유도하기가 힘들다. 여학생들은 교사의 인도에 순순히 따르는 경우가 많다. 평균적으로 여학생의 점수가 높을 수밖에 없는 이유이다.

현재 학교 교육에서 남학생들이 우수한 결과를 성취하기에 불리한 점으로 다음과 같은 점들을 생각해 보았다.

1. 이혼, 재혼 등 가정환경의 영향을 남학생이 더 많이 받는다. 남학생에

게는 책임감과 가정의 기대를 잘 이해하는 일이 중요한데 그런 동기를 부여할 가정이 사라지고 있다.

2. 남녀 공학은 남학생에게 불리하다. 미국에서 남녀 분리교육을 실시한 경우 남학생의 학업성취가 좋아졌다는 사례가 있다. 남학생들은 그들의 발달단계에 맞게 교육해야 할 필요가 있다. 남녀 공학인 경우 중학교 1학년 때는 누나와 동생들이 있는 것처럼 보이다가 중학교 3학년 쯤되면 비로소 남학생이 정신적으로 많이 성숙해져 서로 존중하는 듯하다.

3. 2000년대 초부터 인터넷 사용이 활성화되고 온라인 게임 등이 아들들의 여가 시간을 좀먹기 시작했다. 스마트폰으로 하는 게임이 많아질수록 남학생의 건강과 집중력이 약해져 학교 수업 시 집중력과 절제된 태도를 잃어가고 있다.

4. 남학생들이 지닌 특성이 공격적이며 위험하다는 사회의 염려스러운 눈초리와 여교사가 많은 학교 환경은 남학생에게 적절한 동기 부여를 하지 못하고 있다.

5. 사회생활을 하는 남자 어른들이 남학생들과 만날 시간이 거의 없어 남학생들은 고립되어 자라고 있다. 아버지가 있는 가정도 실상은 싱글맘 가정과 같이 아버지 부재 시간이 절대적으로 많다.

아들이 공부를 잘하게 하려면 아버지부터 학교교육에 적극 참여한다

'여고남저'의 사회적 흐름에도 불구하고 아들을 적성과 재능에 맞게 목표를 성취하도록 한 가정의 예를 들어본다.

1. A 군 가정은 아버지가 교사이다. 방학 때마다 아버지는 가족과 캠핑

하러 다녔다. 자연 속에서 한 달 내내 가족이 숲속 생활을 하고, 이동할 때마다 각자 맡은 일들이 있어서 협동하여 일하고 자연을 배웠다. 덤으로 많은 이야기를 서로 나눌 수 있었다.

2. B 군은 아버지가 해외 파견이 잦았다. 해외에 나갈 때마다 아들을 가정에서 아버지가 직접 가르쳤다. 아버지가 가정에서 저녁을 먹는 시간이 한국에서보다 많았기에 학교에서 돌아온 아들과 함께 책상에 앉아 아들이 완전히 개념을 이해할 때까지 가르치고 또 알게 된 내용을 아버지 앞에서 말하게 했다. 학교 숙제가 있으면 미리 한 후 놀게 하고 발표할 내용은 가족 전체 앞에서 반드시 발표해 보게 했다.

3. C 군은 아버지가 하는 가게 위층이 집이다. 매일 학교에서 돌아오면 아버지가 일하는 가게를 지나 위층으로 간다. 가끔 아버지가 배달을 가거나 일하는 사람이 자리를 비우게 되면 아들이 대신 일 하곤 했다. 함께 일을 하면서 아버지는 꼼꼼하게 일의 과정과 주의사항을 말해주었다. 아들은 집에 없어서는 안 되는 아버지의 조수 역할을 했다. 넉넉지 않은 환경이었지만 학교 성적도 학년이 올라갈수록 향상했다.

이처럼 아버지가 적극적으로 아들의 교육에 관심을 두고 자상한 지도를 했을 때 효과가 매우 좋다는 생각이 든다. 또 남학생들이 학교에서 의욕적으로 학업에 열중하고 각종 활동에 높은 성취를 보이는 경우를 다음과 같이 생각해 보았다.

1. 남학생들은 재미있고 호기심 넘치는 일을 추구한다. 남학생은 재미를 붙이면 밤을 새우며 수학 문제를 푼다.

2. 경쟁의식을 가졌을 때 승부욕을 지니고 열심히 몰입한다.

3. 잘 한다는 칭찬은 남학생을 움직이게 하는 연료이다.

4. 부모님 등 사랑하는 사람을 기쁘게 하기 위해 목숨이라도 바칠 정도로 열심히 한다. 반대로 부모와 갈등이 있고 이해해 주지 않으면 부모가 좋아할까 봐 공부를 안 한다.

5. 어머니보다 아버지의 인정이 중요하다. 아버지가 아들을 자랑스럽게 여기고 믿어줄 때 잘 자란다.

핀란드의 교실에서는 학생 개개인의 발달 단계에 맞게 교육한다. 똑같은 교육과정에 학생들을 몰아넣고 평가하지 않는다. 우리나라의 수업은 학생의 발달 속도를 고려하지 않고 있다. 남학생은 신체 활동을 하면서 공부하는 방법이 효율적이다. 한 자리에서 4시간 이상 앉아 있는 남학생은 거의 없다. 공부에 열중하는 여학생은 한 번 앉으면 일어서는 것을 잊어버린 사람처럼 보인다. 지금의 필기 위주의 평가 방법이 여학생에게 유리하다는 이야기다. 남학생의 특성은 남자 선생님이 훨씬 더 잘 이해하고 거기에 맞게 지도할 수 있을 것이다. 나 역시 아들 둘을 키우면서 시행착오를 겪은 끝에 학교의 남학생들을 더 잘 이해하고 그들의 학습발달에 맞게끔 말하기, 글쓰기 등에 동기 부여를 하면서 격려할 수 있었다.

아들이 프레젠테이션을 할 때 미리 가족 앞에서 말해 보거나 글을 써서 외워 발표해보게 한다. 처음부터 잘하는 친구는 없다. 반복되면 혼자서도 준비를 척척 하게 된다. 말할 때는 시간 순서대로 차근차근 이야기하거나 공간의 순서대로 생각해 가며 이야기하도록 해 본다. 추상적인 주제는 원인과 결과의 순서를 정해 이야기하게 한다. 순서만 생각해가며 이야기해도 조리 있게 이야기하는 연습이 된다.

남학생들은 공간을 확보해주어야 자유롭고 편안해한다. 그들은 경쟁을 통해 배우므로 게임이나 퀴즈를 하면 실력이 올라간다. 시각적인 자료를 자주 보여주고 신체 활동을 하게 하거나 발표의 기회를 자주 준다.

두 아들이 다녔던 초등학교의 교장 선생님이 훌륭했다. 전교생이 일기를 쓰도록 해서 연말에는 두꺼운 표지로 제본을 해 주었다. 지금도 그 일기장 묶음들은 이사할 때 보물 1호이다. 그때 쓴 일기들이 삶의 역사인데 매일 쓰기를 해서 아들의 표현력이 좋아지는 모습을 한눈에 볼 수 있었다.

남학생들이 글쓰기 능력이 부족한 게 아니라 그들이 좋아하는 방식으로 읽기와 쓰기를 배우지 못했기 때문에 발달이 미숙한 것이다. 일반적으로 남학생들의 언어 발달이 여학생보다 일 년 반 정도 늦다고 하는 데 그런 차이를 수행평가 시 반영하고 있지 않은 점도 고려해 보아야 한다.

수행평가를 해 보면 전체성적에 상관없이 남학생 중 우수한 학생과 여학생 중 중위 학생의 성적이 비슷하다. 여학생들의 수행평가 성적이 일단 상위권에 죽 포진해 있고 남학생들의 성적이 그 뒤에 자리하게 된다. 그러나 교사로서 수업할 때 남학생들이 열등하다고 느낀 적은 드물다. 다만 남학생들이 해가 갈수록 집중력이 떨어지고 무기력하게 되어가는 모습이 안타깝다. 드물게 우수한 남학생들은 예나 지금이나 총명하고 학습에 대한 책임감이 뛰어나며 절제력이 대단하다.

남학생들이 학교에서 성적이 뒤지고 무기력한 이유는 목표를 상실하고 성장 과정에서 책임감 있게 키워지지 않았기 때문이라고 생각한다.

학교와 가정이 이 점에서 적극적으로 협조해야 한다.

성남에 있는 N 중학교가 그 좋은 예이다. 올해부터 그 중학교에서는 학부모가 매일 아침 독서수업을 한다. 학급별로 월요일은 각 학년 1반, 화요일은 2반 이런 순서로 실시한다. 학생들은 학부모가 제시한 주제로 글을 읽고(때로는 관련 영화나 PPT를 보고) 토론하는 수업을 한다. 학생 호응도가 높다. 학부모가 자신들의 직업 및 전문분야에서 주제를 제시하므로 학생들은 다양한 내용을 접할 수 있다.

주제의 예는 '애국자는 어떻게 만들어지는가?', '고전주의와 낭만주의 작곡가의 음악'을 듣고 내가 좋아하는 음악과 나의 삶의 관계를 생각해 보기, '부자에게 부유세를 도입해야 한다.' 주제로 토론하기, '박완서의 마지막 임금님을 읽고 내가 생각하는 행복에 관해 얘기해 보기' 등으로 학부모가 학교 교육에 적극적으로 참여하여 학생들에게 관심과 열의를 전하고 있다.

학교의 교육 활동에 학부모의 참여를 권하는 가정통신문이 많이 발송되고 있다. 어떤 내용인지 관심있게 읽어 보고 학교 홈페이지를 자주 들어가 본다. 학교도서관 자원봉사 활동, 학교 운영위원회 활동, 학부모회 활동 등 어머니뿐만 아니라 아버지들의 활동이 많아지고 있다. 아들에게 부모의 존재감을 보여주는 일이 무척 중요하다. 아들에게 무슨 일이 생기면 부모를 가장 의지하고 신뢰하는 점은 시대가 바뀌어도 변함없다.

각 가정마다
성인식이 필요하다
- 정체성

그 날은 몇 년 전 돌아가신 경태 할아버지의 제사가 있는 날이었다. 경태는 집안의 장손이다. 중학교에 들어와서 아버지는 경태에게 제사 때 할아버지께 올리는 술을 가장 먼저 올리게 했다.

"이제 너도 그만큼 컸으니 할아버지께 먼저 술 올려라. 장손으로서."

경태는 작은 아빠들도 계시는데 먼저 올리는 게 어색했다. 할머니, 작은아버지, 사촌들, 고모, 작은어머니들 앞에서 제주를 올리는 데 손이 떨렸다. 이제 올해 제사가 곧 다가온다. 마음속에 할아버지 생각이 자꾸 난다. 함께 여행할 때 들려주셨던 이야기들, 6.25 전쟁 때 통신병으로 참전하셔서 전우를 잃고 큰할아버지도 잃었던 이야기, 전사한 전우들 생각이 나서 평생 산에는 안 가신다는 비밀까지 경태에게 들려주셨다.

이번 제사 때는 할아버지께 편지 한 통 써서 읽어드릴까. 갑자기 할아버지가 보고 싶어진다. 대표로 절하고 항상 장자로서 의식을 행하던 아버지의 모습들, 할아버지 아버지의 교육을 그렇게 받은 경태는 좋은 자리에 갈 때 반드시 옷을 갈아입고 단정한 차림으로 간다. 할아버지께서 경태를 생전에 아끼고 사랑하신 기억들을 간직하고 있다. 친척들은 할아버지의 업적과 생애를 경태에게 자주 이야기해 준다. 마치 할아버지의 이름을 계승하라는 무언의 약속을 전하듯이 말한다.

작년 처음으로 제사에서 종손 역할을 한 그 날, 방으로 돌아온 경태는 전깃불을 끄고 작은 촛불을 켰다. 오래도록 생각한다. 할아버지가 무엇을 경태에게 기대하고 계시는지를. 돌아가신 분이 마치 곁에 계신 것 같아서 밤늦도록 하늘을 응시하다 까무룩 잠이 들었다. 제사 때 술 한 잔 올린 것뿐인데도 경태는 어쩐지 자신이 어제의 자기와 달라진 느낌이었다.

경태는 남보다 성장 속도가 느려 아직 청년티가 나지 않는다. 그런데도 경태 아버지는 경태에게 집안의 대표로서 책임 있는 일을 맡겼다. 아들은 벅차하면서도 감당해간다. 부모가 자식을 어른으로 대하면 다른 친척 이웃들도 그 아들을 함부로 못 한다. 경태 아버지는 십대 때 성당 복사로 봉사하면서 신부님과 예식을 준비하면서 그런 의식의 중요성을 알고 있었다.

격식과 의식이 중요하다는 사실은 동서고금을 막론하고 모두 다 알고 있었다. 오직 지금 현대를 사는 신세대 부모만이 그런 점을 경시하는 경향이 있다. 대학 입학 성적이 중요하고 어느 정도 삶을 즐길 수 있는 물질적 토대가 더 소중하고 내 자유를 누릴 수 있는 여유가 우선인 시대가 되었다.

그러나 아들들에게는 눈에 보이지 않는 사명을 깨닫게 해 주어야 자기에게 알맞은 미래를 향해 뚜벅뚜벅 나아간다. 아들은 자기가 소나무인지, 벚나무인지, 느티나무인지, 굴참나무인지 알고 거기에 맞게 자라야 할 책무가 있다. 그런 점에서 가정마다 아들을 어른으로 대하는 계기를 마련해 주면 좋다. 중학생이 되었다고 어린이날 선물이 없어지는 것만으로는 부족하다. 아들의 마음에 '텅' 하고 울림을 줄 수 있는 이벤트를 고안해 보면 좋다.

경태 친구 K의 집에서는 지난여름에 큰 모험을 했다. 큰아들이 고등학생이 되면 공부에 시간을 많이 내기 어려우니 그 전에 가족이 아메리카 대륙을 횡단하는 여행을 해 보자고 했다. 여유가 있는 편을 아니었지만 이럴 때가 언제 또 오냐며 무리를 했다. 함께 드넓은 땅을 다니며 밥을 해 먹고 주먹밥을 만들어 레스트에어리어에서 새참을 먹고 인디언이 지어 놓은 지명 뜻을 해석하며 다녔다. 수 억 년 전부터 있었을 듯한 나무들이 우거진 숲을 지나 협곡을 기어오르고 하면서 서로 말할 시간이 부족할 정도로 많은 경험을 했다. 아버지가 일찍 일어나 밥을 짓고 어머니는 옷가지를 챙기고, 차를 정리하는 것은 K의 몫이었다. 내비게이션이 있긴 하지만 지도로 길을 안내하는 일도 K였고 간단한 영어로 공항이나 가게에서 물건 사기, 길 묻기, 차 시간 묻기도 K 몫이었다. 하루 시간표를 계획대로 진행되도록 점검하는 일도 K의 일이었다.

여행을 마치고 돌아온 K는 경태에게 실컷 자랑하고파서 경태 집으로 하룻밤 자러 왔다. 베란다에서 앉았다 섰다 하면서 온갖 시늉을 하며 경태에게 여행에서 본 걸 말하고 사진을 보여주고 자랑질이었다. 그리고 한마디 했다. "야, 나 이제 세상 어디를 가도 살 수 있을 것 같아. 세상 사람들 다 비슷해. 친절하면 좋아하고, 여행하고 있으면 부러워서 쳐다보고, 힘들어하면 길을 비켜주고. 난 나중에 외국 나가서 살까 봐. 어디든."

경태가 보기에 K는 멀리 마음이 가 있는 것 같았다. 경태가 모르는 어떤 세계로 훌쩍 절벽을 건넌 것 같았다.

십 대 아들이 자신의 정체성을 깨닫고 어른 남자로 커 가는 데 확실한 계기를 마련해 주면 더욱 분명하게 책임을 느끼게 된다. 졸업식이나 입학식, 가정에서 지내는 의례들, 시제 등 전통적인 행사, 가족이 함께하는 여행, 상당한 준비가 필요한 악기 연주 발표, 스포츠 경기에 참여하는 일 등이 아들을 성인으로 훌쩍 커 가도록 한다. 옛말에 '노인 박대는 해도 소년 박대는 하지 않는다.'는 말이 있다. 지금 자라는 소년이 세상에 나가 무슨 일을 할지 모르기 때문에 어느 정도 자란 소년들을 예우했다. 10살이 넘으면 함부로 애처럼 대하지 않았다.

가끔 어린 시절 설날에 대한 기억이 난다. 큰댁, 작은댁 다니면서 인사드릴 때 새해맞이 덕담을 듣곤 했다. 중학교 입학 때나 고등학교 입학 때면 특별히 세뱃돈이 두둑했고 큰 기대를 이야기하고 덕담을 해 주시던 어르신들이 계셨다. 그리고 친척 중 누군가는 책가방이나 교복을 사주시는 분이 계셨다. 15세 이하 관람 금지였던 영화를 보게 데려가 주거나 어른들이 다니는 찻집에 함께 대동하거나 하는 등 처우가 달라졌다. 이만큼 자랐다고 집안 문중 어른들께 인사시키기도 한다. 그런 데 가면 관심도 없는데 자꾸 씨족 얘기 조상 얘기 등을 한없이 들어야 했다.

부모 세대는 그렇게 상급학교에 진학하는 것만으로도 엄청난 축복이고 엄청나게 잘 자라서 귀한 공부를 하는 사람으로 대접받고 컸다. 생각해 보면 한 게 뭐 있었나. 그냥 부모님이 해 준 밥 먹고 초등학교 내내 가방을 흔들거리며 학교 왔다 갔다 한 것밖에 없다. 그런데 그렇게 주변에서 대단한 것처럼 대우해주면 괜히 머쓱하면서도 으쓱했다.

아들 가진 부모는 군대만 생각하면 만감이 교차한다. 아들의 인생에서 군대는 하나의 이정표이다. 신병훈련소에 입소하는 장소에 가보면 그 분위기는 뭐라 형용할 수 없다. 아들을 국가라는 제단에 바치는 기분이랄까. 품 안의 자식처럼 생각했던 아들들은 훈련소 소집 명령에 응하러 입소하면서 뒤돌아 한번 흘깃 부모를 쳐다본다. 그 순간 아들은 내 아들이 아니고 엄연한 성인이 된다. 벌써 늠름한 군인 아저씨같이 보이기도 한다.

시간이 가고 아들들이 군대에서 나온 날, 현관에 들어서면서 갑자기 '충성' 하며 경례를 하더니 "어머니, 아버지! 그동안 저를 잘 키워주셔서 감사합니다." 하고 인사했다. 듣는 순간 까무러칠 뻔했다. '내 귀가 지금 잘 들은 거니?' 하며 바라보니 어른스럽게 변한 아들이 참 미더웠다.

벌써 20년 전에 가르친 학생 J 군의 이야기다. 그는 지리산 정상을 여덟 번이나 오른 경험을 생생하게 써서 기억에 남는다. 아버지를 따라서 오를 때마다 자신이 성장하고 있음을 느꼈다고 한다. 등반경험을 아주 자세히 묘사해서 인상적으로 느꼈다. 아버지가 학교에 근무해서 아버지의 제자들과 함께 오른 모양이었다.

사춘기였는데도 아버지와 끈끈한 본드가 형성되어 있었다. 어머니는 학부모회에 참가하셨는데 자주 학교에서 뵐 수 있었다. 부러운 가정이었다. 그런데 2년 후인가, J 군이 고교 진학 후 어머니를 여의었다는 소식을 전해 들었다. 가슴이 아팠다. '장남인 J 군이 얼마나 상심이 클까. 대학 입학시험도 얼마 안 남았는데 공부에는 차질이 없을까.' 하는 생각이 들었다.

그러나 지리산에 여덟 번 오르면서 느꼈던 자연에 대한 경외심과, 함께 올랐던 사람들에 대한 믿음을 담았던 J 군의 글을 떠올리며 든든한 신뢰가 생겼다. '그래, J 군, 너라면 어떤 역경도 이겨낼 거야. 믿어.' 하는 생각이 들었다. 세상 인연이 참 좁다.

최근 J 군 아버지에 대한 소식을 사석에서 들었다. 대뜸 그 댁 아드님 얘기를 물었다. J 군은 미국으로 유학을 가서 공부에 열중하고 있고 남보다 훨씬 이르게 결혼해 자식까지 두었다고 한다. 아마 아버지 역할도 잘 할 것이다. J 군은 일찍 어른이 된 소년이었으니까.

때로는 아들이 진정한 성인이 되었는지, 부모로서 아들이 성인이 되도록 도와주었는지 헷갈릴 때가 있다. '언제 어느새 이렇게 어른이 되었나, 세상을 헤쳐 나가느라고 애쓰는 젊은이가 되었나.' 하며 신기해할 때가 있다.

대나무에도 마디가 있듯이 이왕이면 아들의 인생에 이정표를 세워주자. "넌, 이제부터 어른이야. 어른답게 대접해 줄게. 대신 너도 어른답게 매사에 행동해야지."라고 말하면서 어깨를 북돋워 준다면 후일에 추억할 일이 생긴다. '네가 어른이 처음 되었을 때~'라고 시작할 추억 말이다.

아들은 이끌어줄
멘토가 필요하다
– 멘토의 중요성

일상에서 마주하는 자연의 모습을 떠올려 보면 매 순간 자연이 서로 반응하는 모습을 볼 수 있다. 때에 따라 햇빛이 비치는 방향이 달라져 산빛이 다채롭게 변한다. 나뭇잎은 바람에 나부낀다. 흙의 성질에 따라 뿌리 내리는 깊이와 굴곡이 달라진다. 여름 숲속에 무성한 칡넝쿨은 시시때때로 이파리를 오므렸다 폈다 하며 다른 잎들도 햇빛을 받게 돕느라 서로 비켜준다.

사람도 마찬가지 아닐까. 아들 키우기는 부모만의 책임은 아니다. 다른 이의 많은 도움이 필요하다.

퇴계 이황은 손자 이 안도의 교육에도 공을 들였다. "들으니, 몽아蒙兒(이 안도의 아명)는 아직 집 안에 있다고 한다. '예기'에 따르면, '남자는 열 살이 되면 집을 떠나 스승에게 배우고 바깥에서 거처한다' 했다. 이제 아이가 벌써 열서너 살이나 됐는데, 아직도 바깥에 나가지 않으니 될 일이냐." 이처럼 옛날에 아무리 훌륭한 가정에서 자란 아들이라도 10살이 넘으면 스승이 될 만한 사람과 관계를 맺어 주었다.

지난겨울 경태는 눈이 하얗게 덮인 운동장에 나가 눈싸움 한번 못 해 보고 학원에서 줄곧 보냈다. 엄마가 교육 멘토로 여겼던 학원 원장은 경태가 기특하게 어려운 공부를 잘 견딘다고 칭찬이 늘어졌다. 그런데 중학교에 입학하면서 이사한 게 원인이었는지 환경이 바뀌면서 경태는 학원이 멀어졌다고 서서히 안가겠다고 했다. 학원 다니는 게 역효과여서 아예 공부를 부담스러워하는 듯했다. 공부시키려는 엄마, 안 하겠다는 경태, 집안은 한동안 터널 속처럼 어두웠다. 한 학기 두 학기가 지나며 경태는 여유로운 시간에 스마트폰을 가지고 소일했다. 외아들의 장래를 생각하면 답답해서 엄마 속은 타들어 가고 시간은 무심코 흘러갔다. '거기 누구 없소'라는 오래된 노래마저 귀에 와 닿는 고통스러운 시간이었다. 바야흐로 여름방학이 되자 엄마는 용단을 내렸다. 경태에게 기회를 주기로 했다. 스스로 일어서는지를 보려고 한번 하고픈 대로 놓아두기로 했다. 아들 문제로 여러 사람을 만나고 상담하며 자유롭게 지냈다. 한번은 경태 사촌 형더러 와서 경태와 이야기 좀 해 보라고 했다. 경태와 사촌 형은 시내 나가서 영화를 보고 들어왔다.

사촌 형은 저녁을 먹고 경태가 놀러 나간 사이에 경태 엄마에게 이야기했다.

"너무 걱정하지 마세요. 경태를 믿으세요. 자기가 자기 인생을 책임진다는 부담을 가져야죠. 아무 걱정이 없는데 무슨 시도를 하겠어요?"

"그래? 너무 게임만 하는 게 아닐까?"

"저는 더했는데요, 뭐. 저 때가 해야 할 일은 안 하고 책임지기는 무섭고 시키는 것은 하기 싫을 때예요."

"넌 그럼 언제 스스로 해야겠다고 생각했니?"

"고3 때요. '내 인생을 내가 책임지지 않으면 큰일 나겠구나.'하고 느꼈어요. 좀 늦었죠?"하며 사촌 형은 웃으며 말을 잇는다.

"아, 한 6개월만 빨리 철들었어도……."

가볍게 한숨 쉬는 사촌 형은 못내 원하는 대학을 못가고 차선책을 택할 수밖에 없었던 일을 떠올리는 듯했다.

"종종 경태 좀 만나서 얘기도 하고 방금 말한 그런 충고도 해주고 멘토 역할 좀 해줘. 부모 말은 안 통해. 참 년 준비하는 시험공부는 잘 돼 가니? 하긴 요새는 여학생들이 많이 합격한다며?"

"네, 하하. 여자애들은 집중하고 몰입하니까요. 남자들이야 동료애를 중시해서 같이 자리해야 할 일이 많아요. 지난주도 선배 모친상이어서 지방까지 다녀왔어요. 시험이 다가오니 하루가 시급한데 모두 함께 가는걸요."

아들을 키우다 보면 한 가지 혼란스러운 점을 느끼게 된다. 언제부터 아들 교육을 어머니가 주로 담당하게 되었는지 '치맛바람'이라는 불명예스러운 별칭까지 듣게 되었는지 의문스럽다.

전통적으로 아들 교육은 아버지의 몫이었고 어머니는 조용히 뒷바라지했다. 다행히 최근 아들에게 아버지의 역할이 중요하다는 사실을 깨달아 아버지들이 가정과 학교 및 지역사회의 일에 참여하기 시작했다. 학교에 명예교사역할을 하고 학부모회 간부로 나서는 아버지도 많아졌다.

남학생들은 팀플레이에 강하다. 그들은 혼자 이루어내기보다 역할을 맡아 협력하는 데서 희열을 느낀다. 집단적인 규율과 자기 절제 속에서 잘 성장한다. 남자아이를 키우는 엄마들은 직감적으로 이를 파악한다.

대부분 엄마는 한 번쯤 아들이 기숙사가 있는 고등학교에 진학하면 좋겠다고 생각해 본다. 아들은 어디론가 보내져야 한다는 사실을 느낀다. 그러나 현실적으로 우리나라의 교육환경은 남학생들이 집이 아닌 타지로 고등학교에 가는 게 여의치 않다.

학교에서도 교사와 학생을 학기 초에 일대일로 연결해서 멘토링을 한다. 주로 환경이나 심리적으로 돌봄이 필요한 학생들을 멘토링하는데 확실히 개인적인 만남의 효과가 있다. 함께 영화를 보거나 책을 읽고 이야기하거나 진로발견에 도움이 되는 공연을 보러 가기도 한다. 그러는 동안 학생의 새로운 면을 보고 이해하게 되어 학교생활에서 그 학생에게 필요한 도움을 줄 수 있다. 그러나 학년이 바뀌면 다시 멘토와 멘티를 정한다. 이런 방식은 형식적인 부분이 있어 지속해서 학생의 변화를 끌어내기 어렵다.

또한, 남학생은 남자 선생님이 멘토링하는 게 좋다. 중학교의 경우 남교사가 적어 한 명씩 멘토링하기 어렵고 남교사 한 명이 남학생 여러 명을 맡기도 한다. 이런 경우 멘토와 멘티 사이에 이해와 애착 관계가 형성되기 어렵다. 남자 교사의 역할은 매우 중요해서 현재 고등학교 다니는 남학생의 멘토 역할은 남교사들이 주로 담당하고 있다. 어떻게 하면 아들이 운명의 문을 열 수 있게 도와주는 사람을 만나게 될까?

올해 초 예술의 전당에서 열렸던 '현대 건축의 아버지 르코르뷔지에 전'에 다녀왔다. 여느 전시회와는 달리 건축에 대한 소개뿐만 아니라 건축이 나오기까지 건축가의 사유와 일상생활을 볼 수 있었다. 그 가운데 특히 눈에 띄는 작품은 르코르뷔지에가 18세에 그린 '숲의 도식화 연구'

라는 수채화였다. 그는 가업인 시계 장인의 길을 가기 위해 미술학교에서 데생을 배우는 중이었다. 십 대에 그린 그 작품은 숲을 바라보며 그 속에 숨겨진 구조적인 형태를 개성적으로 표현했다.

당시 그의 멘토였던 샤를 레플라트니에는 그 그림을 보고 르코르뷔지에게 시계장인이 되기보다 건축가가 되기를 권유했다고 한다. 그는 스승의 한 마디 "자연만이 영감을 줄 수 있고 자연만이 진실한 것이다."라는 말에서 모든 건축의 영감을 얻었다고 한다. 그래서 르코르뷔지에의 건축에는 자연에서 얻은 영감이 반영되어 있다.

그의 대표작 롱샹 성당의 지붕이 바닷가의 게딱지에서 영감을 얻어 설계된 일은 유명하다. 르코르뷔지에가 멘토인 샤를 레플라트니에를 만나지 않았다면 어떻게 살았을까. 그리고 그가 멘토의 말을 흘려듣고 따르지 않았다면 건축가가 되지 못했을 것이다.

하와이 카우아이섬은 1950~70년대에 주민 대부분이 범죄, 알코올중독, 혹은 정신질환에 노출되어 있었다. 미국의 정신과 의사 등 연구진은 1955년 이 섬에서 출생한 신생아 833명이 18세가 될 때까지 추적하는 대규모 종단연구에 착수했다.

40여 년간 이 연구 분석에 참여한 심리학자 에미 워너는 놀라운 사실을 발견했다. 833명 중에서도 특히 더 열악한 환경에서 자란 201명의 삶을 살폈더니 3분의 1인 72명은 출생과 환경의 영향을 받지 않고 훌륭하게 성장했다. 놀라운 결과를 만든 비밀은 단순했다.

어떤 상황에서도 그를 무조건 믿어주고 편이 돼 주고 응원해 준 사람이 한 사람만 있으면 밝고 건강한 사회인으로 클 수 있었다는 사실이다.

이처럼 멘토는 성장기의 또 다른 부모라고 할 수 있다. 멘토는 아들이 성인이 되는 과정에서 필연적으로 알아야 할 점을 깨우치게 도와주는 인도자이다. 아들이 자기 자신은 누구인지, 어떤 인생을 살도록 태어났는지 하는 근본적인 깨달음에 도달하도록 도와주는 이를 만나야 한다.

이제 20대가 된 아들들에게 멘토는 누구일까 생각해 보았다. 평소 이야기하는 내용으로 보아 고등학교 때 담임 선생님, 언어를 가르쳐주시던 학원 선생님, 교회 수련회 갔을 때 오래도록 기도해 주시던 전도사님, 그리고 항상 자기 길을 현명하게 가는 또래 친구들이 멘토일 듯하다. 특히 또래 친구인 "○○이는 배울 점이 너무 많다."라고 이야기한다. 얘기를 들어보면 어떻게 동갑내기인데 그토록 절제를 잘하고 진로를 결단하고 실천해가는지에 대해 감탄한다. "곁에 그런 친구가 있으니 너도 좋은 사람인가 보다."라고 말하면 피식 웃는다.

물론 지금도 그들과 만남을 유지하고 있다. 어떤 경우는 그저 마음속으로 멘토로 여기는 분도 있다. 둘째 아들은 한때 다쳐서 병원 생활을 오래 했는데 그때 치료해주던 레지던트 선생님, 담당 주치의 선생님을 지금도 존경하고 감사하게 이야기한다. 치료해주면서 간간이 툭툭 던져주던 그분들의 말씀이 큰 힘과 위로가 되었다고 한다. 직업인으로서도 최선을 다하는 모습이 멋있어 보였다고 한다. 얼마 전 인터넷을 검색해 그때 레지던트 선생님이 어디에 병원을 개업하셨는지 알았다고 한다. 많이 멋져지셨다고 웃는다. 아마 그분은 아들이 자신에 대해 감사히 여기고 본받을 어른으로 생각하고 있는 사실을 모를 것이다.

아들에게 필요한 멘토를 어떻게 만나 관계를 유지하게 할 수 있을까.

278

첫째, 친척, 아버지 친구 등 가까운 지인 중 아들이 좋아하고 따르는 남자 어른을 자주 만날 기회를 만든다.

둘째, 선배, 또래 친구 중 아들을 잘 이해하고 서로 협력하여 지속해서 교제할 수 있는 경우를 찾아본다.

셋째, 목적을 가지는 만남보다 자연스럽게 대화하고 만나는 관계를 형성하고 멘토로 여겨지는 사람과 가족들이 늘 열린 마음으로 대화한다.

친구 같은 아버지
군인 같은 아버지
- 아버지의 역할

경태는 요새 출시된 새 게임을 익히느라 시간 가는 줄 모른다. 친구들과 온라인에서 만나 겨루기를 하는 재미에 폭 빠졌다. 어릴 적에는 마법 천자문이 즐거워 한자 공부에 신이 나서 사람들한테 한자말 풀이 물어보는 게 취미였던 경태. 언제부턴지 학문에 힘을 안 쓰고 스마트폰이나 컴퓨터에 온 정성을 들인다. 식사 시간, 수면 시간이 불규칙적으로 되고 부모의 걱정을 날로 커진다. 그 날도 밤 12시까지 경태가 컴퓨터를 쓰자 아빠는 드디어 한마디 했다.

"야, 아빠 2시간 컴퓨터 쓸 일 있어 나와."

"그럼 2시 1분에 내려올게요."

"뭐? 새벽 2시에 내려온다고?" 하며 아들을 무섭게 노려보는 아빠.

"왜 그래요? 아빠. 정신병자 같아요."

그러자 아빠는 완전히 화가 난 듯이 소리를 치면서,

"너, 정신병자가 어떤 건지 보여줘?"

하면서 아빠는 컴퓨터 본체를 다 분해해 버렸다. 그리고는 팔짱을 끼고 서서 까맣게 생명이 다한 컴퓨터 모니터를 뚫어지게 쳐다본다.

약속대로 2시간 동안 그렇게 보고 있을 참이다.

"아빠, 정신병원에 신고할 거야." 놀란 듯이 경태는 정말 미친 사람 보듯이 아빠를 쳐다본다.

"너도 가야 해."

엄마가 아빠 편을 들며 거든다. 계속 빈 깡통처럼 깜깜한 먹통이 된 모니터를 바라보며 아빠는 의자에 걸터앉아 있다.

"아빠. 토론대회 나가면 나한테 다 털려. 아빠 있을 땐 나 집에 안 있을 거야."

집 전체가 들썩거릴 정도로 소리지르며 억울한 듯 경태가 핸드폰을 가지고 툴툴거리며 위층 자기 방으로 올라간다.

1층 컴퓨터 앞의 엄마와 아빠, 지친 표정으로 서로 바라본다.

"아이고, 결국 핸드폰 하니까 컴퓨터 부시면 무슨 소용이에요?"

"저 나이에 뭘 하든 내버려 두지. 난 쟤가 무슨 일을 하든 상관 안 해. 당신이 하도 뭐라 하니까 내가 그런 거지."

난생처음 보는 아빠의 모습에 경태는 밤새 무슨 생각을 했는지 다음 날 아침엔 이례적으로 제 시간에 내려와 아침을 먹었다.

아버지가 확고하게 아버지의 의지를 보여 준 다음 경태는 아빠의 존재를 의식하는 듯했다. 며칠 후 경태는 해외 출장 가시는 아버지를 배웅하기 위해 시내버스 정류장까지 따라갔다. 그리고 그 날 카톡에 가족 단톡방을 만들었다. 곧 가족끼리 대화가 시작되었다.

아빠 : 난 곧 떠나. 잘 있고, 강아지들 똥 치우는 거 있지 마.

몇 시간 후,

아들 : 아빠. 잘 도착했어?

엄마 : 여보, 아들이 걱정하니 잘 도착했으면 문자 남겨 주세요.

아빠 : 방금 도착했어. 여긴 진짜 더워. 잘 있어.

아들의 정서 불안은 대체로 부모 사이의 갈등에 원인이 있다. 아버지와 어머니는 아들 지도에 일치된 태도를 보여야 한다. 아버지가 야단치는 동안 엄마는 아버지의 행동에 동의하는 모습을 보이거나 무심한 태도를 보이는 게 낫다. 아버지가 무서운 모습을 보일 때 아들은 반항하고 아버지를 미워하는 듯이 보이나 아버지의 강한 태도에서 안정감을 느끼고 따르게 된다. 그러나 이 또한 지나치면 효과가 없다.

아들의 태도와 행동을 지켜보면서 강한 개입이 필요하다고 생각될 때 보여주는 강한 아버지의 모습이 아들을 변화시킨다. 공부하는 습관을 잘 들인 아버지를 보면 단호하게 군인처럼 규율을 지켜나간 경우가 많다. 아들이 방자하게 부모의 권위를 인정하지 않게 되면 어떤 말도 효력을 잃는다. 부모의 권위를 지킬 수 있을 때 지켜야 한다. 그렇지 않으면 아주 오랜 세월이 흐른 후에야 청개구리처럼 눈물을 흘리며 아버지의 진심을 알게 된다. 아마도 아버지가 세상을 떠난 후가 될지도 모른다.

큰아들이 중학교 때 절친 이었던 L 군은 대학교수인 아버지와 조간신문을 매일 읽는 학생이었다. 어렸을 때부터 습관이 되어 무슨 일이 있어도 아침 식사 전에 오전 6시부터 한 시간 동안 신문을 읽고 아버지와 이야기한다. 여러 주제의 이야기를 하면서 아버지와 아들은 서로 의견을 주고받는 데 익숙하다. 주말이면 할아버지 댁에 가서 지낸다. 아버지와 늘 대화했기 때문에 L 군은 아버지의 식견이 얼마나 넓고 깊은지 잘 알고 있다.

학교에 가서 다른 친구와 이야기하다가 L 군은 친구들이 자기 아빠를 매우 무시하는 것을 보고 놀란다. '왜 친구들 아빠는 아는 게 없을까. 우리 아버지는 안 그러신데……'하고 생각한다. 그런 차이는 어디서 올까. L 군의 아버지는 자신의 모습을 아들에게 어렸을 때부터 보여주었고 서로 이해할 기회를 만들었다. 다른 아버지들은 생업에 바빠서 아들에게 자신의 모습을 잘 보여주지 못했을 뿐이다. 작은 차이가 너무나 커다란 결과를 낳는다. 그렇게 자란 L 군은 지금 예비법조인의 길을 열심히 가고 있다.

2000년대 초부터 몇 년간 국어 수행평가에 '부모님 전기 쓰기'를 실시했다. 어머니, 아버지와 인터뷰해서 자료를 정리한 후 전기문의 형식에 맞게 써서 제출하고 발표하는 숙제였다. 너무나 훌륭한 부모님이 많았다. 기회가 닿는 대로 학교 교지에 실었다.

인상적인 전기 중 하나는 아버지가 아들에게 인생 철학을 보여줌으로써 아들 교육을 훌륭하게 한 내용이었다. 일부를 소개해 본다. 이번에 보니 국어수행평가 때 제출했던 자료보다 교지에 나온 자료가 더 정성스럽게 수정되어 있었다. 매사에 최선을 다하는 그 학생의 모습이 떠올랐다. 2005년도에 중학교 3학년이었고 가수 보아를 좋아하고 축제 때 여장을 멋지게 하고 나와 모두를 쓰러지게 했던 남학생의 글이다.

"〈중략〉 아빠는 중학교 때부터는 공부를 열심히 하셨다. 지금도 중학교 동창들을 정기적으로 만나시는데, 다들 사회적으로 명성이 대단한 분들이시다. 요즈음 우리는 수학이며 영어, 그 외에도 여러 학원에 다니느라 친구들과 제대로 어울릴 시간도 없어 참다운 우정을 쌓고 있는지 모르겠다. 아빠와 친구분들은 거의 매일 어울려 함께 공부도 하고 운동도 해서 마치 친형제처럼 지내셨다.

아빠는 고등학교 시절을 특히 그리워하시는 것 같다. 그 당시는 반공교육이 투철하게 이루어져 지금처럼 자율적으로 투표해서 뽑은 학생회가 아니고 선생님들이 뽑은 학도호국단을 결성해 총검술을 비롯한 교련과목이 꽤 비중 있게 다루어졌다. 아빠는 연대장이셨는데 그때 참모진들과 '○○회'를 결성해 지금도 매달 만나신다. 친구들이 아빠보다 한두 살 많기도 한데 어려운 시기를 함께 겪으며 자라서인지 아주 끈끈한 관계를 맺고 계신다. 집안 경조사는 물론 각자의 자녀 문제까지도 함께 고민하고 걱정해 주시는 모임이라고 한다. 어느새 자녀들이 대학생인 아저씨들도 몇 분 계신다. 대학 생활은 참 어렵게 하셨다. 낮에는 직장에서 일하고 밤에 공부하셔야 했다.

그 외에도 참 많은, 아빠의 이야기를 들으면서 나는 아빠를 더 많이 사랑하게 되었다. 지금처럼 물질적으로 풍부하지 못했지만, 형제 간에, 또 친구들 간에 정은 더 많았음을 느끼게 되었다. 또 아빠가 어려운 가운데서도 열심히 공부하고 성실하게 생활해서 지금 우리 가족이 행복하게 살 수 있게 되어 참 감사한 마음이 들었다. 그리고 아빠가 우리를 얼마나 사랑하며 돌보시는지 느낄 수 있었다. 지금까지 이런저런 불평만 하던 내가 참 부끄러웠다."

이 글 속의 아버지는 자신의 삶을 중3 아들에게 잘 보여주고 소통하고 있다. 아들들은 중학교 3학년쯤 되면 사물을 객관적으로 바라보고 이해하기 시작한다. 아버지가 아들 교육을 여러 가정과 더불어 해 나가는 지혜를 보여준 모습이 존경스럽다. 아들은 아버지의 삶에서 역사를 읽었을 것이다.

지금도 이 글을 쓴 학생의 큰 키와 하얀 얼굴, 차분하게 할 일을 찾아서 하던 모습이 생각난다. 문득 그 학생이 어떻게 성장했을까 궁금해서 인터넷에 이름을 쳐 보았다. 이름이 다소 특이했기 때문이다. 놀랍게도 올해 봄부터 어느 병원 레지던트로 일하고 있었다. 의사 선생님이 된 모양이다. 어느덧 제자들이 성장해 검색하면 이름이 나올 정도가 되었구나 하는 생각에 감개무량하다.

아버지가 아들에게 물려 줄 유산이 무엇일까. 가장 큰 유산은 아버지의 삶을 잘 보여주는 일 아닐까. 친구 같은 아버지, 때로는 군인 같은 아버지가 아들에게 삶을 용기 있게 헤쳐 나가게 할 수 있다. 민주적이고도 권위 있는 아버지가 바람직하다. 그리고 아들을 칭찬하고 아들의 권위도 인정해주어야 한다. 동생 앞에서 야단친다거나 친척들 있는 데서 아들의 결점을 드러낸다거나 해서 자존심에 상처를 주어서는 곤란하다.

어머니의 역할이 중요하다. 아버지의 좋은 이미지를 아들들에게 심어주어야 한다. 이 부분은 참 실천하기 어려운 부분이다. 그러나 아들을 위해서는 아버지의 상이 분명하고 훌륭해야 한다. 아들에게 아버지가 세상에서 어떤 일을 하고 있는지 어떤 어려움을 이기고 살고 있는지 알게 해야 한다. 아들들은 너그럽다. 부모가 조금만 노력해도 금방 달라진다. 많은 시간을 함께할 수 없다면 하루 10분 혹은 20분 정도 아들을 바라보고 대화를 시도해 본다. 일주일에 한 번 이상 저녁 식사를 꼭 함께한다든지 하는 퀄러티타임을 가져 본다. 작은 노력이 큰 변화를 가져올 것이다.

마음에서 우러나오는
배려심을 키워라

– 배려하는 마음

사람은 흔히 남에게 받은 것은 잊기 쉬워도 남에게 해준 것은 잊히지 않는다. 그래서 남에게 잘 해주었는데 뒤통수 맞는 일이 생기면 화병이 나고 스트레스가 찾아온다.

반대로 내가 남에게 받은 게 많은데 잊고 있었던 것을 생각해 본다면 그리고 그 누군가가 나 때문에 화병이 나고 스트레스를 받았다면 하고 생각해 본다. 아마 이런 생각에서 자유로울 사람은 몇 안 되리라 생각한다.

그래서 남에게 베풀고 기억하지 않고 진실로 상대방을 위하는 사람을 '큰사람'이라고 하나보다. 최근에는 경영학 분야에서 서번트 리더십이라는 경영원리를 도입하고 있다. 남을 섬기는 일이 자신의 삶을 드높이는 비결이라고 한다. 톨스토이는 "육체적 행복 즉 모든 쾌락은 우리가 그것을 남으로부터 빼앗음으로써 비로소 얻어진다. 그러나 영적 행복, 즉 사랑의 행복은 우리가 남의 행동을 드높여 줄 때 비로소 얻어지는 것이다.

착한 행동이 무슨 목적이 있어 행해진다면 그것은 벌써 착한 행동이 아니다. 목적이 전혀 없을 때 비로소 진정한 사랑을 할 수 있다."라고 말했다.

많은 가정에서 아들들이 아무 일도 하지 않고 오로지 공부에만 신경 쓰고 자라고 있다. 학교에서는 학생들에게 청소며, 봉사 활동이며, 주번 활동 등을 의무적으로 시키고 있다. 그런데 10여 년 전 학생들보다 지금 학생들이 책임감이 부족해 일의 끝마무리를 잘 못 한다. 잘 못 한다기보다 늘 바빠서 차분하게 한 가지 일을 못 한다.

무슨 일이든 정성을 들여야 빛이 날 텐데 지금 아이들에게는 '정성'이라는 단어가 생소하다. 단기에 성과를 내지 않으면 헛수고인 듯이 여긴다. 자기 방 하나 치우지 않고 다림질도 못 하는 학생들이 많다.

여교사로 근무하면서 남학생들이 어려운 일들을 잘 도와줘서 고마울 때가 많았다. 남학생들은 책상 나르는 일이며 교실 환경 정리할 때 못 박기, 노트 검사할 때 노트 걷고 나누어주는 사소한 일등을 잘 도와주었다.

체육대회 때 반 친구들을 위해서 연습게임이나 응원 작전 등을 주도적으로 기획해서 든든했다. 학생회 임원, 학급 임원 등 책임 맡는 일을 으레 남학생들이 적극적으로 담당해서 큰 도움이 되었다. 그런데 최근에 남학생들이 귀찮은 일은 안 하려 하고 책임 맡는 일은 더더욱 피하는 경향이 있어서 그 변화에 당황할 때가 많다.

가정에서도 거의 손 까딱 안 하는 아들들이 늘어난다고 하니 무슨 이유인지 궁금하다. 사실 안 해본 일은 귀찮고 어렵게 느껴진다. 아들들이 남을 위해 일하는 기회가 너무 부족하지 않았나 생각한다.

봉사자들은 남을 위해 일한 것 같지만 오히려 그 수혜자는 자기 자신이라고 소감을 말하곤 한다. 불현듯 1998년 중학교 3학년 담임하면서 만난 ○○의 얼굴이 떠오른다.

1998년도에 전근 가서 그 이전에 남학교에 주로 근무하다가 남녀 공학에 처음 근무하게 되었다. 중학교 3학년 담임을 맡았는데 내가 맡은 학급만 1층에 있고 다른 반은 별관의 3, 4층에 있었다. 의아스 럽게 생각했는데 학급에 들어가 보니 ○○이가 있었다. 하반신이 불 편하여 항상 휠체어에 앉아 있어야 하고 화장실을 혼자 못 가는 학 생이었다. ○○이 한 명을 위해 교실 배치를 1층으로 했고 우리 반 친구들은 자기가 아는 친구를 만나려면 별관 3, 4층까지 뛰어가야 했다. 그리고 ○○이가 불편하지 않게 반 친구들이 도와주어야 하는 일들이 있었다. ○○이 어머니는 매일 아들을 업고 교실 앞자리에 앉 혀 놓고 4교시가 끝나고 점심시간이 되면 집으로 데려가셨다. 화장 실을 못가니까 오후 수업까지 하기가 어려웠다. ○○이는 초등학교 6학년 때부터 근육이 점점 소실되어 공부하고 싶어도 오래 못하였 다. 그래도 성적이 항상 중위권 이상이어서 놀라웠다. 1년 동안 ○○ 이를 돌본 친구들이 참 대견했고 어머니의 헌신이 깊이 인상에 남았 다. 반 친구들이 쉬는 시간마다 같이 놀고 웃기는 이야기를 해 가며 즐겁게 지내는 모습에서 감동하였다. 그리고 졸업하고 ○○이는 가 정에서 알맞은 고등학교를 알아본다고 했다.
3년 후 우연히 대학병원 물리치료실에서 ○○이를 만났다. 그때 나 도 둘째 아들이 병원 생활 후 재활 중이었기에 자주 병원에 갔는데 ○○이 어머님과 마주쳤다. 그 병원에서 ○○이는 유명하였다. 장기 간 치료 중이었고 한 가족처럼 ○○이를 돌보고 있었다. 침대 위에 누워 있던 ○○이는 그새 키가 훌쩍 컸고 나를 보자 미소를 지었다. 그때 ○○이 어머니가 한 얘기가 아직도 귀에 생생하다.

"선생님, 우리 ○○이가 저를 살렸어요. 처음에 병을 알았을 때는 힘들고 죽고 싶을 정도였는데 ○○이가 항상 '엄마 나 괜찮아.'하며 저를 오히려 위로해요. 하필 나에게 이런 일이 왜 생기나 원망도 했어요. 그런데 우리처럼 자식이 아픈 엄마들끼리 하는 얘기가 있어요. 하늘은 어려운 아이를 맡길 때 그걸 감당할 만큼 훌륭한 부모에게 맡긴다고요. 아무나 못 맡아요. 그래서 감사해요. 그리고 우린 아이들이 하늘이 우리에게 보낸 천사라고 믿고 있어요. ○○이가 기어이 고등학교에 가겠다고 해서 공부도 계속하고 있어요."

그 당시 어머니의 말에 신선한 충격을 받았다. 당시 의학으로 ○○이가 완치가 어렵다고 했는데 ○○이 어머니는 감사함으로 그 모든 과정을 감내하셨을 것이다. 몸이 불편했지만, 친구들과 가족에게 기쁨을 주었던 ○○이가 그립다.

남학생이 사회생활을 할 때 사람들과 더불어 살아가는데 가장 필요한 덕이 무엇일까. 세상이 자기를 중심으로 돌아가지 않는다는 사실을 빨리 깨달을수록 성숙하게 된다.

자기보다 어려운 사람을 도와야 외롭지 않은 삶을 살 것이다. 십 대 남학생에게 아버지와 성인 어른들이 남을 돕는 정신의 숭고함을 깨우쳐 주어야 한다.

서번트 리더십 이론을 만든 그린리프는 뛰어난 리더가 되려면 먼저 다른 사람을 '섬기는 법'부터 배워야 한다고 했다. 그 방법으로 인내, 친절, 겸손, 구성원에 대한 존중, 사사로운 욕심이 없을 것, 관용, 정직과 성실, 헌신 이렇게 총 8가지를 들고 있다.

유명한 고당 조만식 선생의 일화를 들어 본다. 독립운동가이자 교육자인 선생의 인격을 알아본 주인의 이야기이다.

평안북도 정주에 머슴살이하던 청년이 있었다. 눈에는 총기가 있고, 동작이 빠르고 총명한 청년이었다. 아침이면 일찍 일어나 마당을 쓸고, 일을 스스로 찾아서 했다. 그는 아침이면 주인의 요강을 깨끗이 씻어서 햇볕에 말려 다시 안방에 들여놓았다. 주인은 이 청년을 머슴으로 두기에는 너무 아깝다고 생각하고 그 청년을 평양의 숭실중학에 입학시켜 주었다.

공부를 마친 청년은 고향으로 내려와 오산학교 선생님이 되었다. 요강을 씻어 숭실학교에 간 그가 민족의 독립운동가 조만식 선생이시다. 후에 사람들이 물었다. 머슴이 어떻게 대학에 가고 선생님이 되고 독립운동가가 되었냐고. "주인의 요강을 정성 들여 씻는 정성을 보여라." 그렇게 대답하셨다. 남의 요강을 닦는 겸손과 자기를 낮출 줄 아는 아량 그것이 조만식 선생을 낳게 했다.

전통적으로 아들을 키울 때 반드시 여러 가지 일을 하도록 했다. 세계 여러 나라에서 공동체에 봉사하는 남자아이를 기르고 있다. 종교적인 봉사 활동이나 어려운 장애우 돕기부터 자기가 사는 지역의 일손을 돕는 일까지 하도록 하고 있다.

유대교에서는 남자아이들이 바르미츠바라는 성인식을 이끌게 하고 있다. 가톨릭에서는 어린 남자아이들이 복사로서 교회에 봉사하도록 해 왔다. 독일의 경우 장애와 비장애아가 유치원 때부터 함께 생활하면서 자연스럽게 자기와 다른 사람이 존재한다는 것, 그들과 함께 살아가야 한다는 것, 서로 도와야 한다는 것을 습득하게 하고 있다.

우리나라에서도 상급학교 입학 시 봉사 활동 실적을 제출하는데 이런 활동이 형식적인 시간 보내기 식으로 되지 않도록 배려해야 한다. 섬김의 경험은 일회적인 내용보다 장기적이고 일관되게 어느 공동체에 도움을 주는 방식이 좋다.

보통 부모들이 자식들에게 "내가 너를 어떻게 키웠는데 네가 나한테 이럴 수 있니?"라는 말을 자주 한다. 자식들에게 뒤통수 맞은 듯이 상처받기보다 그들이 부모와 가족을 위해 섬길 기회를 미리미리 마련해 보면 어떨까. 일단 가정에서 소소한 일상적인 일부터 아들에게 책임을 맡겨 보자. 가족을 위해 봉사하고 보람을 느끼도록 설득해 보자. 설거지하고 분리수거 등을 잘하면 폭풍 칭찬해 준다. 강아지 산책시키는 일, 동생 숙제 도와주는 일 등 섬김의 거리를 찾아본다.

최근 결혼하는 남녀는 몇 주 동안 결혼 생활에 필요한 일들을 연습하고 계획해가는 수업까지 듣는다고 한다. 집안일을 나누어 써 보고 역할 분담을 계획하는데 이런 과정을 거치다 헤어지는 커플도 있다고 한다. 한 가정을 꾸린다는 게 그렇게 일이 많은 줄 몰랐다는 것이다. 각자 집에서 가족을 섬기는 일을 해 보지 않고 오로지 공부와 취업 준비에 열중했기에 이런 과정이 필수가 되어버린 것이다.

아들의 에너지를 아까워하지 말고 에너지를 맘껏 쏟게 하자. 아들은 일이 얼마나 정신건강에 도움이 되는지 직접 체험해 보면 더욱 실감할 것이다.

그리고 직접 가까운 공동체를 찾아 봉사하는 일부터 멀리 사는 외국의 누군가를 돕는 자선활동까지 섬김의 기회를 넓혀간다면 아들의 날개는 크게 비상할 것이다.

집안일을 거드는 남자아이는 다르다

- 여성 존중

십 대 남학생하고 친해지려면 그들이 사용하는 언어를 알아보면 좋다. 그들이 쓰는 표현에 관심사가 반영되어 있다. 그중 하나가 '여혐'이라는 말이다. 여성 혐오의 준말이다.

10년이면 강산이 변한다더니 변해도 너무 변했다. 부모 세대가 자랄 때만 해도 남성이 여성을 혐오한다는 말은 별로 없었다. 오히려 여성들이 여성을 상품화한다며 여성성을 좋아하고 강조하는 남성들을 비판하고 남성의 권위의식을 무너뜨려야 한다고 했다. 지금은 양상이 달라졌다. 남성들이 여성에 대해 피해의식을 느끼기도 하고 여성을 무시하고 차별하는 언행이 이슈가 되는 경우가 많아졌다.

시대가 바뀌어서 여성의 인간해방을 부르짖는 일도 중요하지만 양성평등 교육을 시급히 남학생들에게 시켜야 할 때다. 각종 사건 사고를 보면 여자이기 때문에 무조건 공격한다거나 데이트폭력 등 여성 혐오적인 행동이 보도되고 있다. 여학생들은 무서워서 마음 놓고 지하철도 타기 어려운 형편이다. 남녀가 서로 반목하고 의심하는 사회는 건강하지 못하다. 여성들도 남성을 배제하고 자신의 목표만 향해 나아갈 때 심각한 난관에 부딪히게 된다. 미래사회에 아버지다운 아버지, 책임감 강하고 평등한 사고를 지닌 남성이 희귀하게 된다고 가정해 보자. 여성들 위주로 세상을 이끈다고 해서 행복해질까.

결국, 남성과 여성 모두 행복한 사회가 우리의 지향점이다. 어느 모임에서 딸을 가진 부모가 딸더러 아기를 낳지 말라고 교육한다고 말했다. 여자만 고생인데 뭐 하러 자녀를 낳느냐는 것이다. 반대로 아들 가진 한 엄마는 이렇게 말했다. "아들이 장가가서 직장 일하랴 집에 가서 머슴처럼 일하랴 힘들 것 같아서 지금은 아무것도 시키고 싶지 않아요. 엄마 품에 있을 때만이라도 편하게 있으라고요." 과거의 전통적인 유교적 사고방식에 젖어 있는 기성세대라면 깜짝 놀랄 얘기다. 뭔가 뒤틀려 있는 남성관 여성관으로는 행복하게 될 수 없다.

양성이 평등하다는 사실을 어려서부터 구체적 행동을 통해 배우고 습관적으로 익혀야 한다. 조화로운 남녀관계를 유지하며 건강한 가정을 꾸리고 사회에서 여성과 협력을 잘하는 아들로 키우려면 어떻게 해야 할까.

남학생이 여성을 존중하는 남성으로 성장하려면 멋진 여성을 많이 보고 자라면 된다. 남학생의 주변에서 여성성을 지니면서도 능력과 자존감을 지닌 여성을 모델로 본다면 자라서 함부로 여성을 비하하거나 여성을 혐오하는 일은 없을 것이다.

남학생에게 여성 이미지를 처음으로 보이는 사람은 어머니이다. 이런 점에서 나는 참 아들에게 부족한 어머니였다. 가부장적인 가정에서 자란 남편은 가정에서 남성의 권위를 강조했다. 바삐 워킹맘으로 살다 보니 부딪히기보다 참는 경우가 많아 아들들은 엄마가 문제라고 했다. 남편에게 그런 말을 하니 자기 역시 아버지로부터 아버지 역할을 제대로 배우지 못한 것 같다고 했다. 뒤늦게 아들과의 관계를 고민하고 변해보려고 노력하는 남편의 모습이 안쓰러울 때도 있다.

습관이 되지 않으면 뭐든 어색하다. 여성에게 손글씨를 써서 작은 선물을 한다거나 문을 열 때 여성 먼저 나가도록 손잡이를 잡고 기다려 준다거나 하는 일이 안 해 본 사람에겐 오글거리거나 부자연스럽다.

집안에서 어머니가 당당하지 못하고 아버지의 아래에 놓인 모습을 보면 아들은 여성을 무시하기 쉽다. 반면 어머니가 아버지를 무시하고 얕잡아보면 아들이 바람직한 남성의 모델이 없이 자라게 된다. 여성에 대한 피해의식이 생길 수도 있다.

집에서 부모가 서로 존대하는 모습을 보여주는 일이 중요하다. 여성을 존중하는 행동 중 가장 중요한 모습이 언어습관이다. 아들이 평소 여성을 존중하도록 가정에서 아버지가 어머니를 대할 때 동등하게 존중해주어야 한다. 부모가 서로 존대하지 않을 경우는 서로 평어체를 사용한다. 한쪽은 존대하는 데 한쪽은 평어를 사용하는 일은 아들에게 바람직한 교육이 아니다.

여학생에게 막말하거나 비하하는 말, 비꼬는 말을 하는 남학생이 있다. 마치 강한 남성을 보여주려는 듯이 여성에 대해 함부로 말하는 기성세대를 어렵지 않게 볼 수 있다. 앞으로 남학생이 살아갈 시대는 여성과 협력하고 다양하게 관계를 유지하며 지내야 한다. 여성의 행동과 심리를 잘 파악하고 있어야 행복한 삶을 살 수 있다. 그러자면 공감 능력을 길러야 멋진 남성이 될 수 있다.

아들 엄마일수록 집을 감성적으로 가꾸고 아들에게 다양한 문화적인 주제로 대화하려고 노력하면 좋다. 엄마가 적극적으로 느낌을 표현하고 상대방의 기분을 맞추는 노력을 보인다면 아들들도 기분의 종류가 다양하다는 점을 인식할 수 있을 것이다. 남학생은 도대체 왜 여학생들이 화를 내고 기분 나빠하는 지 모르겠다고 할 때가 많다. 그럴 때 엄마가 여자 입장에서 잘 설명해주어야 한다.

시오노 나나미가 쓴 '로마인 이야기'에서 줄리어스 시저의 장점으로 여성에게 인기가 많았다는 대목이 나온다. 광활한 로마제국의 토대를 닦은 세계적인 정복자 시저가 여성들을 기쁘게 하는 사람이었다니 얼핏 안 어울렸다. 그런데 작가는 이렇게 해석했다. "여성을 설득할 수 있는 사람은 대중을 설득할 수 있다. 대중을 설득할 수 없는 사람은 정치를 할 수 없다." 참 날카로운 지적이었다. 고개가 끄덕여졌다.

남학생에게 여성을 설득할 수 있는 느긋함과 여유, 유머와 위트, 신사적인 매너, 풍부한 교양, 삶에 대한 열정적인 태도를 갖추도록 한다면 어떤 사회에서도 행복하게 지낼 수 있을 것이다.

도대체 그런 어려운 태도를 어떻게 하면 지닐 수 있을까. 차 마실 때도 순서가 있고 잘 음미하는 방법이 있다. 아들에게 여성을 존중하고 위하는 방법을 알려 준다. 서로 존중하며 사는 모습을 부모가 보여줄 수 있다면 따로 노력할 필요도 없겠지만 매우 어려운 일일 듯하다. 부모가 서로 말을 조심하고 상호인정하고 성에 대한 편견이 없어야 한다.

여학생이 군 장교로 진출하고 남학생이 간호사와 유치원 교사를 자원하는 시대이다. 자칫 성에 대한 고정관념을 지니지 않도록 한다. 여성을 바라볼 때 성적인 관점이나 외모로 평가하기보다 그녀가 지닌 독창적인 능력과 책임감 넘치는 인품 등을 볼 수 있도록 한다.

실제 그런 여성을 만나 대화를 나눌 기회가 있으면 좋다. 한마디로 일하는 데 남녀의 영역에 구분이 없음을 일러주고 부모도 그렇게 지낸다.

양성이 평등한 집안으로 분위기를 바꿔보기 위해서 우리 집에서 정한 원칙이 있다. 아버지가 집안일을 할 때 꼭 아들들이 보는 앞에서 하기로 했다. 아들들이 집에 없으면 안 해도 된다고 약속했다. 아들에게 보여주기 위해 아버지가 설거지를 하고 요리를 하고 장보기와 부엌 정리를 하면 아들은 저절로 눈으로 교육을 받는 셈이다.

장래 아들이 행복하게 살기를 바란다면 아버지가 먼저 솔선해야 한다. 그리고 아버지가 집안일 하는 시간에 엄마는 신문을 보든가 차를 마시며 여유를 누린다. 아들은 엄마가 행복해하는 모습을 보고 편안해지고 기분이 좋아질 것이다.

가만히 보면 가정마다 좋은 점이 한 가지쯤은 있다. 평소 마초macho 적인 상사로 알려진 분의 이야기다. 그분 가정이 화목해 보였는데 그 비결을 어느 날 알게 되었다. 아들딸이 학교 다닐 때 어떤 일이 있어도 자녀의 교복을 직접 다려주었다고 한다. 맞벌이 가정의 자녀들이 교복이 구겨진 채로 다니면 사랑을 많이 못 받고 자란 아이처럼 보일까 봐 염려해서라는 것이다. 그 말을 듣는 순간 '아 저 가정이 잘되는 이유가 저것이었구나.' 하고 생각했다. 회식이어서 밤늦게 들어간 날도 아버지는 묵

묵히 아들의 교복을 다려 아들 방에 넣어준다. 아들의 기분이 어떻겠는가.

어느 아버지는 집에서 직접 술 담그기를 정성스럽게 한다. 각종 좋은 자연재료로 매실, 산삼, 오미자, 복분자 등 술을 담근다. 소싯적 화학을 잘 했는지 그 아버지는 술 담그는 실력이 갈수록 늘었다. 그리고 손님들이 오거나 정든 친척이나 친구들을 만날 때 술 한 병을 선물한다. 그 집은 곁에서 봐도 참 복이 절로 들어오는 가정이다.

또 다른 아버지는 역시 맞벌이 가정인데 아버지의 직장이 멀어서 늘 새벽에 출근한다. 그런데 이 분은 출근 전에 매일 밥을 안쳐 놓고 간다. 그리고 아내가 깰 무렵이면 전화를 한다. 그렇게 인간 알람 역할을 20년 이상 해 왔다.

아내가 일어나면 밥 냄새가 집 안에 풍긴다고 한다. 그 밥 냄새를 아침마다 맡고 자란 자식들은 따로 구구절절 큰 소리로 가르치지 않아도 어떻게 해야 여성을 편하게 하는지 여성을 존중하는 법을 배우며 성장한다.

쇠털같이 많은 날 아버지가 보여주는 좋은 모습이 아들에게 스며든다. 흉내를 내려 해도 앞으로 20년을 어떻게 빼먹지 않고 본뜬단 말인가. 날마다 하는 작은 정성의 차이가 무섭다.

이제 세월을 되돌릴 수도 없고 어쩌란 말이냐고 당황하는 부모가 있다면 지금부터라도 아들들에게 여성과 잘 지낼 수 있는 법을 가르친다. 뻣뻣하고 쑥스러워하기 잘하고 숫기 없이 큰아들들도 변화시킬 수 있다.

또 그렇게 변하게 해야 한다.

아들의 행복을 위해서는 고정관념에 구애되지 말고 분홍티셔츠도 입어보라고 하고 머리를 길러 웨이브를 줘도 좋다고 한다. 성장기에 해 볼 수 있는 시도이다. 다양한 시도를 해 본 남자는 사회 생활할 때 자리에 맞게 자신을 표현할 줄 안다.

그리고 언어습관이다. 항상 좋은 언어로 이야기하도록 한다. 객관적인 의미가 있는 단어로 정확하게 사용하게 한다. '더럽다' 보다는 '무엇이 묻었다.', '목소리가 듣기 싫다.' 보다는 '톤이 높다. 혹은 톤이 낮다.'라는 식으로 중립적이고 과학적인 단어를 사용하도록 한다.

이런 언어사용 훈련을 통해 화날 일도 침착하게 대응할 힘을 길러 준다. 여성이 싫다고 하면 절대적으로 그 말을 존중하라고 가르친다. 여성이 싫다는데 아들 기분대로 행동하지 않도록 철저히 일러둔다.

아들이 감정표현을 자연스럽게 하도록 한다. 우는 것도 괜찮고 애교 부리는 것도 좋다. 자연스러운 감정이 풍부한 남자가 삶의 기쁨을 잘 누릴 수 있다고 해 준다.

배우 찰리 채플린은 말했다. 인생은 가까이서 보면 비극이고 멀리서 보면 희극이라고. 아들에게 인생을 관조하고 늘 밝고 긍정적으로 생각하도록 이끌어준다. 그러면 아들은 여성을 그렇게 이끌어주는 멋진 남자로 성장할 것이다.

학교에서 아들이 나쁜 일을 저질러 처벌 받게 되었을 때 어떻게 하나?

　　성장 과정에서 남학생들이 저지르는 잘못은 종류도 많고 일일이 예측하기 어려울 정도로 탈이 많다. 정말 '가지가지 한다.'는 말이 맞다.

　　둘째가 중학교 1학년 때 학교 학생부로 불려가 혼난 적이 있다. 쉬는 시간에 복도에서 몇몇 친구들과 행인을 향해 좋지 못한 말을 고래고래 소리지르듯 하다가 행인이 학교에 항의해서 걸렸다고 한다. 마침 복도에 체육 선생님이 지나가다가 그 학생들의 목덜미를 잡고 그대로 학생부로 데려갔다고 한다.

　　뒤늦게 담임 선생님으로부터 자초지종을 전화로 듣고 아들이 집에 오기를 기다렸다. 학생부에서 지도받고 오느라 귀가 시간이 평소보다 늦어졌다. 그런데 집에 온 아들이 아무 말 없이 방으로 들어가 앉아 있는데 약간 멍해 보였다. 방에 들어가 괜찮다고 이야기해 보라고 하니 주욱 이야기한다. 자기 잘못은 이미 깨닫고 후회하고 있었다. 많이 혼나고 맞았다고 한다(그때는 체벌 금지 정책이 시행되기 전이었다). 아들 등을 보니 여기저기 맞은 흔적이 지렁이처럼 보였다. 맞은 부위가 벌겋게 부어 있었다. 속에서 화가 치밀었지만, 선생님 입장에서 화가 어지간히 나셨고 아이가 순종적으로 반성하지 않아서 혼을 냈나보다 생각하고 참았다. 무엇보다 아들이 자기가 잘못했으니 선생님은 잘못 없으시다고 하니 할 말이 없었다. 지금 같으면 때리는 선생님도 없고 가만히 있을 학부모도 없을 것이다.

　　문제는 그다음이었다. 담임 선생님은 매일 반성문을 써 오라고 시키셨는데 일주일 내내 쓰라고 하니 아들이 집에 오면 반성문 쓰는 스트레스가 심했다. 몇 시간씩 몸부림을 치며 화를 냈다. 정말 잘못하긴 했는데 같은 내용을 일곱 번이 넘게 반성을 하니 나중에는 쓸 말이 없다고 했다. 나는 아들이 평소 글쓰기를 좋아하거나 생각과 감정을 풍부하게 표현하는 편이 아니어서 그 고충을 짐작했다.

담임 선생님께 아들의 사정을 이야기하고 분량을 줄여서 겨우 벌을 받았다. 나중에 알고 보니 학생부 처벌 대신에 반성문을 열심히 받기로 작정하신 듯했다.

그 후 둘째 아들은 학교 규칙에 어긋나게 행동하거나 선생님께 반항하는 일이 없었다. 집에서야 부모에게 대들기도 하고 답답하면 벽을 치기도 하지만 학교생활을 순조롭게 해서 고마웠다. 십여 년이 흐른 지금 아들에게 한번 물어보았다.

"너, 중학교 1학년 때 담임 선생님이 혼내신 거 기억나니?"

"네, 왜요?" / "억울하지 않아?"

"에이, 그 나이 땐 한번 잘못했을 때 아예 혼쭐이 나야 정신 차리죠. 뭘 판단할 줄 알겠어요?"

"그렇구나."하고 대답하면서 학생들이 세월이 지나면 자신의 모습을 객관적으로 보는구나 하고 생각했다.

요즘은 그런 일이 벌어지면 매우 엄격하게 처벌하고 소송을 걸기도 한다. 살다 보면 아들이 학교 규칙을 어기기도 하고 잘못 행동하는 무리에 휩쓸리는 위기에 처하기도 한다. 물론 아들이 부당한 처우를 받는다거나 억울한 누명을 써서는 안 된다. 하지만 사회에 나가서 많은 사람들과 부대끼며 살아갈 아들의 인성 면에서 크게 생각하고 어떻게 해야 아들이 진심으로 바른 생각을 지니고 살 수 있을까를 먼저 살펴봐야 한다.

코칭 Tip

아들과 다각도로 대화하되 상황을 객관적으로 보아야 합니다. 아들 친구들이나 학교 선생님과 만나 대화하려는 노력을 기울이는 것이 가장 중요합니다. 만일 아들이 학교에서 일어난 사건으로 오래 힘들어하고 학업에 집중하지 못하면 환경을 바꾸어주는 것도 좋은 방법이예요. 이사나 전학도 때로는 좋은 해법이 됩니다.

Part 6

부모가 바뀌어야
아들이 바뀐다

아들은
부모가 믿는 만큼
잘한다
- 독립심 키우기

지금 부모들은 전통적인 가정의 부모보다 힘겨운 부분이 있다. 자녀 문제로 고민이 생겨도 개인적으로 해결해야 할 때가 많다. 부부가 다 사회 활동을 하는 집이 늘어나고 사춘기를 맞는 아들 부모의 나이가 점점 높아지고 있다.

결혼을 늦게 하기 때문에 십 대 아들을 둔 부모는 대개 사회에서 각자 영역의 입지를 더 다지고 책임을 맡는 위치에서 사람들과의 관계에 많은 관심을 가져야 할 시기이다. 집에서 아들의 모습을 지켜보며 주의 깊게 지도할 여력이 없을 때가 많다. 직장을 가진 어머니의 고충은 더 할 것이다.

남학생이 중학교 들어가서 4월쯤 중간고사 기간이 되면 마을 분위기는 살얼음판 같다. 아파트 단지 전체가 떨고 있는 듯하다. 간간이 집에서 자식들과 큰 소리로 싸우는 소리도 들리고 동네 사거리에 외출하는 사람이 거의 없다. 부모 세대에는 사 남매, 오 남매는 보통이었다. 공부 잘하는 아이는 상급학교에 진학하고 공부 안 하는 아이는 일을 배우고 사회에 나가 직업을 가지는 등 타고난 대로 키웠다.

요즘은 어떤가. 집집마다 한두 명 낳은 자식을 데리고 행여 경쟁에서 뒤질까 봐 전전긍긍하면서 키운다. 아들만 둘인 집은 특히 더 힘들다.

경태 친구 K는 중3인 형과 한 살 터울이다. K의 엄마는 한 살 터울로 두 아들을 키우면서 잔 다르크마냥 늠름해지고 씩씩해지는 자신을 발견했다. 각종 부모 교육서를 읽고 상담도 해 보았지만 두 아들을 키우는데 건강한 두 팔 두 다리보다 더 든든한 것은 없었다. 얼마 전 K의 형이 말을 안 들어서 엄마는 처음으로 회초리를 들었다. 공부습관이 흐트러지고 동네 노는 친구들하고 하루가 멀다 하고 밤 12시까지 싸돌아다니는 아들을 두고 볼 수 없어서였다. 게다가 동생 K마저 형이 하는 행동을 따라 하지 않을까 염려되는 점도 컸다.

"너, 이렇게 놀러 다니고 노는 애들하고만 친하게 지내다 어떡할래? 언제까지 이럴 거야?"

"아, 참, 또 이러시네. 제가 뭘 어쨌게요. 왜 상관인데요? 지난번엔 아빠가 그러더니?"

"뭐, 아빠가? 너 언제부터 말이 짧아진다. 너 이러면 이사를 하든지 해야지 도저히 안 되겠어."

"이사 가세요. 전 여기 살 테니까요. 친구 집에서 살면 돼요."

"뭐가 어째?"

"사사건건 간섭이냐고요. 저도 다 생각이 있다고요."

"네가 네 할 일을 제대로 하면 내가 이러겠니? 허구한 날 싸움질에다가 학교는 왜 그렇게 빼먹어?"

"한 1년 그랬다고 제가 어디 양아치라도 된 것처럼 그러지 마세요. 동생만 감싸고 난 뭐 데려온 자식이에요?"

"뭐? 데려온 자식? 어디서 그런 막말을?"

밤 12시가 넘어서 고성이 오가니 인터폰이 울렸다. 경비실에서 민원이 들어와 주의를 시키는 벨일 것이다. 아버지가 출장 가고 엄마 혼자 집에서 두 아들을 데리고 있는 시간이 가뭄에 논바닥 갈라지듯이 바싹바싹 메말라가는 듯 힘들다. 엄마는 급기야 회초리를 들고

"너 오늘 나하고 엄마 자식으로서 마지막이다. 참다 참다 벌하는 거야. 종아리 걷어."

하고 막 큰아들에게 가려는데 큰아들이 회초리를 든 엄마 손목을 잡는다. 매를 못 때리게 막는 것이다. 그러자 엄마는 있는 힘을 다해 다른 쪽 손으로 큰아들의 손을 비틀었다. 몸이 흔들렸다. 큰아들은 엄마의 괴력에 놀라 움찔했다. 점점 기가 질리는 듯했다.

"놔요, 놔. 아야. 엄마가 나 죽이겠어." 큰아들이 화를 내던 표정에서 약간 공포를 느낀 듯이 엄마를 쳐다본다. 몇 초가 지났나. 엄마는 급기야 회초리를 빼냈다.

K는 이런 집안 분위기가 생길 때마다 탈출하고 싶다. 창피해서 엘리베이터도 못 탈 지경이다.

사실 K의 엄마는 얼마 전부터 아들이 점점 말을 안 듣기 시작하자 우울증이 올 듯해서 동네 스쿼시 동호회에 가입해서 주중에 운동을 시작했다. 점점 활력이 생기고 지구별 대회에 동 대표로 출전까지 할 정도로 기량이 좋아졌다.

뭣보다 몸이 좋아지니 자신감이 생기고 아들들의 행동에 기분이 좌우

되는 일이 줄어들었다. 운동하다 보면 아들에 대한 걱정도 사라지고 집중하게 된다. K의 집처럼 두 아들의 사춘기가 쌍으로 오는 경우는 힘들다. 큰아들과 씨름하고 나면 둘째 아들이 또 말을 안 듣고 두 아들이 같이 있으면 긴장되는 가정도 많다. 아주 작은 일이라도 계획대로 할 수가 없다. 언제 큰 소리가 터질지 모르는 상황의 연속이기 때문이다. 가족이 나가 식사 한번 하기 어렵고 가족여행은 언감생심 함께 갈 꿈도 못 꾼다.

불과 1~2년 전만 해도 K네는 여름이면 놀이공원에 가서 가족이 함께 흐름라이드를 타며 시원하게 웃곤 했다. '가화만사성'의 표본이었는데 언제 이렇게 상황이 급변했는지 알 수 없다. 가끔 속상할 때 아들 엄마의 눈에 눈물이 절로 흐른다.

K의 엄마는 작년까지만 해도 시간마다 아들 방을 쳐다보고 아들 공부에 온 신경을 집중하며 살았다. 주변에 열심히 공부하는 집들을 보면 불안해져 간섭하지 않을 수 없다. 시험 기간 중에 종일 빈둥대는 모습에 속이 터질 듯해 자전거를 타고 강가를 내지르듯 달려 봐도 후련해지지 않는 게 부모 마음이다. 아들이 잘 되었으면 하는 부모 마음과 부모의 간섭으로부터 독립하려는 아들 마음이 충돌한다.

십 대 남학생은 외모만 달라지는 게 아니라 모든 면에서 새로운 시기를 지나고 있다. 남학생 본인도 자신이 낯설게 느껴질지 모른다. 십 대 시절을 지나는 데 엄청난 에너지를 쓰고 있다. 이럴 때 부모는 아들의 24시에 신경을 곤두세우기보다 자신의 삶을 돌보며 새로운 계획을 세우는 게 낫다. 슈퍼 맘, 슈퍼 대디로서 지금까지 자녀의 양육에 대한 책임감 때문에 시분을 쪼개 아들과 함께 하는 시간을 늘리려고 애썼을 것이다.

아들이 초등학교 다닐 때까지 더 많은 시간을 자식과 보내기 위해 분투했다면 이제는 부모 자신을 위한 시간을 서서히 늘려가는 게 서로 좋다. 아들이 태어 난 후 자녀 양육 때문에 미루었던 일들이 무엇인가 생각해 본다. 공부를 더 한다든지 하고 싶었던 취미나 운동을 시작한다든지 해서 부모에게도 개인적인 생활이 있음을 보여준다. 아들들은 어머니, 아버지가 자기 때문에 쩔쩔매는 모습을 오히려 버거워할 수 있다. 부모가 아들이 보기에 멋진 어른으로 살면 아들도 본받게 되지 않을까. 아들이 '나도 저렇게 살고 싶다.' 할 정도로 살아가는 게 더 중요하다.

나의 경우 아들이 중학교 2학년 2학기 때부터 점점 심리적으로 독립하려 애썼다. 알면서도 묻지 않고 아들들에게 맡기려 했다. 쉽지 않았지만, 일부러 바쁜 일을 찾아서 하고 기대를 낮추었다.

아들이 고등학교 들어가면서부터는 언제 시험 기간인지 알지도 못할 때가 많았고, 심지어 큰아들은 이과에 지원했는데 선택과목을 어떤 과목을 했는지 몰랐다. 둘째 아들은 문과를 지원할 때 아들이 알아서 신청했다. 나중에 문과로 갔다고 얘기해서 알았다. 고등학교 입학 이후로 성적표를 본 적이 없다. 아들이 보여주지 않아 가끔 아들 방 책상 위에서 확인하는 정도였다. 담임 선생님께 상담을 가면 대강 어느 정도 공부하는지 알게 되는 식이었다.

다만 대학 입학시험이 다가오니 아들이 정서적으로 힘들어했는데 고등학교 3학년 때에는 공부보다 마음을 편하게 하는 데 신경을 썼다. 신경 썼다는 표현은 나에게만 해당하는 말이고 아들이 스스로 계획하고 공부했다. 그러나 아들 친구 엄마의 말에 의하면 내가 지나치게 독립적으로 다녀 큰아들이 고3때 외로워했다고 한다.

필요할 때 해달라는 것만 해 주었다. 마음속으로야 애가 타지만 그렇게 데면데면하게 지나치는 친구처럼 태연한 척했다. 실제 아들에게 관심을 끄지는 않았다. 이런저런 시행착오를 거치다 보니 아들들을 엉겅퀴 가시처럼 조심히 대할 수밖에 없었다.

아들을 키우는 일은 자기 자신을 이기는 구도의 길처럼 느껴진다. 수행하는 이가 이처럼 힘들까 싶다. 즐거운 순간도 있지만 대체로 자식 키우는 일은 나 자신을 이기는 법을 알아가는 과정과 같다. 내가 나를 다스릴 수 없는데 내가 아닌 아들을 좋은 방향으로 인도하는 일에 묘수가 있을 리 없다. 세상의 교육법들을 읽어보아도 내 아들에게 꼭 맞는 방법은 보이지 않는다. 그러니 내가 변화하고, 즐거운 삶을 살기로 작정하는 게 더 빠르다.

십 대 아들로부터 독립하기 어려운 부모는 나무 위에 집을 짓고 사는 새들을 잘 관찰하면 답을 발견할 수 있을 것이다. 새끼가 어릴 때는 부지런히 모이를 물어다가 둥지에 나른다. 어느 정도 힘이 생긴 새들은 짹짹거리며 커 간다. 새끼가 자라면 어미는 새끼를 둥지에서 날도록 밀어낸다. 떨어져 죽을까 봐 계속 둥지에 가둬놓는 어미 새는 없다.

꽃들도 자꾸 들여다보고 사람 손을 타면 잘 자라지 않거나 병이 든다고 한다. 바람이 불고 햇볕이 들고 하면서 나무가 자라는 과정을 보면 씨앗부터 열매 맺는 단계마다 전혀 다른 모습으로 변한다. 아들의 성장도 그럴 것이다. 호적에 내 아들로 기록되어 있는 사실은 변함없지만, 이전과는 전혀 다른 존재로 매일 성장해가고 있다. 아들이 자기 방식대로 커나가도록 내버려 두는 게 자연스러운 순리인 듯하다.

프레임이 중요하다고 한다. 어떤 시각으로 보느냐에 따라 현실은 전혀 다르게 해석된다고 한다. 어른이 된 부모의 시각으로 자식을 보니 자식과 갈등이 생긴다고 한다. 의지가 굳세고 책임감이 강하고 가족에 대한 관심이 넘치는 어른이 십 대 아들을 보면 얼마나 부족한 점이 많을까.

아들 입장에서 아들을 있는 그대로 보는 게 필요하다. 아들이 시행착오를 겪으며 성장하는 동안 부모는 부모의 길을 더 즐겁게 열심히 가면 좋을 것이다. 아들과 오래도록 좋은 관계로 지내고 싶다면 일찍부터 서로 독립하고 참견하지 말고 행복한 삶을 누리는 방법을 모색하는 게 낫다.

하루 10분
무념무상의 시간을 가진다
- 자기 시간 갖기

"글쎄, 재촉하면 점점 거칠고 늦어진다니까. 물건이란 제대로 만들어야지, 깎다가 놓치면 되나."

오래전 국어 교과서에 실린 윤오영의 수필 '방망이 깎던 노인'의 구절이 생각난다. 세월이 흐를수록 새록새록 의미가 되새겨지는 글이다. 기억에 남는 문장을 더 소개해 본다.

"옛날 사람들은 흥정은 흥정이요 생계는 생계지만, 물건을 만드는 그 순간만은 오직 아름다운 물건을 만든다는 그것에만 열중했다. 그리고 스스로 보람을 느꼈다. 그렇게 순수하게 심혈을 기울여 공예 미술품을 만들어 냈다. 〈중략〉 맞은편 동대문의 지붕 추녀를 바라보았다. 푸른 창공에 날아갈 듯한 추녀 끝으로 흰 구름이 피어나고 있었다. 아, 그때 그 노인이 저 구름을 보고 있었구나. 열심히 방망이를 깎다가 유연히 추녀 끝에 구름을 바라보던 노인의 거룩한 모습이 떠올랐다."

윤오영(1907~1976) 선생님이 갓 세간 난 신혼 시절의 이야기이니, 수

필 속의 노인은 조선조 말기 사람이다. 조선 시대에는 그처럼 물건 하나 만드는 데도 삶의 철학이 있고 정성을 다했다. 하물며 사람을 키우는 일은 얼마나 힘을 기울였을까. 조용하고 찬찬한 태도로 자식을 타고난 성정대로 자라도록 일가가 합심해서 키웠다. 그리고 방망이 하나 만들면서도 하늘을 바라보고 자연의 순리를 생각했던 그 마음을 떠올려 본다.

아들을 키우는 데도 그런 마음이 필요하지 않을까. 하루 10분이라도 내 아들을 타고난 모습에 맞게 키우고 있는지 생각해보는 시간이 중요할 것 같다. 하루에 10분쯤 차 한 잔을 마시며 조용히 자기만의 시간을 가지면 잔잔한 행복감이 찾아올 것이다. 아들에게 열 시간 헌신하는 일보다 부모가 자신을 객관적으로 되돌아보는 그 시간이 더 유익할지도 모른다.

누군가 세상에서 가장 힘든 직업이 '부모'라고 말했다. 이 직업은 이 세상을 떠나기 전까지 정년이 없다. 전통적으로 가정을 갖고 자녀를 가지는 시점을 기준으로 완전한 '성인'임을 인정받았다. 요즘 혼인하는 나이가 점차 늦어지고 여성의 사회진출이 늘어남에 따라 자녀가 십 대쯤 되면 부모는 중년이 된다.

청소년기가 점점 길어지고 있는 점도 변화의 한 축이다. 30세가 넘어도 부모에게서 독립하지 않은 남녀가 많으니 부모의 역할이 사춘기에 십 대 시절의 자녀를 잘 기르는 데서 끝나지 않는다. 도대체 언제까지 부모의 책임을 다해야 한다는 말인가.

법륜 스님은 자녀가 20세가 넘으면 완전히 홀로 서서 인생을 살 수 있도록 키워야 한다고 했다. 부모의 목표는 자식을 자립시키는 거라고 했다. 그러나 지금 한국의 부모는 자녀가 20살이 되어도 공부를 덜 끝내는 경우가 많다. 취업난 때문에 경제적 독립이 어려운 자녀를 독립하라고 내보내기가 힘들다. 십 대 아들 교육에 대한 고민을 주로 호소하는 부모들은 앞으로 20대 아들에 대한 고민을 여전히 해야 할지도 모른다.

길어진 청소년기 탓에 부모의 삶이 아들 교육에 대한 부담으로 무거워지거나 어두워지면 모두에게 이롭지 않다.

열심히 아들이 좋아할 이벤트를 마련하고 계획을 짜고 공부에 관심을 두게끔 노력한다 해도 한계가 있다. 나 역시 10여 년 전에 부모 노릇의 해법을 몰라 갑갑한 마음이었다. 그러다 '말을 우물에까지 데리는 가지만 물을 마시게 할 수는 없다.'라는 속담이 생각났다. 점차 중요한 결정을 아들들의 선택에 맡겼다. 아들이 한때 곁길로 갈지라도 경험하고 느끼고 넘어지는 과정을 스스로 살아내야 함을 알았다.

부모가 정신적으로 건강하여야 아들은 온전하게 사회에서 독립된 성인 역할을 할 수 있다. 사람이 즐겁고 기쁘면 전두엽 부분의 감정 중추를 건들게 되고 엔도르핀을 분비하고 스트레스 호르몬인 코르티솔이 줄어들게 하며 면역물질을 증가시킨다고 한다.

부모가 아들과 함께 즐겁게 지내려면 지금의 갈등상황을 시트콤의 한 부분으로 상상해보면 어떨까. 심각한 현실이 아주 코믹한 풍경이 될 수 있다. 아들과의 사이에 있었던 일은 대개 하루가 지나면 아주 코믹한 일이 된다. 그래서 집안에서 다툼이 있거나 갈등이 생기면 가운데서 중재하는 사람은 "일단 자고 나서 다시 얘기하자. 얘, 얼른 네 방으로 가."하며 정리하듯 마무리하곤 한다.

가끔 학교에서 남학생들과 대화히면서 나의 집 애기를 해 보면 "어쩜 저희 집하고 똑같으세요? 저희 집도 지난번에 아빠가 야구 방망이로 컴퓨터 모니터를 부숴버렸어요.", "저는 주말에 집에서 쫓겨났어요. 갈 데가 없었어요. 냇가의 다리 밑에 앉아서 계속 물 위에 돌만 던졌어요.", "샘 집만 그런 게 아니에요."

그런 말을 들으면 학생 아버지 입장에서 그 심정을 설명해 준다. 그러면 남학생들은 고개를 끄덕인다. 그럴 수도 있겠다면서.

내가 아들 키우며 경험했던 내용에 비추어 "너희들 이해해. 넌 이런 심정이었을 테지. 부모님은 조금이라도 네가 착실하고 얌전해지면 좋겠다고 생각하셨을 거고." 하면서 남학생들과 얘기하노라면 그들은 "우리 엄마께도 꼭 그런 이야기 좀 해 주세요. 제가 정상이라고요." 하며 사적인 부탁을 한다. 이런 경우 나는 성장 과정에 있는 아들들은 어느 정도 비슷한 경험을 하고 있다는 안도감을 느끼게 된다.

아들의 뒤에 있는 큰 그림자를 바라보면 아들이 처한 상황을 객관적으로 볼 수 있다. 그 그림자는 때로는 아들의 몸속에서 일어나는 호르몬의 변화일 수 있고, 때로는 각종 미디어에서 본 영상의 이미지들일 수 있다. 가끔은 지금까지 살아오면서 해결되지 않은 유년기의 아픔이나 상처가 아들에게 억압적으로 작용할 수도 있다.

어쩌면 십 대 시절은 아들이 7세 이전에 어려서 해결하지 못했던 고민이나 부모의 불완전한 양육이 빚은 문제들을 해결할 수 있는 절호의 기회인지도 모른다. 이 시기에 드러나는 문제들을 부모가 잘 받아주면서 고민하고 서로 이해하려 노력하면 아들은 아무 문제가 없는 경우보다 훨씬 극적인 성장과 변화를 보일 것이다.

부모로서 자신의 모습을 객관적으로 묘사해 본다. 아들이 문제가 아니라 내가 문제가 아닐까 하고 뒤집어 생각해 본다. 나는 내가 희생적인 어머니이고 언제나 아들들 편이었고, 현명한지는 모르겠으나 적어도 그들에게 도움이 되었다고 여겼다.

그런데 최근 이 글을 쓰면서 이젠 20대인 큰아들과 대화 중에 그런 생각은 나의 자아도취였음을 알게 되었다.

"엄마가 안 참으면서 우리에게만 참으라고 했잖아요? 굳이 학원 다닐 필요도 없었는데 스트레스만 받고 왔어요. 계속 스트레스만 쌓이니 성격만 나빠졌어요. 그리고 엄만 아직도 아빠 편이잖아요? 우리더러 아버지만 이해하라고 하고, 우리가 힘들고 아픈 건 이해 안 하는 엄마도 문제예요. 난 내가 어릴 때 진짜 잘못한 줄 알고 울었어요. 지금 생각해보면 잘못한 것도 없는데 야단만 맞을 때가 많았어요."

"그렇게 서운한 일이 많았구나. 근데 내가 잘 한 것도 있지 않니?"

"내가 고민을 이야기하면 엄마는 늘 내 입장에서 생각하는 게 아니라 다른 사람한테 맞추라고 하잖아요. 아들로서도 조금만 생각해 주세요."

아들의 말을 듣는 순간 처음엔 괜히 물어봤다는 생각이 들었다. 내가 아들들에게 매우 큰 부담을 주고 힘들게 했다는 사실을 깨달았다. 아들이 나 때문에 고통을 겪고 자랐음을 인정하는 것은 힘들다. 나의 고생과 아픔을 아들에게 알아달라고 하고 싶었다. 몰라주니 억울하기도 했다.

그러나 '아들 입장에선 그러기도 했겠다.'라고 생각하니 많은 퍼즐이 맞춰졌다. 왜 그렇게 아들들이 조심스러워하고 부모와 대화하는 것을 어려워하고 말이 없어졌는지 알게 되었다. 말해봤자 부모가 안 들어주고 달라지는 게 없으니 말할 필요를 못 느끼고 답답하게 청소년기를 보냈을 것이다.

아들이 원하는 어머니가 되어야 하는데 내가 생각하는 어머니 노릇을 했다. 아버지도 마찬가지다. 아들에게는 속 터놓고 대화할 수 있는 아버지, 세상을 향해 자유롭게 모험을 하도록 허용해주는 민주적인 아버지가 필요하다. 그런데 세상일에 바쁜 아버지는 열심히 일만 하면 아들들이 다 알아주리라고 여기기 쉽다. 그러나 아들은 아버지가 어떤 일을 하는지, 얼마나 치열한 경쟁 속에서 사는지 볼 기회가 드물어 이해하지 못한다.

함께 농사짓고 사냥하고 나무하러 다니던 시대의 부자 관계와는 다를 수밖에 없다. 어느 드라마 대사처럼 "열심히 하는 게 중요한 게 아니라 잘해야지."라는 말이 실감 난다. 뼈 빠지게 뒷바라지하고 아들들에게 그런 말을 듣는다면 얼마나 허무한 일인가.

아들에게 좋은 아버지 어머니는 어떤 사람일까. 물질적 환경은 그렇게 중요한 것 같지 않다. 부모는 특히 자기 통제력이 있어야 성숙한 부모가 될 수 있다. 자기 삶의 주도권을 갖고 산다는 뜻이다. 아버지 어머니가 자신감 넘치고 즐겁게 일할 때 자식들은 일하는 태도를 배운다.

즐겁게 일하는 모습을 본 아들은 즐겁게 공부한다. 그리고 아들 교육에서 방부제는 부모가 남을 돕는 삶을 사는 것이다. 어떤 식으로든 이웃과 사회에 시간과 재물을 내어주는 부모를 바라보고, 아들은 세상의 진짜 모습을 꿈꾸고 비전을 찾고 나아가게 된다.

이기적인 쾌락을 추구하고 물질적인 이윤만을 추구하는 부모는 아들에게 진정한 삶의 길을 인도해주는 안내자가 되기 어렵다.

가장 중요한 점은 '어떻게 하면 가족이 즐겁고 행복할 수 있을까?'하고 끊임없이 추구하는 것이다. 이런 질문에 대한 답을 시모어 번스타인의 말에서 찾을 수 있었다. 올해 90세인 피아니스트 시모어 번스타인은 배우 에단 호크가 2년 전 그에 대한 다큐멘터리 '피아니스트 세이모어의 뉴욕 랩소디(Seymour : The Instruction)'를 제작하면서 유명해졌다.

그는 50대에 세계 정상급 피아니스트에서 은퇴하고 수십 년간 작은 아파트에서 살며 피아노 선생으로 살아왔다. 그는 "우리 안에 있는 재능과 내면의 목소리를 귀하게 여겨야 한다. 누구나 한 가지 재능은 갖고 있으며 내면에 있는 영혼의 저장고와 끊임없이 교감하며 그 열정을 살려내는 것이 존재의 의미를 실현하는 것이다. 열정을 느끼는 뭔가에 깊이 몰두하다 보면 삶이 바뀔 수 있고 손을 뻗어 하늘에 닿을 수 있다."라고 말했다.

아들도 부모도 각자 타고난 재능을 잘 가꾸고 마음의 소리에 관심을 두자. 내가 무엇을 진정으로 원하는지 끊임없이 묻는다. 부모가 먼저 진정한 행복의 조건을 생각해 본다. 아들에게 줄 선물로 행복한 가정보다 더한 게 있을까. 부모의 행복 조건에 아들의 성적이나 명문대 입학, 세속적인 성공 등이 지나치게 큰 비중을 차지하고 있는 것은 아닌가.

모든 운동선수는 운동을 배우기 시작해서 선수가 될 때까지 상당한 시일을 몸의 힘을 빼는 데 투자한다고 한다. 자연스러운 자세와 욕심 없는 집중력을 키우는 데 주력한다고 한다. 부모 역할도 그런 게 아닐까. 본질에서 멀어진 외적 성과에 집착하다가 부모와 자식이 다 힘들어지는 것은 아닌지 돌이켜 본다. 욕심에 매이지 않게 기대를 낮추고 정직한 부모, 있는 그대로를 보여주는 부모를 아들은 원한다.

고민을 함께 나눌
공동체를 만든다
- 유대감 형성

경태가 사는 동네 옆에는 하천이 흐르고 천변 도로는 산책길이다. 이 길은 주민의 사랑을 받는 휴식공간이다. 늘 사람과 개와 비둘기가 평화롭게 지나가는 모습이 아름답다. 수양버들이 물 위로 비치는 모습을 보면 이 동네 사람들은 걱정 하나 없이 평안할 듯하다.

그런데 가끔 그 길을 어두운 표정으로 걷는 여성들이 눈에 띈다. 터벅터벅 걸으며 허공을 응시하는 중년의 여인은 무슨 생각을 하며 걷고 있을까. 하얀 백로가 물속을 들여다보듯 냇가에 앉아 하염없이 한 곳을 응시하는 여인의 눈빛이 공허하다.

경태 엄마는 십 대 아들을 키우는 엄마들의 외롭고 힘든 모습을 많이 보았다. 그래서 주변 이웃들, 동창들, 아들 학교 자모들과 돈독한 관계를 이어오고 있다. 지금 이웃들은 경태가 유치원 때부터 함께 양육한 가족들이고 이 년 전에 경태가 중학교에 들어오면서 그들을 따라 이 동네로 이사 올 정도로 막역한 사이이다.

경태는 지난번 살던 동네로 아직 학원에 다녀서 가끔 엄마는 거기로 간다. 경태가 학원에 있는 동안 엄마는 이전 동네 이웃들과 카페에서 이야기하곤 한다. 그 엄마들 중 창균 엄마는 가장 아들과 관계가 좋다. 아들은 시험 2주 전이면 엄마에게 스마트폰을 맡기고 스스로 공부한다. 아버지는 모르는 것이 있을 때 소상히 가르쳐 준다. 자상한 아빠다. 그런 아들의 성적이 나쁠 리 없다. 주변 엄마들은 다들 부러워한다. 그런데 이야기를 해 보면 그 엄마의 고민도 적진 않다. 교육의 목표를 어디에 둬야 할지 모르겠다며 일단 입시에 올인하지 않도록 과열된 학습 분위기에 휩싸이지 않게 노력한다고 한다. 그런 대화를 나누는 엄마 모임을 예로 들어 본다.

창균맘 : 지금 9시까지 딱 한 시간이 비어요. 이따 아들 데리러 가야 하니까요.

경태맘 : 창균이는 학원 가자고 하면 잘 다니나 봐요. 엄마가 매니저 역할을 저렇게 하는 걸 보면

창균맘 : 아니, 돈을 얼마나 냈는데요, 안 다니면 안 되죠. 이번 기말 때 영어시험을 100점을 받아야 원하는 고등학교에 들어갈 수 있어요.

진수맘 : 아휴, 저도 매니저 역할 좀 해 봤으면 좋겠네요. 우리 아들은 이미 학원이고 공부고 다 미련 버린 듯해요. 하던 축구에 올인해야 할까 봐요. 몸이라도 건강하게.

창균맘 : 글쎄, 초등학교 때 무리해서 이 동네로 이사 왔는데 아들이 잘 따라줘서 이렇게 하지만 과연 이런 공부가 아들 장래에 도움이 될지는 의문스럽네요. 얼마 전 기사를 보니까 1920년대 1930년대에도 조선의 아이들은 입시에 시달렸다네요. 시험

과목은 일본어, 조선어와 한문, 산술. 세 과목 모두 주관식이
었대요. 조선에 학교가 얼마 안 되니 그렇게 경쟁률이 치열했
대요. 아니, 나라가 망해도 입시는 그토록 치열했다니 도대체
무엇을 위해 공부를 그렇게 시켰을까요?

진수맘 : 맞아요. 영화를 보니까 경성제대생도 징용에 끌려갔더라고
요. 식민지의 비애죠. 공부만 하다가 무엇을 위해 공부하는
줄도 모르고 무조건 경쟁만 하는 건 아닌지……. 경태 엄마는
어떠세요?

경태맘 : 세상 엄마들이야 다 아들이 진짜 하고 싶은 게 뭔지 알고 싶
죠. 우리 경태가 정말 좋아하는 게 있으면 좋겠는데 아무것도
좋아하는 게 안 보이니 걱정이네요. 스마트폰으로 애니를 보
거나 게임하는 데 온 신경을 쓰고 있으니 전 공부 걱정하는
엄마들 보면 부러워요.

진수맘 : 그래서 경태 엄마가 프로그램 많이 만들었잖아요? 독서모임
도 만들고, 테니스모임도 만들고 역시 기획력은 경태 엄마가
최고여요.

경태맘 : 뭘요. 우리 애가 공부를 않고 게임만 하는 것 같아서 될수록
여러 가지 해 보는 거죠. 생각을 같이해 주어서 고마워요. 진
수 엄마가 제가 직장 가 있는 동안 많이 데리고 있어 주잖아
요. 우리 경태가 진수네 집은 두말없이 잘 가요. 집에서 말 안
들어도 진수 엄마 말은 잘 들어요. 감사하죠.

창균맘 : 생각해보면 우리 아들들도 안됐죠. 맨날 공부하라고만 하니
건강도 걱정이고 너무 치마폭에 싸여 사나 싶기도 하고. 아들
교육에 자신 없어서 직장을 그만두었던 일이 걸려요. 잘 했나
싶기도 하고 내 인생은 뭔가 싶기도 하고 그래서 전 직장 다

니는 경태 엄마가 부러워요.

경태맘 : 우린 서로 부러워하는 사람끼리 모인 것 같군요. 얼마 전 대안학교 다니는 경태 친구 엄마를 만났는데 거기서도 입시교육에 신경 안 쓰려 해도 고등학교에 들어가면 다들 입시공부에 흔들리게 된다니 참 우리 중학생 엄마들은 인성교육과 입시 사이에서 양다리 걸치고 있는 셈이죠.

진수맘 : 이제 중학교 3학년 올라가는데 너무 태평인가 싶네요.

경태맘 : 유치원, 초등학교 다닐 때 닥종이 인형처럼 귀여웠던 애들이 이제 컸다고 폼 재는 거 보면 나 원 참, 우리끼리라도 건강하게 이겨냅시다. 아들들에게 끌려다니지 말자고요.

창균맘 : 그래요. 카르페디엠!!

진수맘 : '이 순간에 충실하라'인가요?, 호호.

경태맘 : 다음 시험 때까지 시간 여유가 있으니까 봉사 활동 장소를 한번 미리 알아보고 해야 하지 않을까요?

아들 부모는 특히 공동체와 유대감을 형성하며 키워야 한다. 친족 공동체, 이웃 공동체, 학교 공동체, 지역 공동체와 연대한다면 많은 도움을 서로 주고받을 수 있다. 아들들은 집단과의 유대감을 중요하게 생각하기 때문이다.

아버지들도 직장, 교회, 성당, 스포츠경기장, 친구 모임 등 다양한 공동체에 속해 소속감을 느끼는 장소를 찾고 생활해야 한다. 아들은 아버지가 공동체와 연대하며 사는 모습을 보고 느끼며 성장한다.

아들이 유아기 때 주변 사람들과 여러 정보를 주고받고 서로 도왔던 것처럼 십 대 아들의 변화도 함께 나누고자 노력한다. 다른 집과의 경쟁의식 때문에 긴장된 채 폐쇄적으로 키우면 자기만 손해다.

아들을 키울 때 가장 도움이 되는 사람은 아들 또래보다 1~2년 선배의 부모일 것이다. 그들은 지금 아들보다 한걸음 먼저 상급학교에 진학해서 적응했고 배움에 있어서나 행동과 인성발달 면에서 더 일찍 경험했다. 여러 가지 시행착오를 겪으면서 노하우를 터득했을 텐데 그 내용을 듣고 내 아들에게 맞는 방법을 생각해보면 좋을 것이다.

아들에 대한 고민을 털어놓을 만한 모임을 하되 2~3명 정도의 소규모 모임이 좋다. 다섯 명이 넘어가면 서로 나눈 얘기들이 와전되어 말이 날 가능성이 크다. 그리고 아들 학교 학부모 모임에서 아들에 대한 정보를 시시콜콜 이야기하는 부모가 있는데 이는 아들의 사생활 보호 차원에서 주의해야 한다.

아무래도 아들 교육에 대한 내밀한 생각을 나누는 대상은 친척이 좋다. 이때 친척은 고민을 들어주되 염려한다고 아들에게 훈수를 두거나 부모 대신 간섭하는 일을 해서는 곤란하다. 어디까지나 아들과 부모 사이의 문제는 부모가 책임지고 해결해 나가는 게 좋다. 어떤 어머니는 친정어머니께 아들에 대한 걱정과 고민을 지나치게 솔직하게 늘어놓아 외할머니가 외손주를 찾아와 야단하거나 훈계하는 일이 생기고 외손주에 대한 애정도 식게 하는 경우가 있다.

어떤 일이 있어도 화난다고 남에게 자기 아들을 흉보는 일을 해서는 안 된다. 자화자찬 격으로 자기 자식 자랑하는 사람도 팔불출이지만 남들도 다 겪는 아픔을 자신만 겪는 양 아들의 무례함이나 난폭함을 적나라하게 이야기하는 부모는 정말 아들에게 치명적인 적이다.

상대방과 의논을 하되 적절히 객관화시켜서 얘기하든가 신문에 나오는 문제들을 이야기하는 식으로 말을 꺼내 본다. 또 남의 아들이 어떤 잘못을 했을 때 이를 퍼뜨리는 행동을 부지불식간에 할 수 있는데 특별히 유의해야 한다.

이런 점들을 생각하면 남들과 관계를 맺는 게 두려워서 아들을 우리 집 안에서만 고민하며 해결하고 싶겠지만 서로 도우면 순조롭게 해결되는 경우가 많기 때문에 힘든 일을 함께 나눌 사람은 꼭 필요하다. 기본적인 주의사항만 서로 지키면서 이런저런 고민을 나누며 지혜를 구하면 아들 교육의 스트레스는 훨씬 줄어든다.

만약 아들을 잘 키우고 화목한 가정을 유지하는 '좋은 부모'의 모델이 곁에 있다면 행운이다. 나의 경우 사촌 언니, 친형제 자매, 직장 동료들이 그때그때 다양한 문제들을 함께 의논해 주어서 슬기롭게 해결해 나갈 수 있었다. 주변에서 배울 점이 있는 가정의 부모를 잘 찾아 상담해보는 일도 좋다.

학교 담임 선생님이나 초등학교 때 선생님과의 관계를 유지하며 자문해도 좋다. 지금도 기억에 남는 선생님은 아들의 학교생활 모습을 필요할 때 연락해 주셔서 도움이 되었다. 아들 친구 엄마들도 가끔 전화해서 아들들의 학교생활과 공부를 함께 의논할 수 있었다. 직장에 다닌다는 이유로 소홀했던 부분을 친구 엄마들 덕분에 많이 도움받았다.

자기가 사는 지역의 가게 주인들과 친하게 지낸다. 평소 아들에게 작은 심부름을 자주 시키면 가게 주인들과 낯을 익히게 된다. 놀랍게도 그분들은 상당히 정확하게 고객을 파악하고 있다. 마트에선 장 보는 가방만 봐도 손님을 구별한다. 미용실, 서점이나 빵집, 마트, 안경원, 도서관, 약국, 세탁소, 문방구, 경비실 아저씨 등 많은 분과 항상 친절하게 인사를 나누고 아들과 동행할 때 두세 마디 인사하는 부모는 이미 공동체를 잘 형성하고 있는 훌륭한 부모이다.

어느 한 분도 소홀히 할 수 없다. 그분들로부터 가끔 유익한 정보를 듣게 된다. 최근 잘 팔리는 책부터 크리스마스 때 잘 나가는 카드며 선물, 공부할 때 아이들이 선호하는 펜, 포스트잇, 배고플 때 친구들과 주로 먹는 빵, 아들이 아플 때 잘 낫는 약 이름을 알 수 있다. 수선집에서는 요즘 학생들이 교복을 어떻게 멋지게 고쳐 입는지, 미용실에서는 아들들이 좋아하는 헤어스타일을 알 수 있다. 편의점이나 마트에서 술과 담배 등을 청소년에게 팔지 않는 원칙이 지켜지고 있는지 등을 책임감 있게 지켜본다.

어떤 부모도 아들이 성장하면서 어두컴컴한 피시방이나 노래방 등의 장소에서 장시간 지내는 것을 원하지 않을 것이다. 동네 피시방이나 노래방도 한 번쯤 들려 본다. 카페에도 청소년들이 많이 드나든다. 부모가 관심 있게 지역의 모든 장소를 둘러보는 줄을 알게 되면 지역사회에서 자연히 청소년들을 존중하여 대한다. 부모들이 고객이기 때문이다.

사람들끼리 서로 연대해서 돕는 마음이 있을 때 서서히 환경에 변화가 찾아온다. 아들을 한 마을의 거의 모든 사람과 함께 키우고 있다는 생각이 든다. 동네 공터에서 운동하는 청소년들이 있을 때 어른들도 함께 하면 더 좋겠지만 요즘 그런 광경은 보기 드물다.

지역마다 우범 지역이라고 해서 지나가는 청소년들이 돈을 뜯기거나 하는 장소가 있게 마련이다. 그런 곳도 어른들이 지주 다니면서 살피는 듯하면 달라진다.

현대는 익명 사회라고는 하지만 이렇듯 공동체 의식을 지니고 관심을 가지면 환경이 더욱 안전해지고 아들의 성장에 많은 도움이 된다. 아들이 유별난 친구들과 다닌다든지, 낯선 사람과 있다든지, 평소와 다른 행동을 했다든지 하는 경우에 금방 알 수 있게 된다. 그래서인지 성장기에 잦은 이사를 하는 가정의 아이들은 공동체가 형성되지 못해 정서가 불안해질 우려가 있다.

너도 아프냐,
나도 아프다
- 엄마의 내면 치유

숲을 산책하다 보면 자연은 꼭 때맞춰서 변화를 보여준다. 여름이 되자 상사화가 피고 7월부터 배롱나무가 어여쁘게 거리를 장식하고 있다. 금계국 꽃잎이 마르고 씨를 남길 때가 되자 누리장나무 꽃이 열매를 맺을 준비로 보석 같은 모습으로 눈을 뜬다. 가을에 접어들자 상수리나무에서 떨어진 상수리가 길 가운데 또르르 굴러다닌다.

사랑이 있는 가정에선 큰 소리를 낼 일이 없다. 자녀가 성장하는 모습을 예측하고 때에 맞게 일러주고 햇볕을 쬐게 하고 알맞은 비를 내려준다. 잘 자라도록 땅심을 키우는 데 집중한다. 꽃 더러 나무 더러 어서 자라라고 꽃피우라고 서두르지 않는다. 사랑할 줄 아는 사람은 부모 자식 관계가 좋다. 사랑과 이해를 잘 실천해 정신적인 유산으로 대를 물려준다.

성호 이익의 제자인 정조 때 학자 녹암 권철신 집안은 가정교육이 잘 되어 화목하기로 유명했다. 다산 정약용이 쓴 그의 묘비명에 의하면 권철신은 가정에서 오직 부모에게 순종하여 어버이의 뜻에 맞게 행동하고 형제간에 우애하기를 자기 몸처럼 돌보아 이러한 일에만 힘쓰고 실천하였다. 그리고 그 점을 학문의 으뜸으로 여겼다.

그의 집에 가면 마치 아름다운 향기가 몸속으로 배어들고 난초 향기 그윽한 방으로 들어간 듯하였다. 아들이나 조카들이 같이 쭉 늘어앉아 있어도 한 품에서 자란 형제들처럼 융화를 이루고 있어 그의 집에 머물며 열흘이 넘고 한 달이 지나야 겨우 누가 누구의 아들임을 판별할 지경이었다. 공부를 가르치기 전에 온유한 성품을 갖추도록 힘썼다.

당시 많은 선비 집안에서 권철신에게 자제를 보내어 제자로 삼아달라고 부탁했다. 권철신이라는 학자가 보여주는 자녀 교육 아니 인간 교육의 경지가 상상된다. 아마 권철신 자신이 보기 드물게 훌륭한 인품을 소유했기에 가능했을 것이다.

대부분의 보통 부모는 자신의 어린 시절에 충족되지 않은 사랑과 상처가 있다. 그래서 온전히 사랑하는 방법을 몰라 부모가 된 뒤에 자기의 소중한 자식에게 사랑을 제대로 표현하지 못한다. 부모는 아들이 어려서 부모를 의존할 때 적기에 반응하고 충족시켜주어야 했는데 놓친 부분이 있을 것이다.

십 대 아들은 부모에게 많은 표현을 한다. 아무 표현을 안 하는 것도 표현이다. 아들 때문에 내가 고통받는 지점이 어디에서 비롯하는지 생각해보자. 아들이 콕콕 찌르듯이 하는 얘기는 정확한 지적일 수 있다. 귀 기울여 들어보면 그들은 이미 부모의 마음을 들여다보고 자신에게 필요한 점들을 호소하고 있다. 그렇게 해도 부모는 자기를 믿어주고 사랑해주리라고 생각하고 이야기하는 것이다.

부모가 성숙한 어른이고 충만한 사랑으로 채워진 사람이라면 아들의 행동과 언어를 이해하고 기다릴 수 있다. 그러나 대부분 부모는 당장 아들의 반항이 괴로워 그렇게 하기 어렵다. 아들을 키우려고 헌신하고 노력했는데 논리적으로 아들의 태도가 이해되지 않는 부분이 많다.

경태 엄마는 가끔 어린 시절에 할머니 댁에 보내져서 2년 정도 살았던 기억을 떠올리며 안타까워한다. 어린아이였는데 할머니 댁에서 아무도 관심을 두지 않고 배우고 싶어도 배울만한 데가 없었다. 할머니 할아버지의 사랑이 부족한 것은 아니었다.

그런데 경태가 십 대가 되자 엄마인 자신보다 아빠와 더 밀착되어 있는 점을 느낀다. 아빠는 주말에만 오는데 정작 경태를 매일 챙기고 뒷바라지하는 엄마는 뒷전이고 둘이 죽이 맞아 웃고 떠든다. 같은 남자이기 때문이기도 하지만 경태 아빠는 경태의 발이 자라면 꼭 알맞을 때에 경태 운동화를 바꿔 사 준다. 경태가 좋아하는 스타일이 어떤 것인지 잘 알고 옷을 사다 준다. 경태가 어렸을 때 집에서 닭도 키우고 새나 거북이를 키울 때 아빠가 곁에서 여러 가지 알려주고 먹이를 챙기고 했다. 경태 아빠는 노력하지 않아도 그런 게 보인다고 한다. 경태에게 무엇이 필요한지가. 경태가 어떤 것을 좋아하고 싫어하는지 잘 알고 있다. 엄마 아빠의 역할이 바뀐 듯하다.

그러다 최근 경태 엄마는 경태 엄마의 내면에 충족되지 않은 어린아이 하나가 울고 있다는 점을 생각하게 되었다. 외로운 그 어린아이는 자기를 불러주고 놀아줄 친구가 필요했다. 함께 해 주면 아무라도 소중했다. 손님이 오면 가지 말아 달라고 했다. 친척이 오면 자기를 하루빨리 엄마 곁으로 보내달라고 했다. 배우고 싶은 건 많은데 아무도 글자를 가르쳐주지 않았다.

아마 그런 점이 역으로 경태 엄마가 사회적으로 왕성한 활동을 하고 사람들과 관계를 소중하게 여기며 지내는 데 도움이 되었는지 모르지만 어린아이에게 적절한 관심을 두고 표현하는 데는 서툴다. 아들인 경태와는 보다 유연하고 편안하게 지낼 수 있으면 좋겠다는 생각을 했다. 경태가 진짜 원하는 게 무엇인지를 생각하고 관심을 가지는 데 집중했어야 했다.

그녀가 어렸을 때 충족되지 않았던 부분이 경태에게 더 집착하게 했다. 과도하게 간섭하고 어린아이 다루듯이 했던 게 아닌가 곰곰 생각하고 있다. 며칠 전 경태와의 대화가 생각난다.

경태 : 엄마는 왜 사는 거야?

엄마 : 아들 때문에 살지.

경태 : 내가 자살하면 따라 자살할 거야? 나 맨날 자살할 거야. 메롱.

엄마 : ······.

경태 : 아침에 부랴부랴 숙제하느라 어지럽고 눈이 아팠어. 엄마가 제때에만 깨웠어도. 어젯밤 역사 수행하고 늦게 자지도 않았어. 오늘 학원 가려고 잘 잤는데 또 늦어 버렸어. 새로 온 샘이 맘에 안 들어. 잘하려 했는데(갑자기 엄마를 정색하며 쳐다본다).

경태 : 나 지금 엄마 설득하려 하는 거 아냐. 내 말은 다 맞아.

경태 엄마는 요즘 전보다 한결 침착하게 경태를 바라본다. 말은 짧게 생각은 길게 한다. 그랬더니 경태가 전보다 조잘조잘 말을 잘 한다. 아들의 내면에 어떤 아픔과 상처가 있을까. '아들의 자발적인 열정이 샘솟는 그 경이로운 날은 언제 찾아올까.'하고 물어본다.

그 전에 자기 자신이 행복한 어린아이로 회복되어야 함을 느낀다. 아들과 남편에게 집착하지 않아도 충분히 행복한 영적 충만함을 찾고 싶다. 이 글을 쓰면서 나 역시 일관성 있고 유능한 부모가 되기 위해 나 자신의 문제를 들여다보는 과정이 필요하다고 깨달았다. 이 점은 아들이 이십 대가 된 지금도 여전히 필요하고 유효하다. 성숙해진 아들들과 많은 대화를 나눌 수 있는 지금 새롭게 깨달은 점들이 많다.

부모는 자신의 어린 시절의 기억들을 꺼내 본다. 생애 최초의 기억은 무엇인가. 내 안에 아직 충족되지 못하고 울고 있는 부분은 없는지 내면의 아이를 바라본다. 칼 융은 "사람은 누구나 놀라운 아이였다."라고 했다. 무한한 잠재력을 지니고 경이로운 삶을 살 수 있는 자발성이 충만한 아이였다고 했다.

내 안에서 그 '놀라운 아이'가 날마다 삶을 기쁘게 미소지으며 살고 있는가. 이런 질문에 선뜻 그렇다고 말할 수 있는 사람이 몇이나 될까. 충족되지 않는 어린 시절의 욕구와 상처를 그대로 지닌 채 어른이 되지는 않았나 돌아보게 된다.

겉보기에 어른처럼 폭풍 성장을 하는 아들이 부모에게 반항할 때 부모 내면에 있는 상처받은 아이가 방어하게 된다. 결국, 두 아이가 싸우는 셈이다. 사춘기 아들도 어릴 적 충족되지 못했던 욕구와 상처를 지니고 어린아이처럼 표현하는 것이다. 전문가들은 성숙한 부모는 어른으로서 자식의 모습을 바라보며 존중하고 독립된 인격체로 성장할 수 있게 도와줘야 한다고 말한다.

나의 가정을 보면 아들 둘이 부모와 친밀감을 스스럼없이 표현하지 않는다. 속정이야 있겠지만 각자 자기 할 일을 알아서 하는 편이고 자유로운 감정표현을 쑥스러워한다. 분명 한 집에 사는데 오피스텔 세 개가 합쳐진 분위기다. 각자 생활 리듬에 따라 산다. 가족이 함께하는 일이 거의 없다. 이유를 생각해 보았다. 내 생애 최초의 기억을 떠올려 보니 세 살 때였다. 기억 속에 엄마의 모습이 안 보였다. 대문을 열고 골목으로 출근하는 아버지의 뒷모습만이 보였다.

동생 얼굴도 안 보이고 마당 안에 햇살 가득한 눈부심이 전부였다. 말도 없는 고요한 일상의 모습이 최초의 모습이다. 그 이야기를 어머니께 말씀드렸더니 그 이전엔 아버지가 딴 지역으로 발령 나서 얼마 동안 젖먹이 남동생만 데리고 가서 사셨다고 한다. 난 할머니 댁에 맡겨졌다고 한다. 이제야 그 사실을 알게 되었다. 그 후로도 취학 전에 간간이 부모님은 할머니 댁으로 나를 보냈다. 어머니 자신도 9살 때부터 도시로 나와 자취하면서 학교에 다녔기 때문에 부모의 사랑을 살뜰히 받지는 못했을 것 같다. 매우 독립적인 어머니 덕에 큰딸인 나는 내가 맡은 임무를 해내는 존재로 키워졌다. 꼭 그렇지는 않았겠지만 내가 그렇게 느낀다.

그게 지금 팔순이 다 되신 어머니와의 관계에도 드러난다. 노쇠한 어머니를 모시고 다니면서도 난 어머니의 팔짱을 낀다거나 손을 잡는 일이 어색하다. 거의 모든 대인관계에서 친밀감을 가진 관계에 서툴다. 남을 위로하고 싶어도 가까이 가지 못한다. 아들들에게도 그런 경향이 있지 않았을까.

남편에게 그런 얘기를 했더니 자신도 아버지 역할이 부족했던 것 같다고 한다. 든든한 지지자로서 아들들을 다독이고 함께 운동하고 웃고 즐거운 추억을 만들지 못하고 자기 일만 했던 것 같다고 후회한다. 워낙 어렵게 공부하고 사회에서 바삐 지내다 보니 일 중심으로 살아온 듯하다고 했다. 본인이 아버지와 단둘이 말해 본 기억도, 아버지가 가까이 다가와 위로해 주거나 따뜻하게 표현한 적이 없다고 한다. 대가족이었기에 아버지에게 그런 여유가 없었을 거라고 한다. 그러니 부모가 되어서도 아들들을 어떻게 사랑할 줄 몰랐고 다독이며 격려하는 데 서툰 것 같다고 한다.

두 아들이 그럼에도 불구하고 잘 자라주어서 감사하다. 그런데 앞으로도 아들들이 행복하게 살아가기 위해선 그들에게 어린 시절 충족되지 못한 부분들을 지금이라도 잘 채워주어야 한다는 숙제를 알게 되었다. 우리 가족관계의 큰 문제를 발견하고 뒤늦게나마 회복할 기회를 갖게 되어 다행스럽게 생각한다.

30년 넘는 오랜 교직 경험으로 남학생들은 한때 어렵더라도 회복 속도가 매우 빠르다는 점을 알고 있다. 어른들이 조금만 노력해도 남학생들은 급속하게 좋아지고 본래의 자발성이 살아난다.

다만 노력은 어른들이 일시적으로 말로만 해서 되는 게 아니고 꾸준한 행동으로 삶 자체가 변화되는 모습으로 나타나야 한다.

어머니에서 어머니로 아버지에서 아버지로 대물림되는 결핍과 상처는 아들에게 또 물려질 수 있다. 지금 십 대 아들은 아직 사회에 나가기 전이다. 그들이 세상에서 타고난 능력과 자발성을 경이롭게 맘껏 발휘할 수 있으려면 외적인 스펙도 중요하지만, 내면의 힘이 더 중요하다.

아들이 행복하게 활개를 치고 세상에서 유유히 헤엄을 칠 수 있도록 부모 먼저 자신의 유년기 상처를 돌보아야 한다. 많은 아버지 학교와 부모 학교에서 그런 치유를 하고 있다. 일단 그런 점에 관신을 가지고 시작하기만 해도 아들들은 부모의 변화를 알아챈다. 그들은 '놀라운 아이 Wonder Child'들이기 때문이다. 아들을 바라보면 부모가 실제 해 준 것보다 엄청나게 많은 것들을 스스로 깨닫고 헤쳐 나가고 있다.

아이의 부모 말고
당신 자신!!
지금 행복하십니까?

– 엄마 자존감

행복한 삶을 누리는 부모는 아들에게 최고의 선물을 주는 사람이다. 부모가 매일 아침 기쁨에 충만한 미소를 띠고 눈뜨는 삶을 산다면 아들은 그 모습 속에서 미래를 꿈꿀 수 있다.

조지 베일런트는 하버드대 졸업생들의 인생을 종단 연구한 그랜트 연구로 유명하다. 건강하고 재력이 있으며 총명하고 가장 행복할 것 같은 하버드생들의 삶을 72년간 추적했다. 조사 결과 그들 중 삼 분의 일은 정신 질환 등으로 불행한 삶을 살았다.

결론은 행복의 조건이 학력이나 재력이 아니라 사랑과 희망을 지니고 사는 데에 있다는 점이다. 언제나 배우고 감사하는 태도를 지닌 사람이 행복하다는 사실이다. 그리고 사람은 살면서 스트레스와 트라우마를 마주하기 쉬운데 이때 정신의 보호 장치로 '적응'을 들고 있다.

가장 건강한 삶을 사는 보호장치의 원동력은 유머, 승화, 이타주의였다. 행복은 인간관계에서 얻어지며 남을 돕고 사는 삶이 중요하다고 한다. 나이 들면 삶은 그동안 사랑했던 사람들의 총합이라고 했다.

이미 이룬 성공이 괄목할만한 부모일수록 성공한 결과보다 부모의 삶이 남에게 얼마나 도움이 되는 삶인지를 아들에게 보여 줄 필요가 있다. 부모가 이웃과 사회에 이바지하고 좋은 영향을 끼치는 모습을 보고 자라는 아들은 저절로 부모를 존경하고 닮고 싶은 마음이 생길 것이다.

십 대 아들은 선하고 순수한 가치에 도전할 때 온 힘을 다한다. 일시적인 요령이나 비책을 가지고 아들의 인생 이력에 성공적인 결과를 가져다주려는 태도는 아들을 행복하게 하지 못한다. 행복의 조건은 인간관계와 그 속에서 빚어지는 사랑에서 충족되기 때문이다. 나 자신부터 진정한 행복을 찾는 일이 부모 역할을 성공적으로 해내는 일보다 우선이다.

좋은 부모란 어떤 사람일까? 사회에서 성공한 부모라면 완벽한 부모에 한결 근접한 사람일까? 학교 다닐 때 모범생이었던 부모는 자녀에게 공부 잘하는 모델로서 많은 도움이 될까?

사람 사는 일이 예측대로 펼쳐진다면 모범생 부모, 성공한 부모의 자식들이 행복해야 할 것이다. 그런 집의 자녀들은 행복한 가정에서 뛰어난 성과를 내야 할 것이다.

그런데 오랜 연구결과에 의하면 반드시 그런 것만은 아니다. 엘리트 아빠, 엄마를 둔 가정의 자녀는 행복할까? 의외로 사회에서 성공해 명성을 누리는 부모의 자녀들이 자신감이 부족한 경우가 많다. IQ가 뛰어나고 자질이 훌륭한데도 아버지 어머니에 비교하면 '새 발의 피'라고 고개를 숙인다.

경태 친구 L 군의 엄마는 최고 명문 S대 출신이다. 수석 입학, 수석 졸업은 그녀의 트레이드마크이다. 엄마는 L 군의 지적인 능력을 개발하기 위해 다양한 방법을 실천했다. 초등학교 때까지 영재 수업을 받고 경시대회 등에서 각종 수상을 한 L 군은 그녀의 계획대로 중학교에서도 수재로 등극할 듯했다. 그런데 지난주 L 군 엄마가 경태 엄마를 찾아왔다. 답답해서 쉬고 싶다고 해서 차 한 잔 마시며 얘기했다.

"정말 이해가 안 돼요. 어쩌면 학교에서 돌아와 책 한 장을 안 볼까요?"

답답하다는 듯이 L 군 엄마가 말을 꺼낸다.

"요즘 동네 애들이 다 그래요. 작년에 자유 학기를 보낸 탓인지 공부를 잊었나 봐요."

경태 엄마는 안심시키려고 거든다.

"그래도 왜 미리 하지 않을까요. 시간 관리를 못 해요. 자투리 시간에 맨날 허튼짓만 하고."

"누가 아니래요?"

경태 엄마는 커피를 내리며 L 군 엄마에게 고개를 끄덕이며 말했다.

"작년에만 해도 이런 걱정을 하지 않았는데 그땐 뭐가 걱정이었나 싶네요. 도대체 이 환경에서 뭐가 부족해서 아무것도 안 할까요?"

"환경이 너무 좋은 것은 아닐까요? 생각해 보면 애들이 할 게 없어요. 뭐든 다 만들어진 거 암기하고 반복하고 하니 재미가 없는 거죠. 우리 땐 요점정리니 기출문제집 이런 게 어디 있어요? 참고서도 과목별로 갖춘 애들이 드물었죠."

"난 아들이 명문대를 못 간다고 한 번도 상상해 본 적이 없어요. 당연한 사실이었죠. 그런데 지금 하는 걸 보니 명문대는커녕…. 에휴. 아무리 생각해도 납득이 안 돼요."

학교 다닐 때 모범생이었던 엄마일수록 십 대 아들이 방황하거나 일탈 행동이라도 하면 견디지 못한다. 좀 놀았던 엄마라면 속으로 '쟤가 나 닮아서 그러나? 나를 안 닮아야 할 텐데.' 하면서 고개를 좀 숙이고 아들을 다독이려고 할 테지만 모범생 엄마는 아들을 이해하기 어렵다.

십 대 아들이 말하는 상스러운 욕설도 못 견딘다. '어떻게 내 아들 입에서 저런 말이 나오지?'하고 생각한다. 아들이 교복 단추를 제대로 잠그지 않는다든지, 슬리퍼를 신고 학교에 가는 행동이라도 하면 충격을 받는다. 혹 아들이 학교 규칙을 자주 어겨 벌점이라도 누적된다면 모범생 엄마는 자신의 양육방식이 실패한 것처럼 비관적으로 된다.

아들 인생이 폭삭 망할 듯이 땅이 꺼지게 한숨을 쉰다. 자기가 그렇게 망가져 본 적이 없기에 불안감이 더 크다. 공감을 못 한다. 간혹 아들의 모습을 있는 그대로 보기보다는 꺾여진 자신의 위신이나 자존심에 더 가슴 아파하는 점이 모범생 엄마의 약점이다. 모범으로 살아온 자신에게 아들의 모습이 이해되지 않는다.

공부를 완벽하게 해온 엄마일수록 공부에서는 경쟁심이 강하고 지기 싫어하는 성격이 많기 때문에 아들이 공부를 게을리하면 상처가 커진다.

S 군은 노력파이다. 자격시험에 몇 번이나 최연소로 합격한 아버지의 인정을 받기 위해 무엇이든 힘써 이루려고 했다. 무사히 좋은 대학에 합격하고 다음 목표로 무엇을 해야 할까 고민 중이었다. 대학 2학년이 되었다. S 군은 아버지가 원하는 대학에 합격했기에 좀 여유를 갖고 적성에 맞는 분야를 찾고 있었다. 그런데 아버지는 대학 재학 시에 국가고시에 합격할 것을 요구했다. 아들은 대학 시절

을 남들처럼 이런저런 경험을 하면서 정말 좋아하는 진로를 신중하게 정하고 싶었다. 어느 날 아버지는 자신이 아들 나이 때 이룬 성과를 이야기하면서 빈둥거리는 거로 밖에 안 보이는 아들을 야단쳤다. 아버지 앞에서 말을 하지 못하고 듣기만 하고 자란 아들은 답답해서 자기 좀 내버려 두라고 했다. 그러자 아버지는 거기서 그치지 않고 지금이 어느 때인데 유유자적 시간을 낭비하느냐고 다그쳤다. 견디다 못한 아들은 그 자리에서 창문을 향해 달려가 아파트 밖으로 몸을 날렸다. 순식간에 벌어진 일이었다.

사회적으로 성공한 부모는 자신에 대한 믿음이 강하다. 목표가 분명하고 성취욕이 강하다. 경쟁에서 이기는 일에 체질이 되어 있다. 그러니 아들에게 자신과 같은 모습을 지니기를 원한다. 성공한 경험이 여러 번 학습되었으므로 자신만의 방식이 옳다고 여기는 독선도 강하다.

이런 가정의 아들은 자기 개성에 맞게 선택하고 싶어도 자유롭게 받아들여지지 않을 때가 많다. 가업을 이어가야 한다든지 부모처럼 전문성을 갖춘 인재가 되어야 한다. 그런 부모가 아들을 가장 힘들게 하는 말은 "하면 된다. 왜 안 되니? 나는 더 어려운 환경에서도 이만큼 해 왔어. 넌 더 잘 할 수 있어."라는 말이다.

모범생이며 사회에서 성공한 부모가 여러모로 배울 점이 많고 그 자녀들이 잘 자랄 가능성이 크다. 그러나 십 대 아들에게는 부모가 성공해 온 방식이 아니라 아들에게 맞는 방식으로 키워주는 지혜 있는 부모가 더 필요하다. 아들이 지닌 고유의 개성을 인정하고 키워준다면 얼마나 더 큰 시너지효과가 생기겠는가. 자신이 이룬 성공과 자신이 살아온 삶의 복사판을 아들에게 기대하면 안 된다.

아들은 목표가 분명할 때 도달하고픈 의욕을 느낀다. 새로운 모험을 즐기므로 진취적인 도전과 경쟁심을 느낄 때 힘을 얻고 추진해 간다. 그런데 아들이 이루고픈 모든 것을 부모가 이미 이뤄버렸다면 아들은 힘이 빠진다. 게다가 자기가 아무리 노력해도 별거 아닌 성과로 취급된다. 이러니 아들은 더더욱 실패할까 봐 아무것도 안 하는 편이 더 낫다는 생각을 하기 쉽다.

인생에서 성취한 것이 많고 모범적인 삶을 살아온 부모일수록 아들을 대할 때 다음과 같은 점에 집중한다.

첫째, 성과보다 부모의 따뜻하고 친밀한 인간관계를 보여준다.

부모가 사회적으로 성공한 경우 자녀들은 무언의 압박감을 느끼게 된다. 부모처럼 성공하기 위해 각고의 노력을 하기도 하지만 부모에게 만족스러운 자식이 되지 못할까 봐 아예 시도조차 안 하려 든다. 이럴 때 부모는 아들에게 자신이 성공하기까지 도움을 받은 분들의 이야기를 해주면 좋다. 아들이 자신의 사회적 성공보다 인간적인 면모를 더 자랑스럽게 여길 수 있도록 더 친근하게 대하고 아들의 입장을 이해해 준다. 어떤 부모도 모든 면에서 완벽할 수는 없다. 자신이 가지고 있지 못한 점을 아들이 지니고 있는 점을 발견하고 이야기해 준다. 그렇게 되면 아들은 생각할 것이다. 부모가 성공해서 많은 사람과 친밀하고 좋은 관계를 맺고 있는 게 아니라 많은 사람을 살뜰하게 생각하고 배려하는 부모의 성품 덕분에 성공하였구나 하고. 그렇게 되면 아들이 살아가는 태도가 달라진다.

우리나라의 부모들은 성공한 사람일수록 수단과 방법을 다 동원해 아들의 스펙을 마련해 주고 인맥을 활용해 대물림하려는 데 신경을 많이 쓴다. 언론에 보도된 내용이 그 점을 말해 준다. 그런데 아들이 진정으로 행복한 삶을 누릴 수 있게 하려면 진정한 인간관계를 맺는 모습을 보여주는 게 먼저다.

둘째, 완벽주의적인 태도보다 희망과 열정이 성공의 비결임을 강조하고 경험을 들려준다.

부모의 완벽한 모습이 아들에게 부담이 될 수 있다. 특히 십 대 자녀들에게 체크하는 부모의 모습을 보여주면 역효과다. 모눈종이에 그래프 그리듯이 아들이 달성한 성과에 집착하는 부모가 많다. 이미 아들의 인생 계획을 짜 놓고 레일 위를 가기만 하면 된다고 하는 부모도 있다. 그러나 아들은 부모의 현재 모습만 볼 뿐 그 과정을 잘 모르므로 부모의 계획을 간섭으로 느낄 수 있다. 부모는 아들의 장래가 염려되어 매일 차곡차곡 지식을 쌓고 효율적으로 성취해 나가기를 바라지만 아들은 그런 부모 마음을 이해하기 힘들다.

이럴 때 아들에게 부모의 어렵고 힘들었던 시절을 이야기해 주거나 실패담을 극복한 예를 들려준다. 그리고 아들과 함께 끈기 있게 도전할 거리를 찾아서 해 본다. 스포츠도 좋고 취미 활동도 좋다. 집안일을 같이 하면 가장 효과적이다. 가구를 옮긴다거나 화초를 가꾼다거나 하는 일 등을 찾아본다. 집 분위기가 달라지는 가시적인 변화를 체험할 수 있다. 그처럼 인생의 과정도 하나하나 두 손으로 이뤄서 갔고 공짜가 없었음을 보여준다. 부모가 신혼 때 살았던 동네를 찾아가서 그런 시절을 겪고 희망을 안고 노력해서 지금의 환경을 만들었다는 점을 강조해 보는 일도 중요하다. 아니면 조부모의 삶을 보여주는 것도 좋다.

셋째, 아들의 마음을 편안하게 하고 자유롭게 선택할 수 있게 하며 개성을 존중해 준다.

부모가 모범적이면 자녀에게 웬만한 일에는 칭찬을 하기 어렵다. 아들이 이룩한 성과는 자신이 이룩한 것에 비하면 한참 모자랄 수 있다. 아들은 칭찬을 먹고 자란다. 구체적으로 칭찬해 본다. 아들이 축구를 잘하면 그냥 잘한다고 할 게 아니라 경기 중에 어느 순간에 패스를 어느 쪽으로 잘 해서 골로 연결되게 했고 아들이 판단을 잘 한 점을 칭찬하는 식으로 자꾸 격려해 준다. 누가 뒤쫓아올까 봐 불안해하는 일등보다 여유 있게 자기 능력대로 차근차근히 해 나가는 사람이 나중에 더 오래도록 전진할 수 있을 것이다.

사회적으로 어느 분야에서 성공한 부모는 아들이 대를 이어 성공하기를 바라고 뒷바라지를 열심히 한다. 어느 부모가 그렇지 않겠는가. 그러나 아들은 아들의 인생이 있으므로 그 특성을 살펴보고 후원해 준다.

넷째, 아들의 성공보다 아들의 행복을 바라는 부모의 마음을 이야기한다.

진정한 성공이 무엇인지 아들과 대화하는 시간을 자주 갖는다. 아들에게 성과에 집착하는 좁은 사고에서 벗어나도록 마음을 넓혀 준다. 가장 중요한 일은 자기 인생을 행복하고 의미 있게 사는 것이라는 점을 강조한다. 즐겁게 몰입할 수 있는 분야를 찾아 보람을 느끼는 행복을 강조한다. 많이 성취하고 소유하는 가치보다 남과 나누고 남을 위해 사는 삶의 행복에 대해 들려준다.

아들은 부모를 존경하면 그대로 닮고 싶어 한다. 부모가 성공하는 모습을 닮고 싶어 하기보다 부모의 멋진 모습을 닮고 싶어 한다. 아들의 행복을 바란다면 부모부터 진정으로 행복하게 살려는 노력을 보여 준다.

아들이 부모를 욕할 때, 부모에게 폭력을 휘두를 때

아들을 키우다 보면 어느 때부터인지 아들 입에서 욕이 많이 나오는 시기가 있다. 대학 입학 때까지 아니, 군대 갈 때까지 아들들은 욕을 달고 산다. 욕을 안 하는 아들들도 있다. 그러나 우발적으로라도 아들이 부모에게 욕을 할 때가 있을 수 있다. 그럴 때 사태를 어떻게 해결하는가. 그냥 두고 지나갈 수는 없다. 잘못된 행동은 처음에 뿌리를 뽑아야 다시는 반복하지 않기 때문이다.

최근 엄마를 비아냥거리듯 '맘충'이라고 표현하는 십 대들이 는다고 한다. 이들은 자기를 키우는 엄마를 '자식 키워서 자기 보상을 받으려는 욕심꾸러기'로 인식하기 때문에 그런 욕을 한다. 엄마의 삶이 진실로 힘들어 보이거나 진실로 엄마가 남을 위한 삶을 살고 있다면 그런 말을 입에 담지 못한다. 과거의 엄마들은 언제나 너무나 불쌍할 정도로 일하고 고통받는 삶을 살았기에 자식들은 엄마를 측은히 여기고 마음을 다잡곤 했다. 지금 어린 학생들은 그런 모습보다는 엄마의 잔소리, 엄마의 재촉하는 소리에 익숙해 어느덧 성인처럼 크면 그 모습을 경멸하는 것이다. 심지어 '누구 좋으라고 공부해. 엄마 좋으라고?'하면서 의도적으로 엇나가는 자식도 있다.

욕을 하는 순간은 자식이 일부러 부모에게 고통을 주려고 하는 것은 아니다. 엉겁결에 자기 분노에 못 이겨서 그런 욕을 했다고 본다. 그때 맞서서 완력으로 부모 권위를 세울 수 있으면 좋지만, 부모가 같이 흥분하면 사태가 폭력적으로 번지게 될 우려가 있다. 아주 순종적이었던 어느 남자 중학생은 자기도 모르게 엄마에게 심한 말을 하고는 스스로 놀라 울어버렸다고 한다.

아들의 마음속에 들어 있는 제어할 수 없는 힘이 아들을 그릇된 행동으로 몰고 간다고 보면 좋을 것이다. 아들의 인격을 의심하고 걱정하며 분해할 일이 아니다. 아들이 좀 가라앉으면 부모의 심경을 솔직하게 이야기한다.

이때 절대로 부모가 울거나 연약한 모습을 보여서는 안 된다. 냉정해져야 한다. 내 아들이 아니라고 생각한다. 위탁받은 양아들이라고 생각하고 진실로 아들이 원하는 삶이 무엇인지에 대해 이야기한다. 아들이 원하는 점이 있으면 허용해 주는 게 좋다. 이보 전진을 위한 일보 후퇴라고 생각한다. 그리고 아들에게 각서를 받으면 좋다. 다시는 욕설을 하거나 집에서 폭력을 쓰거나 위험한 행동을 하지 않겠다는 내용의 각서를 구체적으로 적어서 지니고 있으면 좋다. 말로 한 내용은 아들이 나중에 번복할 수도 있으므로 무의미하다. 생활 규칙에 대한 각서는 냉장고에 붙여 놓거나 식탁 유리 밑에 깔아 놓는 것도 방법이다.

코칭 **Tip**

힘으로 아들을 혼내거나 말로 꾸짖는 것은 효과가 없어요. 아들의 행동에 관한 결과를 보여주고, 아들과 함께 이야기하면서 단호하게 용돈을 끊는다는지 스마트폰을 압수한다든지 교육비 지원을 끊는 식으로 대가를 치르도록 해야 합니다. 물론 어느 한정된 기간만 그렇게 하기로 약속하세요. 그러면서 아들의 인격을 존중해주고, 아들에게 억압되었던 부분들을 서로 나눠보세요. 아들에게 행동의 자유를 어느 정도 보장해주고, 약속을 지키는 멋진 남성으로 성장하도록 도와주세요.

몇 년 전까지 가끔 남한산성 성곽 아래 동문 주차장에서 산성 쪽을 바라보면 계절이 금방 바뀌곤 했다. 산 빛, 구름 빛이 변하는 모습을 물끄러미 쳐다보았다. 해질녘 선생으로서 부모로서 마음이 착잡할 때 차로 남한산성에 오르면 그곳에 닿았다. 학교에서 일과를 마치면 집에서 아들들과 2라운드를 시작하며 고군분투하던 시절, 수월하게 하루해를 보낸 적은 드물었다. 부모나 선생의 계획대로 이글거리는 십 대의 청춘들을 이끌기 쉬울 리가 없다.

교실에서 남학생들을 대하는 일은 처음엔 고통스럽고, 다음엔 두렵고, 마침내 그들이 안타깝고 안쓰럽게 여겨진다. 처음엔 남학생들을 어떻게 대해야 할지 막막했다. 어른처럼 어글어글한 목소리로 발표하고 툭툭거리며 행동하는 모습이 낯설었다. 차차 그들의 생각을 이해하게 되자 어떻게든 진로를 잘 선택하도록 이끌어주고 싶어졌다. 이죽거리고 뺀질대는 남학생들의 겉모습이 전부가 아니라는 사실을 알기 때문이다. 그들의 순수한 생각과 감정을 이끌어 내는 일이 선생이나 부모가 할 일이라고 생각했다. 선생, 부모라는 권력으로 그들을 대하는 게 아니라 인간 대 인간으로 대하기까지 상당한 시간이 필요했다. 그들을 진정한 인간으로 바라볼 때 비로소 그들의 운명은 자연스럽게 작동하기 시작한다.

이런 생각과 경험을 정리해 글로 담기가 쉽지 않았다. 문득 제자 OO군에게 하고픈 말이 떠오른다.

'아침마다 동생을 어린이집에 데려다 주고 등교하는 너의 속사정을 모르고 지각했다고 손바닥을 때렸던 나를 용서해다오. 한번 저지른 실수를 다시 만회하는 건 거의 불가능하고 한번 다친 너의 자존심은 수백 배의 사랑으로 인내하고 감싸주어야 겨우 회복된다는 사실을 알았어. 졸업하고 몇 년 후 다른 제자들을 통해 들은 네 마음! 그때까지도 그 일이 상처가 되어 있었어. 미안하다는 말로 용서받을 수 없다는 사실을 잘 알아. 그래도 용서해다오.'

30년을 교사로 살면서 그런 잘못을 한두 번 하지 않았을 것이다. 그 점이 두렵다. 그런데 또 두려운 사실은 매일 마주하는 아들들에게는 더 많은 잘못을 했을지도 모른다는 점이다. 부모라는 권력으로 아들들에게 강요한 일들이 떠오른다. 그게 다 아들들을 위한다는 명목으로 한 일들이다.

남학생들을 보면 '사람은 열 번 된다.'는 말을 실감한다. 10여 년 전 학교에서 학생부 업무를 맡은 적이 있다. 1년 동안 남학생들의 폭력, 금품 갈취, 도벽 등을 샅샅이 조사해서 보고서를 쓰고 교칙에 따라 징계를 하는 업무였다. 모두 기피하는 업무여서 교사가 그 학교로 전근을 간 첫 해에 으레 맡는 일이다. 그해 말썽피우던 중학교 2학년 남학생 이름들을 지금도 거의 외울 정도다. 갖가지 사건 사고를 일으키며 학교를 긴장하게 했던 그 남학생들의 현재 모습이 궁금했다. 그런데 그들 중 특히 걱정스러워했던 친구가 경찰학과에 진학했다는 얘기에 놀랐다. 탈북했던 남학생이 대학 입학 후 외국으로 유학 가서 갖은 노력 끝에 배움을 마치고 귀국했다는 이야기도 뿌듯했다. 그 남학생이 커서 공부를 그렇게 열심히 하리라고 생각하지 못했기 때문이다.

다른 건 몰라도 공부에는 흥미 없어 했는데 외국에서도 한국 사람을 만나면 영어가 안 늘까 봐 혼자 죽을힘을 다해 공부했다고 한다. 그때 그 남학생들과 학부모들의 얼굴이 떠오른다.

이렇듯 남학생들은 예상을 뛰어넘는 반전을 곧잘 보여준다. 그러니 지금 맡고 있는 십 대 남학생들의 모습을 눈에 보이는 모습으로만 평가할 수 없다. 그들의 잠재력이 발휘될 미래를 기대하며 자기 자신을 믿는 사람으로 성장하기를 바라는 마음으로 대한다.

정말 가슴 아프고 안타까운 학생들의 얘기는 이 책에 채 담지 못했다. 다음 기회에 혹 쓰게 된다면 그들의 이야기를 다루고 싶다. 남학생들이 얼마나 큰 내면의 고통을 안고 견디고 살아가고 있는지 그리고 얼마나 따뜻한 말 한마디를 그리워하고 있는지 지켜보았다. 교사로서 도리어 학생들에게 배우는 게 많았다. 아니 자연으로부터 배웠다는 말이 더 맞을 듯하다. 학생들이 배우고 성장하는 모습이 자연현상의 일부처럼 보였기 때문이다. 선생도 부모도 손을 못 댄 부분이 있다. 그런데 그들은 누가 건들지 않으면 저절로 성장하면서 배우고 변화하고 잘 큰다. 남학생들은 너그럽다. 선생이 용서를 구하면 다 큰 어른처럼 금방 태도를 늦춘다. "선생님, 괜찮아요."라는 말을 잘 한다. 그런 남학생들에게 어른들은 "괜찮아."라는 말을 얼마나 했나!

생각해 보면 부모 역할, 자식 역할을 하는 것도 잠깐이다. 흔히 '있을 때 잘해!'라는 말을 하는데 맞는 말이다. 1980년대 중반 새내기교사였던 나에게 돌아가신 아버지가 한 마디 하신 적이 있다. "국어 선생이면 수업을 잘하든가, 글을 쓰든가 해야지 너처럼 아무 시도도 안 하고 있으면 되냐?"라고 하셨다. 부족하게만 보이는 딸이 교사를 하고 있으니 걱정하셨던 듯하다. 까맣게 잊고 있었는데 최근 그 두 가지를 하고 있는 나를 발견했다. 전국단위

교육연구대회에서 교육부장관상을 세 번 받았고 글을 쓰고 있으니 아버지의 말씀을 나도 모르게 따르고 있는 셈이다. 이제 아버지의 마음을 알 듯하다. 자식 노릇을 좀 잘 할 수 있을 듯한데 아버지는 이미 안 계신다. "노병은 죽지 않는다. 다만 사라질 뿐이다."라는 말처럼 부모 역시 죽지 않고 다만 사라질 뿐이다. 아들들이 앞으로 부모의 말과 행동을 따라 살 거라는 생각을 하면 지금 내 삶이 소중해진다.

최근 십 대들이 살벌한 뉴스의 주인공이 되고 있다. 청소년법을 개정해 처벌을 강화하라는 여론이 들끓고 있다. 그러나 법 개정으로 해결될 문제가 아니다. 어른들이 먼저 달라져야 한다. 남학생 아들, 여학생 딸들을 어른들이 어떻게 키우고 교육해 왔는지 들여다보면 지금 십 대들이 하는 문제 행동을 진단할 수 있을 것이다. 성공과 학력 위주의 교육에 치우쳐 온 점을 돌이켜보아야 한다. 성공의 의미를 다시 생각해본다. 젊은이들이 좋아하는 세계적인 가수 제이슨 므라즈는 성공의 정의를 이렇게 말하고 있다. "저는 15년 전, 기타 안에서 제 목소리를 찾으며 성공을 발견했어요. 제 노래와 기타 그리고 그 관계 속에서요. 전 저 자신을 자유롭게 하고 '이게 내 할 일이다.'라고 결심했습니다. 저에게 연주하게 해 줄 커피숍을 발견했고, 조금씩 돈을 벌기 시작했죠. 돈보다도 음악을 연주할 기회, 저에게 주어진 그 기회예요. 내가 좋아하는 일을 하는 것, 내가 원하는 일을 하는 것이 성공이라고 생각해요."

지금 이 순간 남학생들이 좋아하는 일에 몰두할 수 있는 환경이 되면 좋겠다. 어려서부터 그들이 맘껏 누리지 못한 자유를 누리고 자신에 대한 책임을 지면 좋겠다.

부모는 세월이 흐를수록 자신이 자식을 위해 할 수 있는 일이 별로 없다는 사실을 인정하게 된다. 아들의 있는 그대로의 모습을 인정하고 바라보는 일 외에는 남학생 아들 키우기에 정답이 없다. 각 가정마다 해법은 다를 터이다. 아들 부모는 스스로 위로하는 시간이 필요하다. 목울대가 당기듯이 울음이 나오려는 순간을 참는 아들 부모의 마음을 누가 알랴. 아들은 뒤돌아보지 말고 앞으로 곧장 가야 한다. 돌아보면 미래가 사라진다. 부모는 아들이 독립된 세상을 향해 나아가도록 힘껏 응원해주어야 한다.

오래 전 제자의 얼굴이 생각난다. 방학이 끝나고 와서 쥐치포 공장에서 일했다고 내게 손을 보여주었다. 그 뜨거운 여름에 피서 한번 안 가고 일해 번 돈으로 2학기 등록금을 냈다는 제자의 이야기에 아연했다. 쥐치포 가시에 찔려 곧잘 피가 나서 굳어진 그 손을 지금 붙잡고 어루만지고 싶다. 여러모로 부주의하고 무뎠던 마음을 뒤늦게 발견하고 더 나은 내일을 향해 한 걸음을 옮긴다.

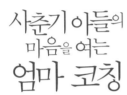

사춘기 아들의 마음을 여는 엄마 코칭

초판 1쇄 발행 · 2017년 12월 20일
초판 4쇄 발행 · 2019년 4월 16일

지은이 · 박형란
펴낸이 · 김순일
펴낸곳 · 미래문화사
등록번호 · 제1976-000013호
등록일자 · 1976년 10월 19일
주소 · 경기도 고양시 덕양구 고양대로 1916번길 50 스타캐슬 3동 302호
전화 · 02-715-4507 / 713-6647
팩스 · 02-713-4805
이메일 · mirae715@hanmail.net
블로그 · blog.naver.com/miraepub
홈페이지 · www.miraepub.co.kr

ISBN 978-89-7299-490-9 03370